高等学校教材

信息资源检索与利用
（第二版）

金秋颖　李瑞斌　主编

石油工业出版社

内 容 提 要

本书是为高等院校信息素质教育课程而编写的教材。在详细论述信息检索基础知识的基础上,对信息检索方法、常用的国内外大型检索系统和数据库的使用、特种文献检索方法及信息资源利用等方面的知识进行了详细介绍,并在原有教材基础上加大了国内外网络信息检索的力度,并针对不同专业的信息检索方法与途径进行了深入的剖析。本书以典型的国内外网络数据资源检索为主,运用简单易懂的描述和大量的图片及生动直观的实例对计算机检索进行阐述,力求做到深入浅出,给读者创造直观、鲜明的阅读环境。

本书可作为高等院校学生"信息检索与利用"课程的教材,也可作为广大信息用户和科研人员信息检索方面的学习参考书。

图书在版编目(CIP)数据

信息资源检索与利用/金秋颖,李瑞斌主编. —2版.
北京:石油工业出版社,2014.8(2022.1重印)
(高等学校教材)
ISBN 978-7-5183-0310-6

Ⅰ.信…
Ⅱ.①金…②李
Ⅲ.情报检索—高等学校—教材
Ⅳ.G252.7

中国版本图书馆 CIP 数据核字(2014)第 171000 号

出版发行:石油工业出版社
(北京安定门外安华里2区1号 100011)
网　址:www.petropub.com
编辑部:(010)64520991　图书营销中心:(010)64523633
经　销:全国新华书店
排　版:北京苏冀博达科技有限公司
印　刷:北京晨旭印刷厂

2014年8月第2版　2022年1月第14次印刷
787毫米×1092毫米　开本:1/16　印张:10.25
字数:261千字

定价:22.00元
(如出现印装质量问题,我社图书营销中心负责调换)
版权所有,翻印必究

第二版前言

信息素质教育的核心课程——"信息检索与利用"在高校开设已有30年历程，对培养大学生信息素质起到了至关重要的作用，尤其对培养大学生的自学能力、获取信息的能力、创造能力和动手能力具有积极的作用，同时也是教学内容变化最快的一门课程，在教学内容上已经历了从手工检索、光盘检索到网络多媒体检索的重点转移，而且变化仍将继续。为此我们对2010年撰写的有关教材内容重新调整，进行修改、增删、补充和完善，历时一年多，完成了第二版书稿，以期进一步适应当前信息检索技术及数字资源的变化和发展，突显其实用性。

第二版重新编写或修订了第一版的大部分内容，与第一版相比，第二版具有以下特点：

（1）根据现阶段网络检索数据库的普及情况，对全书的结构进行了调整。鉴于手工检索工具在现实检索应用中所占比例逐步缩小，将第一版第六章中介绍大型检索工具印刷版的使用方法则予以删除。同时，把原来第一章和第二章的内容重新整理成更清晰的"信息资源概述"、"信息检索概述"和"信息检索技术与程序"三章；特种文献在第一版的基础上增加了学位论文及其检索方法的介绍。

（2）在数据资源种类上增加了大量新的学术数据库，并依据最新变化情况对原有的资源全部进行了修订，删除了已经不再提供使用服务的数据库和有关内容。

（3）在结构上更加强调信息资源内容的介绍，并且对于大型的数据库的主要检索方式和方法予以介绍，更有针对性的增加了图片，使检索细节的说明更直观，尽可能反映最新的数据库检索和服务技术的变化。

（4）在对各种检索系统的介绍中，基本保持了对每种检索系统包括内容和检索两大部分的介绍，每一种检索系统包括的不同类型的数据库也都在同一个检索平台中进行了详细的介绍和说明。其中内容部分包括：检索系统包括的主要数据库的名称、收录出版物、涵盖学科、网址、特点等；检索部分包括：检索功能、检索技术、检索结果、与检索相关的图片及说明等。

（5）为避免本书内容过于宽泛和不深入，将内容重点仍放在理工专业，尤其是石油领域及其相关学科的国内外重要信息资源。

本书第一版是黑龙江省高校图工委课题"高校图书馆信息素质教育模式研究"成

果之一,曾获黑龙江省高等学校图书情报优秀科研成果奖,这促使我们以更加严谨、科学的态度来修订此书,力求使之成为精品。

本书由东北石油大学图书馆的教师担任主要编写工作。全书的写作分工为:第一章由王洪武、金秋颖编写;第二章由张美薇、王洪群编写;第三章由王洪武、张美薇编写;第四章由李瑞斌、王艾编写;第五章由王洪群、王艾编写;第六章由金秋颖、李瑞斌编写;第七章由王园春、李瑞斌编写。全书由金秋颖、李瑞斌负责内容的策划和汇总统稿。全书由孙莹厚、韩颖教授担任主审工作。

由于编者水平有限,有不妥之处,恳请专家和读者批评指正。

第一版前言

随着信息技术的飞速发展,数字图书馆和大型数据库的不断开发和建设,"信息检索与利用"课程在高校开设 20 年来,对培养大学生信息素质起到了至关重要的作用,尤其对培养大学生的自学能力、获取信息的能力、创造能力和动手能力具有积极的作用,同时也是教学内容变化最快的一门课程。随着信息技术的迅猛发展,在教学内容上已经历了从手工检索、光盘检索到网络多媒体检索的重点转移,而且变化仍将继续。为此我们对以前撰写的有关教材进行重新整改,进行补充和完善,以期适应当前信息检索技术及数字资源的变化和发展,突显其实用性。这门课重于实际的信息查找、方法和技能的训练,强化课程中的实践检索环节,使理论知识和操作应用相联系,落实到课题检索的实际过程。

全书共分七章。内容包括信息检索基础、计算机检索系统、中文常用检索系统、国外常用检索系统、特种文献检索、传统检索工具和文献信息的利用。

本书特点有:

(1)以现阶段的网络检索数据库系统为主,在一定程度上保留了以前教材中手检、机检于一体的内容,满足各种学习条件和学习层次的要求。

(2)将信息的检索和利用与科学研究过程相结合,希望能突出内容的完整有序以及能激发学生学习兴趣。

(3)信息检索基础理论知识丰富完整,国内外文摘数据库和全文型数据库介绍新颖详尽。

(4)为避免本教材内容过于宽泛和不深入,我们将内容重点仍放在理工专业,尤其是石油领域,详细介绍理工各学科所涉及的国内外重要信息资源,包括检索工具和检索系统的特点、检索方法和检索技巧。

本书是由东北石油大学(原大庆石油学院)图书馆教研部担任主要编写工作。全书的写作分工为:第一章由李瑞斌、张美薇编写;第二章由金秋颖编写;第三章由王园春编写;第四章由金秋颖、李瑞斌编写;第五章由金秋颖、王洪群编写;第六章由王园春编写;第七章由王园春编写。全书由金秋颖、王园春负责内容的策划和汇总统稿。本书在编写过程中得到了韩颖教授的关心和指导,并由韩颖教授、王文广教授担任主审工作。

由于时间仓促,书中难免会有疏漏、不妥之处,欢迎专家和读者批评指正。

目 录

第一章 信息资源概述 ... 1
- 第一节 信息素质教育 ... 1
- 第二节 信息资源的概念 ... 2
- 第三节 信息资源的构成 ... 6
- 复习思考题 ... 11

第二章 信息检索概述 ... 12
- 第一节 信息的组织 ... 12
- 第二节 信息检索及其原理 ... 12
- 第三节 信息检索系统及其构成 ... 14
- 第四节 数据库 ... 16
- 第五节 检索语言 ... 19
- 复习思考题 ... 21

第三章 信息检索技术与程序 ... 22
- 第一节 计算机检索技术 ... 22
- 第二节 信息检索程序与策略 ... 26
- 第三节 信息检索效果 ... 28
- 复习思考题 ... 30

第四章 常用中文数据资源 ... 31
- 第一节 中国知网 ... 31
- 第二节 维普期刊资源整合服务平台 ... 38
- 第三节 万方数据知识服务平台 ... 43
- 第四节 读秀学术搜索系统 ... 46
- 第五节 中国高等教育文献保障系统 ... 51
- 第六节 高校财经数据库 ... 54
- 第七节 复印报刊资料数据库 ... 57
- 第八节 百链云图书馆 ... 60
- 第九节 全国报刊索引 ... 62
- 复习思考题 ... 67

第五章 常用外文数据资源 ... 68
- 第一节 工程索引(EI) ... 68
- 第二节 Elsevier ScienceDirect 数据库 ... 80
- 第三节 SPE 检索系统 ... 86

第四节　Petroleum Abstracts 数据库 90
第五节　Springer Link 检索系统 92
第六节　EBSCO 检索系统 95
第七节　开世览文(CASHL) 98
第八节　CALIS 外文期刊网 103
第九节　外文学术资源整合系统(FARS) 104
复习思考题 105

第六章　特种文献检索 106
第一节　专利文献及其检索 106
第二节　标准文献及其检索 117
第三节　学位论文及其检索 122
第四节　会议文献及其检索 124
第五节　科技报告及其检索 126
复习思考题 130

第七章　信息资源的利用 131
第一节　文献信息的收集、整理和分析 131
第二节　科技查新 137
第三节　科技综述与科技述评的写作方法 144
第四节　开题报告与结题报告的写作方法 146
第五节　毕业论文的写作方法 150
复习思考题 155

参考文献 156

第一章 信息资源概述

第一节 信息素质教育

现代信息技术迅猛发展,信息已成为人类社会发展的一种驱动力,人们越来越重视对信息资源的有效开发与利用。信息是一种极其重要的社会财富,它同物质、能量构成人类社会的三大重要战略资源。物质提供材料,能量提供动力,信息提供知识与智慧。因此,信息已成为促进科技、社会、经济发展的新型资源,它不仅有助于人们不断地揭示客观世界,深化人们对客观世界的科学认识,消除人们在认识上的某种不定性,而且还源源不断地向人类提供生产知识的原料。

信息素质是信息化社会对人们提出的一种高要求。随着社会信息化进程的加快,各种形式的信息接踵而至。因此,掌握究竟什么样的信息是我们需要的、什么时候需要、如何高效地获取以及如何鉴别信息价值等基本技能和方法,成为继"科学素质"、"人文素质"之后大学生基本素质的又一重要组成部分,即"信息素质"。

一、信息素质及其内涵

信息素质(Information Literacy,也称信息素养)是人们知道什么时候需要信息并找到、评价及有效地利用所需信息的能力。信息素质能力较强的人知道如何学习,因为他们了解知识是怎样组织的,知道如何找到信息。他们能够终生学习,因为他们能够发现所有与自己职责相关的决策所需要的信息。

信息素质的内涵具体包括能意识到准确和完整的信息,这是决策的基础;了解信息需求及问题所在;制定信息检索策略;掌握信息检索技术;评价信息;根据实际用途组织信息;将新信息融会到现有知识结构中。

21世纪是网络信息和知识大发展的世纪。在信息化社会中,无论是个人还是企业,信息素质是谋生存、求发展的重要因素。对于现代研究人才来讲,只有具备信息素质,才能懂得如何在信息化社会中去获取、加工、存储、检索和利用信息,使其拥有不断学习和持续发展的能力。

二、信息素质培养

信息素质培养包括信息意识、信息能力和信息道德三方面内容。

(1)信息意识是指人脑对信息在社会发展中的性质、地位、价值和功能的认识和反应。它决定人捕捉、判断和利用信息的自觉程度。信息意识培养是一个潜移默化的过程,营造良好的信息环境非常重要,同时,个人的知识结构、观察和分析事物的能力及事业心等都是影响信息意识的重要因素。面对信息时代的技术进步和知识更新的加速,要有再学习和终身学习的意识;面对科技、经济的快速发展和激烈竞争,要有信息第一和信息抢先意识;面对世界信息化进程的加速,要有信息忧患意识。

(2)信息能力是指人们对信息获取、筛选、分析、加工、利用、创造及传递的能力。获取信息的能力,实际上是指主体根据自己特定的目的和需求,从外界信息载体中提取自己所需要的有用信息的能力,是基于现代信息技术环境的学习和工作能力。加工处理信息的能力是指主体将获得的信息,按照特定的目的要求,进行分类排序、查考鉴别、筛选剔除、改编重组等加工处理,使其序化和优化,提高其使用价值的能力。利用信息的能力,即主体利用已掌握的信息特别是决策信息解决实际问题的能力。它们具体包括高层次的信息分析能力、信息综合能力、信息推导能力、信息决策能力、信息施效能力等。创造新信息的能力是指主体在对掌握的信息作深层次加工处理的基础上,进行信息创新,从而产生新信息的能力。

(3) 信息道德是指对待信息的态度、信念、行为义务、纪律和良心等。以网络为例,当我们赞美和享用互联网的同时,也在受到许多来自网络的不道德行为的威胁,如电脑病毒、垃圾邮件、黑客入侵、网络色情、版权问题等。它需要人们通过学习信息社会的法律、法规,自觉尊重他人的知识产权,合理使用信息,避免信息活动中不利于社会的犯罪行为的产生。目前,世界各国已经制定或正在制定法律来管理网络,只有通过法律规范的有力保障,才能保证信息资源的有效建设。

本书旨在针对上述需求,主要通过对学术资源的内容和使用的介绍,提高用户在实际应用中掌握信息、熟悉信息、运用信息的信息素质,解决用户在网络环境下查找学术科研信息所面临的一系列问题,培养用户对信息资源的选择、检索、组织、利用和保存的能力,重点在信息意识、信息知识、信息能力、信息道德等方面取得突破,包括:

(1) 阐述信息资源的结构与体系;
(2) 介绍各类学术资源的定义、特点及其应用;
(3) 介绍主要数字学术资源——数据库、电子期刊、电子图书、多媒体资源等的学科范围、发展概况、特点及其具体检索方法;
(4) 通过各类实例,说明网络学术信息资源的综合应用与组织管理。

第二节 信息资源的概念

一、信息

1. 信息的概念

信息作为一个科学术语最早出现于通信领域,20世纪中叶后被引入哲学、信息论、系统论、控制论、情报学、经济学、管理学、计算机等领域。不同的学科的学者、专家及有关领域对信息的定义都是从信息的受体、内涵和控制论等角度对信息的属性所做的描述。因此,信息是事物属性的再现。信息不是事物本身,而是由事物发出的、体现它存在和运动状态的信号、消息、指令和数据等所包含的内容。广义的信息可定义为"信息是事物属性的表征";而狭义的信息则可定义为"信息是指系统传输和处理的对象"。

2. 信息的属性

1) 客观性与普遍性

世界上一切事物都是在运动中,都有一定的运动状态和状态方式的改变,因而一切事物随时都在产生信息,既信息的产生源于事物,是客观事物普遍性的表征,它可以被感知和共享、被处理和存储、被传递和利用。

2) 多样性与综合性

信息在不同的领域具有多种不同的特性或表现形式,如客观事物中的各种自然属性;人工设备的技术特征；人类社会的各种社会特征；人脑中反映客观事物认识的思想、知识；人类交流信息过程中的声音、文字、图像及用各种编码形式记录下来的数据、新闻、情报和消息等。各种形式的信息又常常以综合的方式表现事物的特征。所谓"多媒体"，正是信息多样性和综合性的集中表现。

3) 流动性与传递性

信息在事物之间的相互联系必定在信息的流动中发生。信息的传递性表现在人与人之间的消息交换，人与自动机、自动机与自动机之间的信息交换，动物界和植物界的信号交换，同时，人类进化过程中的细胞、遗传也被看做是信息的传递与交换。

4) 相对性与有效性

从信息作为事物相互联系的反映角度看，信息源不确定的程度或者信息源接受信息量的多少，均与信宿的状态有关。这一特征在人作为信宿接受信息的过程中表现得尤为明显。同一信息对具有不同认知水平的人所产生的作用和有效性也不同。

5) 积累性与价值性

信息通过人脑思维或人工技术设备的综合、加工和处理，不断积累丰富，提高其质量和利用价值。信息的质量和价值，实际上是对客观事物属性反映的深度和真实程度的认识。虽然信息是人类的一种重要资源，但信息只有被利用才会产生价值，否则，其价值或随时间的流逝而减少，或成为"信息垃圾"。

6) 中介性与共享性

信息源于事物，但不是事物本身，是人们用来认识事物的媒介。信息能够共享是区别信息不同于物质和能量的最主要特征，即同一内容的信息在同一时间、同一地域可以被两个以上的用户分享，其分享的信息量不会因分享用户的多少而受影响，原有的信息量也不会因之而损失或减少。

3. 信息的类型

在人类社会和自然界里，不同领域对信息有不同的定义范围。根据不同的定义范围，从不同的角度来划分信息的种类。

(1) 按信息产生的客体性质来划分，可分为自然信息与社会信息。

(2) 按信息的社会属性划分，可分为政治信息、军事信息、经济信息、科技信息、管理信息和生活信息等。

(3) 按信息的保密程度划分，可分为公开信息、半公开信息和非公开信息。

(4) 按信息的加工程度划分，可分为一次信息、二次信息、三次信息。

(5) 按价值观念划分，可分为有价值信息和无价值信息。

(6) 按运动状态划分，可分为动态信息和静态信息。

(7) 按信息所依附的载体形式划分，可分为文献信息、口头信息、电子信息等。

二、知识

1. 知识的概念

在《信息与文献 术语》(GB/T 4894—2009)中定义知识(Knowledge)为：基于推理并经过证实的认识。知识是人们在改造世界的实践中所获得的认识和经验的总和。知识的本质则是认知活动中的主体与客体的动态关系。知识是人类在认识和改造世界的社会实践中获得的对事物本质认识的成果和结晶，是人的主观世界对于客观世界的概况和如实反映，是人类通过信息对自然界、人类社会以及思维方式与运动规律的认识,并通过人的大脑进行思维重新整合使信息系统化而构成的。因此,人类不仅要通过信息感知世界、认识世界和改造世界,而且还要根据所获得的信息组成知识。由此可见,知识是信息的一部分。

2. 知识的属性

1)意识性

知识是一种观念形态的东西,只有人的大脑才能产生它、认识它、利用它,知识通常以概念、判断、推理、假说和预见等思维方式和范畴体系表现自身的存在。

2)信息性

信息是产生知识的原料。知识是经人类认识、理解并经思维重新整合后的系统化信息,是信息中的一部分。

3)实践性

社会实践是一切知识产生的基础,也是检验知识的标准,科学知识对实践有重大的指导作用。

4)规律性

人们对实践的认识,是一个无限的过程,人们在这种无限的过程中所获得的知识从一定的层面上揭示了事物及其运动过程的规律性。

5)继承性

每一次新知识的产生,既是原有知识的继承利用、深化与发展,又是更新的知识产生的基础与前提。并且知识被记录或物化为劳动产品后,可以世代相传利用。

6)渗透性

随着人类认识世界的不断深化,各种门类的知识可以互相渗透,形成了许多新的知识门类,构成了科学知识的网状结构体系。

国际经济合作与发展组织(OCED)出版的《以知识为基础的经济》报告中系统地提出人类现有的知识可分为四大类,即:

(1)知道是什么的知识(Know—what),是指关于事实方面的知识,这类知识通常被近似地称为信息。

(2)知道为什么的知识(Know—why),是指自然原理和规律方面的科学理论,这类知识的生产往往是由专门的研究机构形成的。

(3)知道怎么做的知识(Know—how),是指技艺或能力方面的知识,被称为技术诀窍或专有技术。许多企业的技术情报和商业秘密被归入这一类信息。

(4)知道是谁的知识(Know—who),是指谁知道和谁知道如何做某些事的信息,这在社会高度分工的经济时代中显得尤为重要,这类知识比任何其他种类的知识都更隐藏于企业内部。

三、文献

在国际标准《文献情报 术语》(ISO 5127—2001)中对文献是这样定义的,即"为了把人类知识传播开来和继承下去,人们用文字、图形、符号、声频、视频等手段将其记录下来,或写在纸上,或晒在蓝图上,或摄制在感光片上,或录到唱片上,或存储在磁盘上。这种附着在各种载体上的记录统称为文献"。

在《信息与文献 术语》(GB/T 4894—2009)中对文献是这样定义的,即"文献(Document),在文献工作过程中作为一个单位的记录信息或实物对象"。这里文献工作指的是为了存储、分类检索、利用或传递而对记录信息所进行的连续和系统的汇编和处理。

权威部门对文献颁布的这两种定义揭示了文献的特征。由此可知,文献由文献信息、文献载体、符号系统和记录方式四要素构成。四位一体不可分割,缺少任何一个都不能构成文献。

文献的属性主要有:

1) 知识信息性

这是文献的本质属性。任何文献都记录或传递一定的信息知识,离开知识信息,文献便不存在。传递信息、记录知识是文献的基本功能。人类的知识财富正是依靠文献得以保存、继承和传播的。

2) 客观物质性

文献所表达的知识信息内容必须借助一定的信息符号、依附一定的物质载体,才能长时期保存和传递。

3) 人工记录性

文献所蕴涵的知识信息是通过人们用各种方式将其记录在载体上的,而不是天然加载于物质实体上的。

4) 动态发展性

文献并非处于静止状态,而是按新陈代谢规律运动着。随着人类记录水平的不断提高,信息交流频繁,文献的数量日趋庞大,形式日益多样。与此同时,文献的老化速度也在加快,生命周期日益缩短,形成了有规律的运动。

由信息、知识和文献三者的概念可知,三者之间的关系是密切相关的。信息是物质存在的方式、形式和运动规律的表征。人脑对事物属性的感知形成信息,人们对信息集合加工、整理形成系统化表现形成人类社会实践的知识,知识被记录在载体上形成文献,文献被人类广泛传播、运用在理论和实践中又产生新的信息、知识和文献。如此循环不断创新形成各种各样的新知识,从而推动人类社会前进。由此可见,信息、知识、文献在社会系统中表现出一种不间断的延续性。

四、信息资源

在《信息与文献 术语》(GB/T 4894—2009)中对信息资源是这样定义的,即"信息资源(Information resourcs),任何可标识的对象,包括媒介和记录信息的组合、以物质或数字形态表达的知识成果等"。在人类社会和自然界的运动发展过程中,每天都会有各种形式的信息不断地产生。大量的客观存在的人们直接或间接开发利用的信息集合总称为信息资源。

数字信息资源是信息资源的一种。数字信息资源(Digital information resourcs),狭义讲,亦可称为电子资源(Electronic resourcs),是指一切以数字形式生产和发行的信息资源,是数字化了的信息资源,即以数字的形式,把文字、图形、图像、声音等多种形式的信息存放在光盘、磁带等非印刷型介质上,以数字信号的形式传输,并通过相应的计算机和其他外部设备再现出来的一种信息资源。

数字信息资源与传统信息资源相比,其特点主要有:

(1) 存储介质和传播形式发生变化,因而成为海量存储、传递快捷的资源。数字资源可以将传统的图书、期刊中的文字、图片以及各类音像资料中的声音、动态图像融合在一起,利用数字技术进行制作,存储在光盘、磁带或硬盘等载体上。同时以网络作为主要的传播媒介,即转变为光信号,利用网络实现同步传输。不仅传播的速度大大提高,传递的信息量也超过了传统的出版物。

（2）数量巨大，来源广泛。信息资源内容丰富，类型多种多样，既包括数据库、电子期刊、电子图书、电子报纸、专利等正式出版物，以及学位论文、教学课件等灰色文献，也涵盖了新闻、论坛（BBS）、博客、股票行情乃至商品广告等非正式出版的数字信息。信息交流的途径因此不再是单一化的，而是多层次的、立体的。

（3）类型齐全，形式多样。网络信息资源包括各种不同层次的信息，既有原始论文、电子报刊等一次文献，又有文摘、题录、索引、综述、评论等二、三次文献，还有网上会议、聊天等零次文献。此外，网络信息资源的传播引入了多媒体形式，可以以文本、图像、音频、视频、软件、数据库等多种形式存在，涉及领域从经济、科研、教育、艺术，到具体的行业和个体，包含的文献类型从电子报刊、电子工具书、商业信息、新闻报道、书目数据库、文献信息索引到统计数据、图表、电子地图等。网络信息资源以多媒体作为内容特征，集文本、图片、动态图像、声音、超链接等多种形式为一体，具体、生动、全方位地向用户展示主题，用户可以更加深入细致地了解所需信息的内容及其特征。

（4）多层次的信息服务功能。数字信息资源最初产生时，主要的服务功能是信息检索，发展到今天，已经产生了一系列的新功能，例如：主动报道，如期刊目次报道服务（E—mail alert）；信息订阅服务，如内容聚合（Really Simple Syndication, RSS）；信息发布，如博客（Blog）、开放获取平台（Open access）等；文件传递，如FTP服务；信息发现（Discovery），如搜索引擎、网络资源学科导航、分类主题指南、统一检索等；网上论坛，如BBS、社交网络服务（SNS）等。这些服务功能扩展了传统出版物的职能，使数字信息资源得到更大程度、更深入的利用。

（5）不受时间、地域限制，即没有收藏地点（如图书馆）、收藏时间（开放时间）的局限，可以随时随地存取。

网络信息资源同样存在着一系列的问题，主要有：

（1）内容丰富，信息质量参差不齐。由于任何人、任何组织都可以在网上发布信息，内容十分丰富，但是信息质量缺少控制，也掺杂了一些犯罪信息，鱼龙混杂，给用户造成了很大的困惑，由于信息的质量没有保障，因此权威性、学术性、可靠性差。

（2）分散无序，缺乏组织。网络信息资源在不同的学科专业领域、不同行业、不同地理位置上的分布差异很大，数量和质量的差别也很大，大量的信息分散、无序、缺乏知识组织，没有经过标引和加工，因此查找和使用颇为困难，很难快速、准确地找到自己所需的信息。

（3）信息不稳定，资源经常发生丢失，没有长期保存的机构和机制。受信息的时效性以及各种不定型因子的干扰和影响，网络信息资源往往表现出波动性和无规律性，其内容、所在地址、链接关系处于动态变化之中，网络上的信息资源每天都在更新，今天看到的Web页，也许第二天就已消失了，甚至几个小时后就已更迭了。生产、更迭和消亡情况一般难以预料。

正是由于这一系列问题的存在，才产生了商业化的、高质量的、有序的网络学术资源，即本书后面主要介绍的内容。

第三节　信息资源的构成

信息资源的构成可从不同的层面和角度来划分。

一、按照信息的出版形式划分

信息出版类型一般是指记录有知识的文献出版类型。一般将出版物文献划分为图书、报刊、会议文献、专利文献、标准文献、科技报告、学位论文、政府出版物、技术档案和产品资料。

1. 图书

图书大多是对已发表的成果、生产技术和经验或者基本知识领域系统的论述或概括,它往往以期刊论文、会议论文、研究报告及其他第一手资料为基本素材,经过作者的分析、归纳、组织编写而成的。不少科技图书的内容还包含一些从未发表过的研究成果或资料。

图书是综合、积累和传递科技知识,教育和培养科技人才的一种重要工具,它可以帮助人们比较全面系统地了解特定领域的历史和现状,可以将人们正确地领入自己所不熟悉的领域,还可以作为一种经常性的查考工具。从信息检索角度来看,图书一般不作为主要检索对象。研究人员利用图书的概率比较小。

图书的特点是:内容比较系统、全面、成熟、可靠,具有一定的新颖性;但编辑出版时间过长,传递信息的速度太慢,包含的内容一般只是反映1年以前的研究水平。

图书的著录格式如下:

【题名/责任者】非常规油气区带未开发储量评估指南/王永祥,李建忠译

【ISBN号/定价】978－7－5021－9367－6/80.00元

【出版项】北京 石油工业出版社 2012

【主题词/索书号】油气区—油气储量—资源评估—指南/P618.1/3

【文摘题要】本书围绕资源区带未开发储量评估的各种复杂情况和评估难题,开展了一系列合理有效地评估实践,由此制定出资源区带未开发储量和油气藏评价的准则。

2. 报刊

报刊是一种以印刷形式或其他形式逐次刊行的,通常有数字或年月日顺序编号的,并打算无限期地连续出版下去的出版物。

广义的报刊则包括一切定期刊行或不定期刊行的连续性出版物,如杂志、报纸、年度报告、年鉴、丛书以及学会的会议录、学报和纪要等。

报刊在科学技术活动中一直起着非常重要的作用,是交流的主要工具。

报刊具有以下特点:数量大、品种多、内容丰富多样;出版周期短,报道速度较快;发行、流通广泛,连续性强,伴随着相应的学科领域发展而发展。

期刊的著录格式如下:

【刊名】东北石油大学学报

【主办】东北石油大学

【周期】双月

【ISSN】2095－4107

【CN】23－1582/TE

【出版地】黑龙江省大庆市

【邮发代号】14－90

3. 会议文献

会议文献是指在国内外各种学术会议上交流的论文,以及由此汇编成册内部交流或公开出版的文献。

会议文献的主要特点是:传递信息比较及时,传递的信息针对性较强,它反映了某学科、专业的最新成果和发展现状及趋势,是研究工作不可缺少的情报源。

会议论文的著录格式如下：

【篇名】试析美国新能源法案对能源安全的影响
【作者】吕江
【机构】武汉大学国际法研究所
【摘要】美国《2007年能源独立和安全法》是美国关于能源安全的最新法案。该法案不仅提高了美国能源安全要求，而且对美国国内乃至国际社会能源安全领域产生了重大影响。它改变了美国现行能源安全法律政策，同时为美国设定了未来能源安全走向。因此，对该法案的深入研究，也必将对中国能源安全法律政策的制定具有启示性意义。
【会议录名称】2008 全国博士生学术论坛（国际法）论文集——国际公法、国际私法分册
【会议名称】2008 全国博士生学术论坛
【会议时间】2008 - 10
【会议地点】中国湖北武汉
【分类号】D971.2;DD912.6
【主办单位】国务院学位委员会办公室、教育部学位管理与研究生教育司

4. 专利文献

专利是用法律来保护科学技术发明创造的制度。专利文献是专利制度的产物。一切与专利制度有关的各种专利文件统称为专利文献，包括发明说明书、专利说明书、专利局公报、专利文摘、专利分类与检索工具书，以及申请专利时提交的各种文件（如请求书、权利要求书、有关证书等）、与专利有关的法律文件和诉讼资料等。狭义的专利文献一般指专利局颁布出版的各种发明说明书或专利说明书及其所派生的各种二次文献。

专利文献的特点是：数量巨大，覆盖面广；格式统一、措词严谨；描述对象具体、单一；技术内容新颖、可靠；文件类型多，重复量大，是重要的技术经济信息源。

专利说明书的著录格式如下：

【专利名称】一种高效控压缓水锥水平井完井技术
【申请号】CN200910109251.2   【申请日】2009 - 07 - 27
【公开号】CN101655007   【公开日】2010 - 02 - 24
【申请人】熊友明;唐海雄;张俊斌;姜柯
【地址】610500 四川省成都市新都区新都大道8号西南石油大学
【发明人】熊友明;唐海雄;张俊斌;姜柯;张林
【专利代理机构】深圳市君胜知识产权代理事务所
【代理人】王永文
【主权项】一种高效控压缓水锥水平井完井方法，包括以下步骤：(1)将具有控压和延缓底水锥进功能的无接箍油管放入水平井道内中间位置；(2)在水平井内下入封隔器，封隔无接箍油管与裸眼井之间的环形空间或封隔无接箍油管与筛管之间的环形空间，使原油从地层出来后通过无接箍油管产出。
【页数】10
【主分类号】E21B43/32
【专利分类号】E21B43/32;E21B7/04

5. 标准文献

标准文献是以文件形式出现的标准化工作成果。经过公认的权威当局批准的标准化工

成果,可以采用文件形式或规定基本单位(物理常数)这两种形式固化下来。标准化是为了有关各方的利益,特别是为了达到最佳的经济效果,并适当考虑到使用条件和安全要求,在有关各方的协作下,进行有步骤的特定活动所制订并实施各项规则的过程。

标准文献的特点是:制订、审批有一定的程序;适用范围非常明确专一;编排格式、叙述方法严谨统一,措词准确;技术上具有较充分的可靠性和现实性;对有关各方有约束性,在一定条件下具有某种法律效力;有一定的有效时间,需要随着技术发展而不断修订、补充或废除。

中国国家标准的著录格式如下:

【中文标准名称】石油与石油设施雷电安全规范
【标准号】GB 15599—2009
【标准状态】现行
【国别】中国
【发布日期】2000-12-25
【实施或试行日期】2009-12-01
【发布部门】中华人民共和国国家质量监督检验检疫总局;中国国家标准化管理委员会
【起草单位】中国石油化工股份有限公司青岛安全工程研究院;化学品安全控制国家重点实验室
【起草人】刘全桢;刘宝全;孙立富;胡海燕;高鑫;张婷婷;李义鹏;王婷
【标准技术委员会】全国安全生产标准化技术委员会化学品安全标准化分技术委员会(TC 288/SC 3)
【中国标准分类号】E09
【总页数】12

6. 科技报告

科技报告是研究或设计单位向提供经费的上级部门提供的关于某项研究或设计任务完成情况及财务消耗情况的总结报告。

科技报告的特点是:从形式上看,科技报告的出版形式比较特殊,每份报告自成一册,篇幅长短不等,有连续编号,装订简单,出版发行不规则。从内容上看,科技报告的内容比较新颖、详尽、专深。

7. 学位论文

学位论文是高等学校或研究机构培养的学生为获得某种学位而撰写的科技论文,一般有学士论文、硕士论文和博士论文。学位论文中除了少数可能发表在期刊或其他出版物上以外,多数是不出版的。每篇学位论文都有一复本收藏在授予学位的学校的图书馆里,可供查阅。

学位论文的著录格式如下:

【篇名】低维 V_2O_5 材料的制备及其特性研究
【作者】苏庆
【导师】王印月;刘雪芹
【作者基本信息】兰州大学,凝聚态物理,2009,博士
【关键词】磁控反应溅射;β-V_2O_5薄膜;热蒸发气相化学沉积;V_2O_5纳米线;水热法;VO_x纳米管;循环伏安法
【分类号】TB383.1

8. 政府出版物

政府出版物是各国政府部门及其所属机构所发表的文件。它的内容广泛,概括起来可分为行政性文件和科技文献两大类。行政文件包括国会记录、司法资料、方针政策、规章制度、决议、指示以及调查统计资料等。科技文献包括各部门的研究报告、技术政策文件等。

9. 技术档案

技术档案是指在生产建设中和科技部门的技术活动中形成的,有一定的工程对象的技术文件的总称。其内容包括任务书、协议书、技术经济指标和审批文件、研究计划、方案、大纲和技术措施、有关的技术调查材料(原始记录、分析报告)、设计计算、试验项目、方案、数据和报告、设计图纸、工艺卡片以及应入档文件。

10. 产品资料

产品资料是指国内外各厂商为推销产品而印发的商业宣传品,包括产品样本、产品目录、产品说明书、厂商介绍、厂刊或外贸刊物、技术座谈资料等。

二、按照信息加工程度划分

人们在利用和传递信息的过程中,为了及时报道和揭示信息,对信息进行了不同层次的加工。按加工程度可将信息分为一次文献、二次文献和三次文献。

1. 一次文献

一次文献即以作者本人的生产与科研工作成果为依据而撰写的,并已公开发行进入社会流通使用的原始文献。主要包括专著、学术论文、科技报告、会议论文、专利文献、学位论文等类型文献。

一次文献的特点是:具有学术上的新观点、新发明、新技术、新成果,提供了新的知识信息,是创造性劳动的结晶,有直接参考、借鉴和使用的价值,是人们检索和利用的主要目标。

2. 二次文献

二次文献是将大量的、分散的、无序的一次文献收集起来,按照一定的方法进行整理、浓缩和加工,使之系统化而形成的各种目录、索引和文摘。即被编制成具有多种检索途径的检索工具。

二次文献的特点是:仅是对一次文献进行系统化的压缩,无新的知识产生,具有汇集性、检索性。二次文献的重要性在于它提供了检索一次文献的线索。因此,二次文献又称为检索性文献。

3. 三次文献

三次文献是根据一定的目的和需求,在大量利用一次文献和二次文献的基础上,对有关知识进行综合、分析、提炼、重组而再生的信息资源。如词典、手册、百科全书、年鉴、各种教科书以及综述等。

三次文献的特点是:具有综合性高、针对性强、系统性好、知识信息面广的特点。三次文献又称为参考性文献,有较高的使用价值,可直接参考、借鉴和利用。

三次文献源于一次文献,又高于一次文献,是一种再创性文献。

从文献的角度看,一次文献是人们检索与利用的主要对象,二次文献是文献信息的检索工具,三次文献是人们考查数据、事实信息的主要信息源。

三、按信息的表现形式划分

1. 文献型信息源

文献型信息源是存储语言文字形式信息的各种载体的集合,是目前信息内容最丰富、可靠的信息,是人们使用最多的信息源。

2. 非文献型信息源

非文献型信息源包括电子信息源、数值型信息源、声像型信息源、多媒体信息源、实物及口头信息源。

(1)数值型信息源:是存储数据形式的信息载体的集合。

(2)声像型信息源:是存储声音或图像信息的载体的集合,如磁带、广播、电视。

(3)多媒体信息源:是一种时代发展的产物,是集文字、声音、图像于一体,多以光盘或 Internet 网上资源的形式出现,是目前发展最快、数量最多的一种信息源。

(4)实物及口头信息源:实物信息源是指自然实物和人工实物中所含信息的集合,口头信息源是指在交流、讨论、报告过程中所含的信息集合。

四、按信息的保密程度划分

按信息内容的保密程度划分为公开信息源、半公开信息源和非公开信息源之分。

五、按信息的应用范围划分

按信息内容的社会属性划分为科技信息源、经济信息源、管理信息源及生活信息源。

六、按信息传输形式划分

(1)网络信息源:各种网络上的信息集合。

(2)非网络信息源:不用通信设施就能获得的信息集合。

复习思考题

1. 简述信息、知识、文献的概念及三者之间的相互关系。
2. 构成文献的四要素是什么?其中的哪一个要素反映了文献的本质属性?
3. 一般将出版物划分为哪几种类型?按照对信息的加工程度可将信息分为几次文献?
4. 图书、报刊、会议文献、专利文献、标准文献、科技报告的特点各是什么?
5. 一次文献、二次文献和三次文献的特点是什么?
6. 传统信息资源的特征、数字信息资源的特征分别包括哪些方面?

第二章 信息检索概述

第一节 信息的组织

一、信息的组织及其原理

信息处于自然状态是无序的,人们无法有效利用。为了迅速准确地获取信息资源,必须对信息进行加工整理。利用一定的科学规律和方法,通过对信息的外部特征和内容特征的序化与综合,实现无序信息流向有序信息流的转换,这就是信息的组织。信息组织在社会生活中应用很广泛,不同类型的信息有不同的特征,文献的各种特征就是对文献组织的依据。

文献有多种特征,按不同的特征值可以组织成不同的序列,提供不同的检索途径,适应不同的检索需求,因此,信息的组织原理一般是按照文献的某种特征进行组织和排序的。

文献的外部特征主要有:文献的题名,包括篇名、书名、刊名、文件名等;文献的责任者和责任方式,包括著者、编者、译者、校注者等,还有责任者所属的机构;文献的出版情况,包括出版者、出版时间、版次、载体类型等;文献的编号,包括专利号、标准号、档案号、政府文件的文号、书号、刊号等。

文献的内容特征主要有:文献所属的学科范畴,文献所研究的主题,文献所涉及的专有名词,组成该文献的所有字词句、分子式、公式等。

文献的相关性主要表现在文献之间的相互引用与被引用关系,利用作者明确给出的被引用文献,反映文献之间内容上的联系。又因其在文中的特殊位置(页脚或文后),因而反映了一定的外部特征。

二、信息的组织步骤

信息的组织与检索是信息有序传播的两个方面,检索工具的编纂者对文献信息进行组织排序,按一定的方式有序化存储;使用者按同样的方式,从检索工具中迅速查得自己所需信息。

信息组织排序的一般步骤:首先分析各种类型的文献信息,按照信息特征给出它特定的标识符号,经过加工整理成为二次文献,这是文献由无序到有序化的过程。这一过程主要是描述文献外表和内容特征,给定标识并进行排序。

信息检索系统存储信息、有序化信息,要使用一定的检索语言,信息利用者检索信息时也使用相同的检索语言,所以检索语言是沟通存储和检索双方的桥梁。

第二节 信息检索及其原理

一、信息检索的概念

信息检索是指将信息按一定的方式进行加工、整理、组织并存储起来,再根据信息用户的需要找出有关信息的过程。它的全过程又称为信息存储与检索。这是广义的信息检索的含义，主要是对信息工作者而言的。狭义的信息检索则仅指后半部分，即用户根据需要，借助检索工具，从信息集合中找出所需要信息的过程。

信息检索是查找信息的方法和手段，它能使人们在浩如烟海的信息海洋中迅速地、准确地、全面地查找所需的信息。可以说，信息检索对人们的学习、生活和工作等方面都有非常大的作用。

二、信息检索的原理

人类的信息检索行为总是从特定的信息需求开始，并在特定环境和信息检索系统中完成，这里所说的环境包括产生需求的环境、信息检索系统的运行环境和其他制约因素。特定的检索系统包括完成检索过程所需的一定设施和工具，它可以是图书馆、信息中心或信息经济人，也可以是某种工具书（如文摘索引、目录、资料集、手册、词典等）或机读信息源（如各种机读数据库）。

人类的信息需求千差万别，获取信息的方法也各种各样，但信息检索的基本原理却是相同的，可以把它最本质的部分概括为一句话：对信息集合与需求集合的匹配与选择。

根据信息检索的基本原理，实现信息检索的基本方式可分为传统信息检索和现代信息检索。

1. 传统信息检索

传统信息检索（简称"手检"）是检索人员利用手工检索工具手翻、眼看、用大脑思维判别、索取原始文献的一种方式。

其优点是：(1)检索条件简单，成本低；(2)在检索过程中可以随时获取反馈信息，及时调整检索策略；(3)可对不同的检索工具同时进行对比，从而提高检索质量；(4)可以参阅检索工具中的附图。

其缺点是：(1)速度慢、效率低，检出的文献款目必须抄录；(2)手工检索工具提供的检索点有限，很难进行多元检索；(3)对于涉及几个概念组合的多主题的文献难于找到。

2. 现代信息检索

现代信息检索（简称"机检"）是检索人员利用计算机检索系统查找文献的一种检索方式。计算机检索系统包括数据库技术、计算机技术和网络通信技术等。机检可以克服手检的缺点，但机检对设备条件的要求比较高，所需的投资比较大。计算机检索已从单机检索、联机检索发展到今天的网络检索，并向着智能化的方向发展。

三、信息检索的研究范围与研究对象

信息检索作为一门学科，有它自己的研究范围和对象，也有自己的理论、方法和技术。从总体上看，信息检索的研究对象是比较明确具体的，研究范围广泛而边界有些模糊，理论和方法已经逐渐形成体系。

1. 信息检索的研究范围

信息检索的研究范围包括一切与信息存储检索有关的系统、过程、理论和方法。一切可供存储和检索利用的信息类型，如文献、数据、事实、知识、声音、图形等，各种信息检索系统及其运行过程，如信息采集、标引、组织、存储、处理、匹配、传送等各种过程中使用的方法，以及在信息检索实践和研究的基础上形成的各种理论和假设，均包括在这个范围内。信息类型侧重于文献，其次是数据和事实。

2.信息检索的研究对象

(1)信息检索理论。它主要包括检索语言与标引理论、信息检索的数学模型、知识表示理论、相关性理论,以及有关的哲学问题。

(2)信息检索系统。它是实现信息检索的物质基础,是现实的研究对象,主要研究它的结构、功能、演变,它的设计开发技术、管理维护技术和评价技术,还研究它与其他信息系统乃至整个外部世界的关系。其中,数据库是信息检索系统的核心部分之一。数据库的建造和维护是一类非常重要的信息技术。数据库的质量直接影响信息检索系统的功能和效率。

(3)计算机信息检索。它涉及许多计算机设备、软件技术、存储技术革新、检索技术、系统管理和经营知识、市场营销技术等,是一门综合性很强的技术。

(4)检索策略与方法。它是用户从信息检索系统中获取有关信息所必需的。好的检索策略是检索成功的必要前提,计算机的应用为检索策略和方法的发展提供了有力的支持。近30年来,涌现了许多新颖而有效的检索技术和方法,如布尔检索、位置检索、截词检索、加权检索、聚类检索等,人们利用、研究、评价和完善现有的各种检索策略和方法,研究开发新的更有效的策略和方法。

(5)用户研究与培训。用户是信息检索系统的生命。无论是系统的研制开发、管理维护、功能和服务的扩展,还是系统评价,都离不开用户研究工作。用户培训是用户研究的继续,是与用户建立紧密联系和发展新用户的一种非常有效的措施。

此外,还有自动标引、自动分类和自动摘录,以及相关设备等研究领域。

第三节 信息检索系统及其构成

一、信息检索系统及其类型

信息检索系统是由一定的设备和信息集合构成,面向一定的用户,具有信息采集、组织、存储、选择和传播等功能。信息检索系统是图书情报档案工作者和其他学者按某种方式方法建立起来的供读者查检图书情报档案资料等信息的某种有层次的体系。信息检索系统是根据对信息资源中不同对象和层次揭示上的需要,由文献目录、索引、机读数据库、网络搜索引擎等信息资源检索工具构成的以不同检索需要为目标的、形式多样的、完备的系统。

1.按照检索的工具和方式划分

按照检索的工具和方式,可分为手工检索系统和计算机检索系统。

1)手工检索系统

手工检索系统是指传统的靠查目录卡片、工具书等来检索的体系,如书本式检索系统和卡片式检索系统。

(1)书本式检索系统包括一切以书刊形式提供,为人们查找各种信息或数据的出版物,如文摘杂志、题录或索引刊物、参考工具书等。书本式检索系统的编制原理是计算机检索系统产生的基础。

(2)卡片式检索系统包括一切以普通卡片存储和查找信息的工具,如图书馆内部的各种卡片目录,管理部门的各种卡片档案。与书本式检索系统相比,它较便于信息的累积和更新,更适于单位或个人自建自用,成本较低,在信息检索和资料管理中曾发挥过重要作用。

2)计算机检索系统

计算机检索系统是指用电子计算机和数据库存储、检索文献信息资料的系统。其组成包括计算机、数据库、管理软件和通信网络检索终端。其中,数据库是其核心。而这些所有的用于文献检索的电子计算机可以连成一个庞大的网络,进行国内外的联机检索,现已发展成网络检索系统。但仅有计算机和网络还不行,还必须依赖数据库才能检索到文献信息。计算机检索系统分为联机检索系统、光盘检索系统、网络检索系统。

(1)联机检索系统。国际联机检索就是用户使用终端设备,远距离地从国际联机检索中心迅速而准确地获取数字文献信息资源,使知识信息得到广泛而有效传播和利用。其实质是数据库和通信的结合。从 20 世纪六七十年代起,许多国家还先后建立了专门从事计算机检索的机构,如美国的洛克希德公司和系统发展公司、英国的目录检索服务处和图书馆自动化情报服务处与 Infoline 公司、欧洲的 ESA-IRS 等,这些机构都建有大量的数据库联机检索系统,都向全世界联机用户提供电子信息服务。其中,著名的系统有 Dialog、ORBIT、ESA-IRS、OCLC、STN 等。

(2)光盘检索系统。由于光盘在存储电子信息资源方面具有记录密度高、容量大、成本低、体积小、寿命长、可实现随机存取和检索费用低廉等优点,因此,光盘被广泛用于存储、检索数字信息资源,并产生了一批生产系列光盘的公司,如美国 UMI 公司和银盘公司等。光盘记载的数字信息资源并不局限于文献信息,还包括各种软件,但可用于检索仍以文献信息为主。

(3)网络检索系统。Internet 是网络通过互联而形成的全球网。它已延伸到地球上几乎每个国家。在 Internet 网上的所有主机都采用 TCP/IP 协议连接和通信,使网上各种计算机都遵循该协议所规定的方式进行数据交换,其结果是使得 Internet 信息资源主要包括电子报刊、电子新闻、电子报告、电子论坛、会议资料、各种软件资料、图像文件、声音文件和电子游戏等。Internet 是目前世界上资料最多、门类最全、规模最大的信息库,是人们获取信息的重要来源。

2. 按照揭示信息的内容程度划分

按照揭示信息的内容程度,可分为目录、题录、文摘和全文型检索工具。

1)目录型检索工具

目录主要报道实有的文献或收藏文献的情况,以一个完整的出版(或收藏)单位作为著录的基本单位。此类检索工具对于查找、索取原始文献具有重要作用。

2)题录型检索工具

题录是用来描述某一文献的外表特征并由一组著录项目构成的一条文献记录。题录通常以一个内容上独立的文献单元(如一篇文献、图书中的一部分,但有时也是整体出版物)为基本著录单位,这是它与目录的主要区别。

3)文摘型检索工具

文摘是指对文献的内容简洁而又正确的摘录,供人们浏览和查用,使读者能以较少的时间与精力掌握有关文献的基本内容进行系统查找。文摘型记录主要是由题录部分和文摘等内容共同组成。文摘型检索工具是系统报道、积累和检索科技文献的主要工具。文摘型检索工具按文献的压缩程度,可划分为指示性文摘、报道性文摘和评述文摘。

目录型、题录型和文摘型三种检索工具的异同点是:目录型和题录型检索工具两者的相同点是它们都只限于描述文献的外表特征,而文摘型检索工具不仅揭示文献的外部特征还揭示文献的内容特征;题录实质上是一种不含文摘正文的文摘款目,在揭示文献内容的深度方面,题录比目录做得深入一些,但又比文摘款目浅。

4) 全文型检索工具

全文数据库是计算机检索系统普遍应用以后出现的,它是揭示文献的全貌的检索系统。它能满足人们方便快捷的检索到原始文献信息的需求。

二、检索系统的作用

检索系统的作用是由于它具备的存储与检索两个基本职能,各种类型的原始文献,经过加工整理成为二次文献。这是文献由无序到有序化的过程。这一过程主要是描述文献外表和内容特征,给定标识并进行排序。标识是指表征文献外表或内容特征的词语或符号。词语标识有关键词、叙词、单元词等;符号标识有分类号、专利号、标准号、化学符号等。

三、检索系统的评价

了解检索系统的评价标准,目的是帮助大家在把握各种数据库特点的同时,掌握有关数据库质量的评价标准,从而选择优秀的检索系统,提高检索活动的效果。从使用者的角度来考察,检索系统的评价标准应该包含以下几个方面的内容:

1. 检索系统的收录对象及范围

数据库的收录对象及范围决定了数据库中所提供信息的可靠性、完整性,是体现检索系统重要性的主要标志。

2. 检索系统对其中所包含的各种数据揭示与反映的质量

作为优秀的检索系统,应该对其中各种信息的揭示与反映做到充分详尽、准确无误、规范标准,具体表现在其对信息描述的质量及信息标引的质量等方面。查全率和查准率是考查系统收录质量的两项重要指标。

3. 数据库中信息更新的速度

数据库中信息更新的速度反映了数据库能提供最新文献信息的水平和时差,主要表现在数据库中新增加的信息与该信息原始文献出版、发表之间的时间跨度。

4. 数据库提供的检索途径及检索功能

一般来说,数据库所提供的检索途径越丰富,数据库响应用户需求的水平越高、数据库能支持的检索技术(如布尔逻辑检索、位置检索、截词检索、限制检索等)种类越多,检索过程速度就会越快、检索效率(查全率与查准率)也随之越高。另外,实际操作的方便与否以及对检索结果的显示、排序、选择、格式转换、打印、保存等的响应情况,也反映了检索系统的功能。

5. 保证数据库正常运行的支持体系

保证数据库正常运行的支持体系主要是指数据库商家所提供的维护数据库正常运行的数据、技术、维修等保障措施和手段。

第四节 数 据 库

一、数据库概述

数据库是结构化的数据集合。数据库是依据数据之间的性质联系,按照对数据实行统一的、集中的、独立的管理要求来设计和组织数据的。在《文献与信息工作术语》(ISO/DIS

5127)中定义:数据库(Database)是至少由一种文档组成的,能够满足某种特定目的或特定数据处理系统需要的数据集合。通俗地说,数据库就是在计算机存储设备上按一定方式存储的相互关联的数据集合,其载体有磁带、磁盘、光盘等。数据库是计算机检索系统的重要组成部分。假如把硬件比作图书馆的馆舍,把软件比作图书馆的规章制度和管理人员,那么,数据库就好比是图书馆里装满图书的一间间书库。没有藏书,不能称其为图书馆,不能供读者查阅资料;没有数据库,亦无法建立计算机文献检索系统,不能进行机检。可以说,数据库是机检的生命线。

在计算机检索系统中,多数数据库为关系型数据库。当数据库记录的对象为文献信息时,则称其为文献数据库。文献数据库只存储有关主题领域各类文献资料的书目信息,为用户鉴别和获得有关文献提供必要的文献属性信息和来源指示。所以,人们通常把它归入参考数据库的范畴。它在内容、结构和使用方面都有别于其他数据库。

文献数据库中的数据来源于期刊论文、会议论文、研究报告、专利文献、学位论文、图书、政府出版物、报纸等各种不同的文献经过加工、压缩派生的数据。

文献数据库的数据结构比较简单,记录格式较为固定,生产费用相对较低。它的使用范围一般是开放性的。除少数涉及高技术情报或敏感性情报的书目数据库以外,其余绝大多数在使用上都没有任何限制。人们可以在公开市场上通过购买或租用来获得它,也可以通过某个合适的情报检索系统去检索它,并支付一定的费用。数据量大、连续性和累积性强、更新速度快是文献数据库的重要特性。

二、数据库的结构

数据库是以文档的形式组织起来的。文档的基本组成单位是记录。下面,先从记录的有关内容开始,介绍文献数据库的结构。

1. 记录(Record)

记录是作为一个单位来处理的有关数据的集合,是对某一实体的属性进行描述的结果。在书目数据库中,被描述的实体是某一特定的文献,实体的属性就是该文献的特征,例如文献的题名、作者、发表时间、语种、分类号、主题词等。可以看出,文献数据库中的一个记录就相当于书本式检索刊物中的一个文摘条目或题录,或相当于图书目录中的一个著录款目。

2. 字段(Field)

字段是记录的下级数据单位,用来描述实体的某一属性。在文献数据库的记录中,字段的划分与文献著录事项的划分相一致,一个字段与一个著录项目相对应。所以,一个记录中通常含有文献号字段、题名字段、作者字段、出版字段、语种字段、文摘字段、主题词字段、分类号字段等各种必要的字段。每个字段的具体内容称为字段值(Field Value)或属性值(Attribute Value)。字段的设计决定了检索点的数量。

3. 文档(File)

若干个记录构成的信息集合称为文档。文档是数据库和检索系统中数据组织的基本形式,有各种各样的文档组织方式。从数据库的内部结构来看,一个数据库包括顺排文档(Sequential File)和倒排文档(Inverted File)。

顺排文档是将数据库的全部记录按照记录号的大小排列而成的文献集合,是文档在计算机存储器中的一种存放形式,记录的物理位置通常由记录的值决定。记录之间的逻辑顺序与物理顺序一致的,称其为主文档或线性文档。这种存储方式决定了对记录的存取只能顺序进行,它使记录之间紧密排列在一起。文档的修改和删除操作比较简单,但插入操作较为麻烦,存取时间与数据的物理位置有关。

倒排文档按照文献的属性列出具有同一属性的所有记录,是把记录中一切可检字段或属性值(如著者姓名、主题词等)抽出,按某种顺序重新加以组织后所得到的一种文档,既可以按不同类型的字段组成不同的倒排档(如著者倒排、主题词倒排档等),也可以把所有不同的字段组成一个混合倒排档。值得注意的是,倒排档中的"倒排"二字的涵义是相对于顺序排列的主文档而言的。其实,在计算机存储器中,倒排档也可以按顺序文档的方式存取。二者的主要区别是:主文档以文献的完整记录为处理和检索单元,倒排档则以文献的属性(即记录中的字段)为处理和检索单元。倒排档是从主文档中派生出来的一种文档。

三、数据库的种类

1. 按国际上通用的分类方法划分

1)参考数据库(Reference Database)

参考数据库包括书目数据库和指南数据库两类。书目数据库是指存储二次文献信息的数据库,如题录数据库、文摘数据库、目录数据库等。指南数据库为事实数据库,是指存储机构、人物、地名、产品、物质和材料的特性、时间等信息的数据库。

图书馆目录数据库通常又称为"机读目录",即 MARC(Machine-Readable Catalogue)。机读目录主要报道和存储特定图书馆实际收藏的各种文献资料的书目信息和存储地址。它既是一般用户查找图书馆资料的工具,更重要的是作为图书馆业务部门的业务管理工具。它的数据内容详细,除描述文献本身以外,还有许多附加信息,如业务加工信息、管理信息、馆藏信息等。

2)源数据库(Source Database)

源数据库是能够为用户提供原始文献或具体数据的数据库,包括全文数据库(Full-text Database)、数值数据库(Numerical Database)、术语数据库(Terminological Bank)和图像数据库(Graphic Database)。

全文数据库是一种存储文献全文或其中主要部分的源数据库。全文数据库可以解决用户获取一次文献所遇到的困难,能向用户提供一步到位的查找原始文献的信息服务,如法律法规全文库、期刊全文库等。

数值数据库是一种以自然数值形式表示、计算机可读的数据集合,是专门提供以数据形式表示信息的一种源数据库,又是一种能同时提供文本信息和数值数据的数据库。这类数据库主要包含数值数据,有的也包含文字(文字是用来定义数据所需的最小量的),如企业信息数据库、产品数据库、统计数据库、财务数据库、文本—数值数据库等。

术语数据库是一种计算机化的术语词典或词库,也称为电子辞典或机读词典。术语数据库是一种专门存储名词术语信息、词语信息以及术语工作和语言规范工作成果的源数据库,如名词术语信息库、各种电子化辞书等。

图像数据库是供人们存储和检索图像或图形信息及其文字说明资料的一种源数据库,主要应用于建筑、设计、广告、产品、图片或照片等资料类型的计算机的存储与检索。

3)混合数据库(Mixed Database)

混合数据库是同时兼有参考数据库和源数据库特点的一类数据库,它是存储声音、图像、文字、动画等多媒体信息的数据库。

2. 按照信息内容表现形式划分

1)文献数据库

文献数据库包括题录数据库、文摘数据库、全文数据库。

（1）题录、文摘数据库：主要存储相关主题领域的各类文献资料的书目信息，包括机读版的文摘、题录、目录、索引等，如《中文期刊数据库（文摘题录版）》。

（2）全文数据库：用户可直接检索出原始文献，也可检索全文中的段、节、章等内容，如《中国学术期刊数据库》。

2)非文献数据库

非文献数据库包括事实数据库、数值数据库等。

（1）事实数据库：直接向用户提供某一客体的基本事实（包括文字、图形、图像、声音、计算机程序等），如百科全书、辞典、手册、指南、地图集、人名录、企事业名录、计算机程序、音乐等。

（2）数值数据库：如中经专网、中国资讯行等。

第五节 检 索 语 言

一、检索语言的概念

检索语言是根据信息存储与检索的需要而创造的一种人工语言。检索语言是信息检索与信息存储的一种约定语言。

检索语言与检索效果之间有着密切的关系，它在检索过程中起着极其重要的作用。信息检索的全过程包括信息的存储过程和检索过程。当存储信息时，文献标引人员首先要对各种文献进行主题分析，通过分析选出若干个能代表文献主题的概念，并用检索语言把这些概念标引出来，然后纳入信息检索系统中。当检索信息时，信息检索人员也首先要对检索课题进行分析，并且通过分析明确其检索范围，选出若干个能代表信息需要的概念，并把这些概念转换成检索语言，然后从信息检索系统中查找用该检索语言标引的文献，从而找到用户所需的信息。

由此可见，检索语言是信息检索系统的主要组成部分，是标引人员与检索人员之间沟通思想，取得一致意见的桥梁。

二、检索语言的功能

检索语言不同于自然语言，它所表述的概念只有一种解释，不允许一词多义、多词一义，使概念的表述模糊不清。检索语言的这种单一性保证了表述概念的唯一性，保证了标引与检索的一致性，使信息检索人员能够又全、又准、又快地检索到含有所需信息的文献。

检索语言的功能是通过检索语言标引文献的主题概念，不仅能简明地提示文献所包含的信息内容及其外表特征，而且还能将同一主题概念的文献集中在一起，使文献的存储集中化、系统化、组织化，以便于进行有规律的检索。

三、检索语言的组成

实质上，信息检索语言是表达、概括文献信息内容的概念及相互关系的概念标识系统。它可以是从自然语言中精选出来并加以规范化的一套分类号码，又可以是代表某类事物的某一方面特征的一套代码（如化合物的各种代码），用以对文献内容和信息需要进行主题标引、逻辑分类或特征描述。

检索语言是由词汇和语法组成的。在这里词汇指的是登录在分类表、词表中的全部标识,一个标识(分类号、检索词、代码)就是它的一个语词,而分类表及词表则是它的词典。语法指的是如何创造和运用标识(单个标识或几个标识的组合)来正确表达文献内容和信息需要,以有效地实现信息检索一整套规则。

四、检索语言的种类

检索语言按其反映信息内外部特征的不同可分为分类语言、主题语言、名称语言和代码语言四大类。

1. 分类语言

分类语言是一种直接体现知识分类的等级结构的标识系统。它根据一定的观点,以科学分类为基础,以文献内容的科学性质为对象,运用概念划分与概括的方法,按照知识门类的逻辑次序,从一般到具体,从简单到复杂,进行层层划分,每划分一次,就产生许多类目,逐级划分,就产生许多不同级别的类目。所有不同级别的类目,层层隶属,形成一个严格有序直线性的知识门类的等级制体系。每个类目都用分类符号作为标记,每个分类号都是表达特定知识概念的词汇,这些词汇即是分类语言。

分类语言是用分类号码来表达各种概念,将各种概念按学科性质进行分类和系统排列,便于信息存储与信息检索双方进行交流的一种检索语言。著名的《国际十进分类法》、《美国国会图书馆图书分类法》、《中国图书馆图书分类法》等,即是以分类语言为依据广泛应用于信息存储与信息检索的规范,是对信息按学科属性及技术特点进行有序化和检索利用的重要工具。

分类语言具有按学科或专业集中地、系统地揭示信息内容的功能,有利于从学科或专业角度进行全面的检索,按照结构逐级划分,具有等级结构,便于扩大和缩小检索范围。

2. 主题语言

主题语言是用语词来表达各种概念,将各种概念按字顺排列。主题语言包括标题词语言、关键词语言、单元词语言和叙词语言等,它们统称为主题法系统。

(1)标题词语言是规范化了的自然语言。它以经过标准化处理的名词术语作为标识,来直接表达文献所论及或涉及的事物——主题之间的相互关系(这种关系是借助于参照系统来间接显示的)。

(2)关键词语言是为适应主题目录、主题索引编制自动化的需要而产生的一种主题语言型检索语言。关键词是指在文献的标题、摘要或正文中出现的、对表达文献内容具有实质意义,能作为检索入口的,起关键性描述作用的词汇。关键词语言是针对文献中的关键词选定或抽出,极少用作词汇控制,按字顺排列,从而提供检索途径的一种检索语言。

(3)单元词语言又称为元词语言,它是从文献中抽取出来并经过控制处理的,能表达文献主题的最小、最基本的词汇单位。它可以是一个单纯词,也可以是一个合成词。这些词具有一个共同的特点是:它们在概念上不能再进一步分解,如再分解,就再也不能表达原来所代表的特定概念,从而失去检索本意。

(4)叙词语言是经过词汇控制的,在标引中用来显示文献主题,在检索中用来构成表达式的一种检索语言。叙词语言可谓是博采各种信息检索语言之长,吸取了多种信息检索语言的原理和方法。叙词语言是一种采用规范化的单词或词组由标引人员或读者自行组配,来表达文献(或课题)主题概念的一种后组式索引语言,或称为后组式的检索语言。

3. 名称语言

名称语言是以人名、机构名、地名、书名、刊名、篇名等代表信息特征的名称为检索标识,作为标引文献和检索文献双方共同采用的交流语言。各种数据库中所设置的作者检索途径、机构检索途径、出版物检索途径等都是运用名称语言对信息的特征予以描述和展示的结果。

4.代码语言

代码语言一般只就事物的某一方面特征，用某种代码系统来加以标引和排列，如专利号、标准号、化学物质登记号等。

复习思考题

1. 信息的组织原理是什么？
2. 信息检索系统的类型有哪些？
3. 简述数据库的含义及其种类。
4. 简述数据库的记录和字段的含义。
5. 检索语言有多少种？
6. 分类语言和主题语言的检索特点是什么？

第三章 信息检索技术与程序

本章主要介绍基本的检索技术、检索程序和检索策略。

第一节 计算机检索技术

检索技术是指从结构化信息(数据库)和非结构化信息(文本)中获取满足检索要求的信息的技术与方法。目前常用的检索技术有布尔逻辑检索、截词检索、位置检索、字段检索、全文检索、加权检索、超文本检索等。

一、布尔逻辑检索

布尔逻辑检索是采用布尔逻辑表达式来表达用户的检索需求,并通过一定的算法和实现手段进行检索的过程。布尔逻辑表达式是采用布尔逻辑算符来连接检索项,以及表示运算优先级的括号组成的一种表达检索要求的算式,即逻辑表达式。

1. 布尔逻辑检索的算符

常用的布尔逻辑算符有:逻辑与"and"、逻辑或"or"、逻辑非"not"三种(图3-1)。

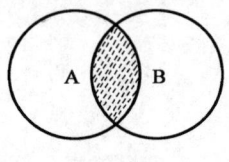 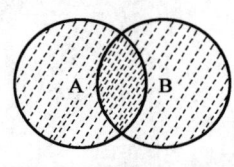 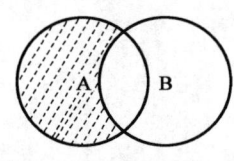

图3-1 布尔逻辑算符示意图

(1)逻辑与"and":检索词 A 和 B 用逻辑与"and"组配,逻辑表达式为:A and B,表示只有同时含有 A、B 两个检索词的信息才是命中对象。因此,通过对检索词之间的逻辑与运算,增强了查找的专指性,可提高查准率。

(2)逻辑或"or":检索词 A 和 B 用逻辑或"or"组配,逻辑表达式为:A or B,表示在查找信息源中凡含有检索词 A 或 B 的所有信息均为命中对象。因此,使用逻辑或可使检索命中结果的范围扩大,达到了扩检的目的,从而提高查全率。

(3)逻辑非"not":检索词 A 和 B 用逻辑非"not"组配,逻辑表达式为:A not B,表示含有 A,但是排除 B 的所有项。因此,谨慎使用逻辑非运算符,否则会造成漏检现象。在实际检索中,往往在一个检索结果中使用逻辑非运算,用来排除指定的某类信息,以达到提高查准率。

布尔逻辑运算次序为:括号内的逻辑运算优先执行,括号有多层时,最内层括号中的运算最优先执行。但对于运算符 or、and、not,它们的运算优先次序在不同的系统中有着不同的规定。

一般在中文数据库中,布尔逻辑运算符有时用 and、or、not 下拉菜单形式来表示,有时用"*、+、-"来表示,有时用"并且、或者、不包含"来表示。

2. 编制布尔逻辑表达式时应遵循的原则

由于不同检索系统里逻辑运算的次序是不同的，检索结果也会不同。逻辑表达式的处理存在优先级别，在构筑检索表达式时，有效的设计将会提高检索效率，加快检索速度。因此，在编制逻辑表达式时应尽可能遵循以下规则：

(1) 逻辑与连接检索项时，尽可能把出现频率低的词放在"and"符号之前，目的是为了使否定的回答尽早出现，从而缩短检索时间。

(2) 逻辑或连接检索项时，应将出现频率高的词放在"or"符号之前，确保命中回答尽早出现。

(3) 表达式中同时出现"and"与"or"符号时，需要做到除(1)和(2)以外，还应遵循：
①把单检索词和"and"关系运算较少的部分放在"or"符号前面；
②尽量把"or"关系较少的检索项放在"and"符号前面。

(4) 避免将逻辑非运算和逻辑与运算同时使用。

二、截词检索

截词检索(truncation)主要是利用检索词的词干或不完整的词型进行检索，其方法是在词干后可能变化的字符位处加上截词符号"？"、"＊"或"＄"。截词符号的使用，既可减少检索词的输入量，又可简化检索步骤，扩大检索范围，提高查全率，节省上机时间，降低检索费用。

截词方式根据截词的位置不同分为有限截词和无限截词两种(表3-1)。

表3-1 截词检索法

截词方式	样例	功能
有限截词(Restricted Truncation)	transport??? ?	找出以 transport 为词根或后面仅有三个字母的词，如：transporting、transport
无限截词(Open Truncation)	transport?	找出所有以 transport 为词根的记录，transportation、transporting、transported、transportable 等均可检出

1. 有限截词

有限截词是在检索词的词干后加一个或一个以上的(最多不超过4个)"？"，然后空一格，再加一个"？"。前面的1~4个"？"表示限定所截字符的位数，最后一个"？"表示截词停止的符号。如：alloy??? ?，可检索出含 alloy alloyed alloying 的文献。

2. 无限截词

无限截词是在检索词的词干后加一个"？"，表示不限制词尾部可变化的字符位数。如：Program?，可检索出含 Program、programs、programming 等词的文献。

无限截词也可用于 PY 字段，如：PY = 199？可检索出 1990—1999 年出版的文献。

无限截词形式有前截断(后方一致)、后截断(前方一致)、前后截断(中间一致)、中间截断检索四种形式。

1) 前截断

前截断是指要求检索词与被检索词实现词间的后部相同。如：检索式"？magnetic"可检索出含有"magnetic"以及"paramagnetic"的文献记录。

2) 后截断

后截断检索是指检索词与被检索词实现词间的前部相同的检索。如："computer?"可检索出含有"computer"和"computers"的记录。

3）前后截断

前后截断检索是检索词与被检索词实现词间只需任意部分相一致即可。

4）中间截断

中间截断也称屏蔽检索，是指在一个字符串中插入一个或多个的截词符号"？"，表示在问号的相应位置上可置换数目相当的字符。采用屏蔽检索可避免漏检，提高查全率。

不论使用何种截断方式，其机理均是把满足条件的词全部用逻辑组配进行检索。因此，在使用截词符时，事先要充分估计满足条件的所有词汇，以避免误检现象。

如："organi？ation"，可检索出含"organisation 和 organization"的文献。

还有一种较为通行的说法，即把中间截断和后截断称为通配符（wildcard），原理和用法大致相同。

三、位置检索

位置检索由位置算符（Position Operators）表达。位置检索是检索词在原始信息中相对位置的限定性检索。这种检索在全文检索中应用较多，通常出现在西文数据库中。常用的位置算符见表3-2。

表3-2 常用位置算符列表

位置算符	样 例	功 能
（W）	solar（W）energy	找出含有 solar energy 字样的记录，词序不能颠倒，两词之间不得插入任何词（字母）
（nW）	solar（3W）energy	找出含有 solar 和 energy 字样的记录，两个词之间最多可插入3个词，词序不颠倒
（N）	solar（N）energy	找出含有 solar energy 或 energy solar 的记录，两词之间不得插入任何词（字母）
（nN）	solar（4N）energy	找出含有 solar energy 或 energy solar 的记录，两词之间最多可插入4个词
（S）	solar（S）energy	找出一个句子中含有 solar 及 energy 的记录，词序可变化，中间可加词
（F）	solar（F）energy	两个词 solar 及 energy 同在一个标引字段中

需要说明的是不同的检索系统使用的位置算符不同，不同的算符在不同的系统中有时可能含义不同。

四、字段检索

字段检索（Field Searching）是指定检索词出现的字段，检索时系统只对指定字段进行匹配检索运算，提高了检索效率和查准率。在数据库中字段检索有时是用代码来表示，常用检索字段见表3-3。

表3-3 常用检索字段

字段代码	英文全称	中文字段	用法举例
AU	Author	作者	AU = johnson,r？
CO	Company Name	公司名称	CO = ford motor？
CS	Corporate Source	团体作者	CS =（harvard and medicine）
DT	Document Type	文献类型	DT = review

续表

字段代码	英文全称	中文字段	用法举例
JN	Journal Name	期刊名称	JN = new york times
LA	Language	语种	LA = French
PY	Publication Year	出版年	PY = 1997
TI	Title	题名	TI = web
AB	Abstracts	文摘	AB = Academic Library
DE	Descriptor	叙词/主题词	DE = Internet
KY	Keyword、topic	关键词	KY = Internet
FT	Full-text	全文	FT = petroleum

五、全文检索

全文检索是指以文本信息作为检索对象建立全文数据库,除了具有布尔逻辑检索功能外,还具有文本检索功能,并允许用户以自然语言检索而不是外在特征来实现检索的先进检索技术。

在信息检索领域,全文检索一直是一个比较复杂的问题。与普通数据库检索所涉及的结构化数据查询不同,全文检索不仅要查询结构化数据,而且还要查询非结构化数据,这就必然会涉及自然语言的理解、分词、切词技术以及人工智能技术等。在国外,全文检索系统的开发和应用已经有多年的历史,如美国的 Dialog、Lexis 等大型联机查询系统。近几年,随着 Internet 的飞速发展,全文检索技术的应用更是日益广泛,Internet 上的一些著名搜索引擎,如 Yahoo、InfoSeek、Lycos 等都采用了全文检索技术。相对来说,中文全文检索系统的开发经历了比较曲折的道路。最初的中文全文检索系统是基于关系型数据库,但关系数据库无法很好地支持非结构化数据检索,中文全文检索又无法在西文产品的已有结构上实现,这促使中文全文检索技术的开发研究及其应用进入了一个新的阶段,各种中文全文检索系统相继问世。目前比较著名的有易宝北信的 TRS、北大方正的 MIRS、中国百科全书数据库、海文 Quick、清华的《中国学术期刊》等大大小小的中文全文检索软件竞相开拓各自的市场领域。

全文检索技术的出现,导致了信息领域的一场革命。比起标引检索来,全文检索提供了全新的、强大的检索功能,可以直接根据文献资料的内容进行检索,支持多角度、多侧面地综合利用信息资源。全文检索技术是发现信息、分析和过滤信息、信息代理、信息安全控制等领域的主要技术基础。以全文检索为核心技术的搜索引擎已经成为网络时代的主流技术之一。

六、加权检索

加权检索是指根据用户的检索需求来确定检索词,并且再根据每个检索词在检索要求中的重要程度不同,分别给予一定的数值(权值)加以区别,同时给出检索命中界限(阀值)进行限制。进行加权检索时,利用检索词查找数据库,每条命中记录将其所包含的检索词根据检索时所限定的权值,分别计算命中记录的权值之和,当已检出记录的权值之和超过或达到阀值时,为命中信息。目前常用的加权方法有词加权、词频加权和法定数加权检索等。

七、超文本检索

超文本信息检索技术是以超文本网络为基础的文献检索技术。正文信息是以节点而不是以字符串作为信息的基本单元,节点间通过链进行连接。在检索文献时,节点间的多种链接关系可以动态地选择性激发,从而可根据思维联想或新信息的需要,通过链从一个节点跳到另一个节点,由此形成随着人们思维和需要的流动而构成的数据链,体现出一种完全不同于过去顺序检索方式的联想式检索。

目前已建立了多个基于超文本的检索系统,如 Yahoo、baidu、sohu 等著名的网络检索系统。这些系统检索速度快,数据资料新,具备多种查询方式,极大地方便了用户使用 Internet,提高了全文检索的另一指标——查全率。

根据检索机理不同检索技术又可分为基于内容的检索技术与基于概念的信息检索技术。

基于内容的检索(Content Based Retrieval,简称 CBR)是随着多媒体技术的发展而出现的多媒体数据库查询与检索技术。基于内容的检索是指根据媒体对象的语义、特征进行检索,如图像中的颜色、纹理、形状,视频中的镜头、场景、镜头的运动,声音中的音调、响度、音色等。基于内容的检索是一项实用性强的高技术,能广泛应用于遥感图像处理和空间探测、医疗图像、建筑工程图、天气预报、公安、艺术馆藏资料管理等许多领域。尤其随着 Internet 的发展,视频、音频用图形、图像将成为网上主要资源,而基于内容检索技术则是不可缺少的检索手段。

基于概念的信息检索是通过对文献中的原文信息进行语义上的自然语言处理,吸取各种概念信息,并由此形成一个知识库。然后,根据对用户提问的理解,检索知识库中相关的信息,以提供直接的回答。

第二节　信息检索程序与策略

信息检索是根据课题的要求,利用各种有关的检索系统,按照一定的检索程序和方法,采用各种检索策略查找信息的过程。

一、检索程序

查找信息的过程一般有六个步骤。

1. 分析课题(需求和概念分析)

信息检索之前,首先要对课题进行充分的了解,掌握课题有关的基本知识,详细摸清课题所涉及的学科范围及要求,明确课题的主题或主要内容。要形成若干个既能代表信息需求又具有检索意义的主题概念,包括所需的主题概念有几个、概念的专指度是否合适,哪些是主要的,哪些是次要的,概念之间的关系如何;所需信息的数量、语种、年代范围、类型等具体指标。

2. 选择检索系统和数据库

根据主题范围、信息类型、时间范围、经费支持等因素选择检索系统和数据库。主要考虑数据库收录信息内容和设计的学科范围及更新周期,数据库提供的检索功能和服务方式等因素。

3. 确定检索途径和检索词

在检索过程中,根据所掌握的有关课题的资料,确定检索途径。一般情况下,所研究的课题较专深、单一时,常用主题途径,课题所涉及的内容较复杂时,常用分类法。常用的检索途径有著者、分类、主题、篇名、代码、出版时间、语种、文献类型等。

检索词是表达信息需求的基本元素,用户输入的检索词,也是在计算机检索系统中进行匹配的基本单元。检索时检索词的确定应注意以下问题:优先选用数据库词表中的主题词检索;选用数据库规定的代码;选用通用的专业术语;注意选用同义词、相关词、缩写词进行检索,以提高查全率。

4. 构建检索表达式

检索表达式是计算机检索中用来表达用户提问的逻辑表达式,由检索词和各种布尔逻辑算符、位置算符、截词符以及系统规定的其他组配连接符号组成,是检索策略的具体体现。

5. 检索并调整检索策略

通过检索表达式对检出的检索结果进行分析,分析检索结果是否与检索要求一致,不一致时要通过修改检索词和检索表达式,直到得到满意的结果。

1)扩大检索

对检索数量比较少的结果,可以进行扩检,提高查全率。例如:

增加一些检索词,或查询检索词的上位类词、近义词等作为补充;

调整组配算符,如改"and"为"or";

使用截词检索,如将"center"改为"cent*",即可查询包含"center"和"centre"两种英美拼法,以及"centers"复数拼法的信息;

取消或放宽一些检索限定,例如检索的年限长一些,检索的期刊不只是核心期刊等;

增加或修改检索入口,例如在已经检索题名入口的基础上,增加文摘、全文检索等。

2)缩小检索

对检索数量过多的检索结果,考虑进行缩检,提高查准率,具体方法与扩检相反,例如减少一些相关性不强的检索词,增加"and"组配算符,增加检索限定,减少检索入口等。

6. 输出检索结果

通过检索获得满意的结果后,确认有一定的参考价值,需要信息的全文时,可根据检索系统提供的检索结果输出方式,通过打印或者存盘等方式得到原始文献。

二、检索策略

检索策略就是为了实现检索目标而制定的计划和方案,包括选择检索系统和数据库、检索途径的选择、编制检索表达式等。检索策略是影响检索效果的最重要的因素。构造检索策略时往往需要各方面的知识和技能,首先要了解检索系统的特性及功能,了解所检索的数据库,掌握检索方法,还需要了解所检课题方面的专业知识等。在检索过程中,检索策略须根据检索效果的评价结果来修正和完善。因此,一个完整的检索策略应是一个动态的执行过程,如图 3-2 所示。

编制检索表达式的过程是计算机检索成败的关键,下面介绍编写检索式的方法。

检索表达式是由检索项和逻辑算符构成。检索项主要有语词性检索项和非语词性检索项两种形式,语词性检索项是各种数据库中必不可少的基本检索项,常用的语词性检索项分为受控词及其受控词与字段符号组合和非受控词及其非受控词与字段符号组合。语词性检索项主要包括:主题词即单元词、关键词、标题词、叙词、自由词等。非语词性检索项包括:分类号、专利号、年代号、登记号、期刊代号、书号、语种代号等等。逻辑算符包括:布尔逻辑算符、截词符、位置算符等。

制定检索策略时应注意的问题如下:

(1)先国内后国外:首先利用国内检索系统或用中文编辑的报道外文的检索系统入手检索。这样,检索者可以从自己熟悉的文字很容易掌握课题的概况,并可以从中选择出切题的关键词、主题词,为进一步查找外文检索工具提供方便。

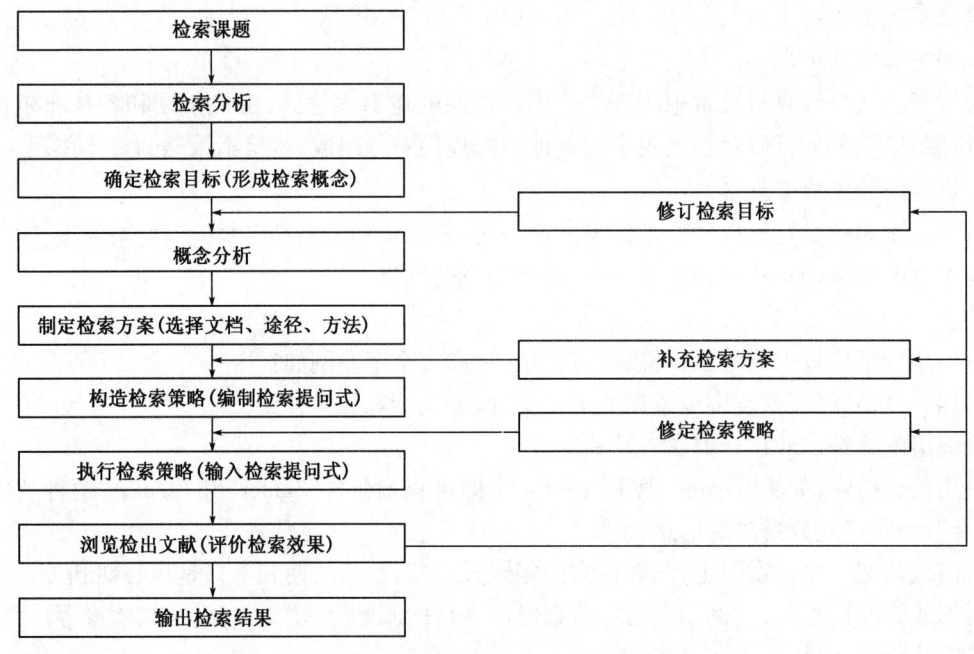

图 3-2 检索策略执行过程示意图

(2) 检索时多选几个同义词、近义词：信息语言复杂多变，作者使用的语词不尽一致，为了避免漏检，检索时尽量多选几个同义词、近义词作为检索词。

(3) 巧妙地利用上下位词的关系：检索时要求查全率高而不计查准率时，可利用上位词进行检索。

(4) 尽量避免从字面出发选择检索词：尽量从内容上进行选词，以避免有关问题因选词不当被漏检。

(5) 变换检索词的词序：某些课题，在检索中反复查找而没有结果时，应考虑倒置词序的可能。检索词序的准确与否是检索成败的关键。

第三节 信息检索效果

利用检索工具或检索系统查找信息时，检索结果并不是在任何情况下都能如愿以偿。其主要原因是：目前的检索系统看，只能处理信息标识，而信息的标识只能表示信息的中心主题，即不能表示信息的次要主题。即系统只能回答信息提问而不一定能满足信息需求。从检索者来看，一般只能大概地表述自己的信息提问，而不能确切地衡量信息与提问的切题程度。再加上，检索课题性质、范围、深度不断变化，查找信息的方法尚未形成固定模式，补充词表的出版不及时，人们不可避免地受到知识面的局限等，致使信息标引与检索失误在所难免。

一、检索效果的分析评价

在目前情况下，对检索结果的分析评价指标主要有以下几种：

(1) 查全率：查全率是对所需信息被检出程度的量度。

(2) 查准率：查准率是衡量检索系统拒绝非相关信息的能力。

查全率和查准率均可以用以下公式来表示：

$$查全率(R) = \frac{a}{a+c} \times 100\%$$

$$查准率(P) = \frac{a}{a+b} \times 100\%$$

其中:a 为被检出的相关信息,b 为被检出的非相关信息,c 未检出的相关信息。

除此之外,$c/(a+c) \times 100\%$ 为漏检率,是查全率的补数;$b/(a+b) \times 100\%$ 为误检率,是查准率的补数。

一般来说,查准率与查全率之间存在反变关系。当某一课题的查全率与查准率处于某一比例关系时,继续提高查全率,查准率会降低;反之,提高查全率,查准率就会下降。

(3)检索时间。主要是看检索者能否在较短的时间内,尽可能全面准确地检出相关信息。这方面要求检索者对信息资源、检索技术、自身的检索需求要熟悉、清楚,此外,要具备一定的上网条件和网络速度。

(4)检索成本。检索成本,通常指每次检索、或者下载每篇文献、或者获得的每个数据,所需的总费用(随检索完成即由系统自动计算)或平均费用,后者可以使用购买数据库的总费用除以检索总量、下载总量、获取的数据总量来计算。

二、检索效果优化

1.影响查全率和查准率的因素与提高方法

对一次检索来说,查全率、查准率是衡量检索效果的主要技术指标。

(1)从文献存储方面来看影响查全率的因素主要有:文献库收录文献不全;索引词汇缺乏控制和专指性;词表结构不完整;词间关系模糊或不正确;标引不详;标引前后不一致;标引人员遗漏了原文的重要概念或用词不当等。从信息检索方面来看,主要有:检索策略过于简单;选词和进行逻辑组配不当;检索途径和方法太少;检索人员业务不熟练或缺乏信心;检索系统不具备截词功能和反馈功能;检索时不能全面地描述检索要求等。

(2)影响查准率的因素主要有:索引词不能准确描述文献主题和检索要求;组配规则不严密;选词及词间关系不正确;标引过于详尽;组配错误;检索时所用检索词(或检索式)专指度不够,检索面宽于检索要求;检索系统不具备逻辑"非"功能和反馈功能;检索式中允许容纳的词数量有限;截词部位不当;检索式中使用逻辑"或"不当等等。

(3)提高查全率的方法:为了提高查全率,往往提高检索词的泛指度,选全同义词、近义词,多用截词符;减少使用逻辑"与"、逻辑"非"运算符,增加使用逻辑"或"运算符;在多字段或全文中检索中取消某些限制符;采用分类号检索等。

(4)提高查准率的方法。为了提高查准率,往往提高检索词的专指度,增加或者使用下位词及专指性较强的自由词,少用截词符;增加使用逻辑"与"、逻辑"非"运算符,减少逻辑"或"运算符;多用限制符或限制字段;用文献的外部特征限制等。

2.检索效果优化方法

影响检索效果的因素是多方面的,检索效果的优化需要有针对性地从多方面进行改进。

(1)提高检索系统的质量,检索系统收录信息内容的范围不但要广泛,而且要切合课题检索的要求;著录的内容详细、精准,辅助索引完备;具有良好的索引语言的专指性与网罗性及其标引质量等。

(2)提高用户利用检索系统的能力,使之具备一定的检索语言知识,能选取正确的检索词,并能合理使用逻辑组配符完整地表达信息需求的主题;能灵活运用各种检索方法和检索途径等使检索工具最大限度地发挥作用。比如,全面准确地表达检索要求,合理使用信息、检索点。根据不同检索课题的需要,适当调整对查全率和查准率的要求。

(3)制定优化的检索策略,尽量准确地表达检索要求,合理调整查全率和查准率。由于查全率和查准率是互逆的,所以需要根据课题的具体要求来合理调整两者的比例关系。若需了解某项研究的概况,则要求查全率高;若需了解某项研究的最新进展,则要求有较高的查准率。

复习思考题

1. 信息检索的程序一般分为几个步骤?
2. 常用的检索途径有哪些?
3. 检索时检索词的确定应注意的问题有哪些?
4. 制定检索策略时应注意的问题有哪些?
5. 目前常用的检索技术有哪几种?
6. 什么是布尔逻辑表达式?
7. 使用逻辑或、逻辑与、逻辑非运算取得的检索效果是怎样的?
8. 截词运算中截词符号的使用目的是什么?
9. 位置算符有哪几种?它们的含义是什么?
10. 检索结果的主要评价分析指标有哪些?
11. 影响查全率和查准率的因素与提高方法有哪些?
12. 检索效果的优化需要有针对性地从哪几个方面进行改进?

第四章 常用中文数据资源

随着互联网的发展和网上信息量的增加,搜索引擎逐渐表现出自身的缺陷和不足。一是搜索引擎对内容收录无法提出明确标准,信息质量良莠不齐,垃圾内容越来越多。二是搜索引擎主要是通过关键词匹配的简单方式查找网页,但是用户通常很难用几个孤立的关键词表达清楚自己的查询需求。而排序算法又主要基于网页的链接分析,因此,难以满足用户对内容准确检索的需求。三是用户更希望直接得到答案,而这只有深入理解文献内容后,才能实现。针对用户的这些需求和搜索引擎的不足,我国开发了很多较专业性的中文数据库资源系统和知识搜索平台,如中国知网、万方数据、维普数据资源系统等,以满足广大专业用户的学习和研究的需要。

第一节 中国知网

一、简介

中国知识基础设施工程简称中国知网(China National Knowledge Infrastructure,CNKI),网址:http://www.cnki.net/。中国知网是全球信息量最大、最具价值的中文网站,是国家新闻出版总署首批批准的互联网出版平台。CNKI 是以实现全社会知识资源传播共享与增值利用为目标的信息化建设项目,由清华大学、清华同方发起,始建于1999 年 6 月。

CNKI 的信息内容是经过深度加工、编辑、整合,并以数据库形式进行有序管理的,内容有明确的来源、出处,内容可信、可靠,收录有期刊、报纸、博士和硕士论文、会议论文、图书、专利等各种文献。CNKI 的内容有极高的文献收藏价值和使用价值,可以作为学术研究、科学决策的依据。

CNKI 文献按学科领域分为 10 个专辑,分别是基础科学、工程科技Ⅰ、工程科技Ⅱ、农业科技、医药卫生科技、哲学与人文科学、社会科学Ⅰ、社会科学Ⅱ、信息科技、经济与管理学。CNKI 全文有专用 CAJ 和 PDF 两种格式阅读器。

中国知网的基本功能如下。

1. 文献搜索

基于对文献内容的详细标引,CNKI 文献搜索提供了对标题、作者、关键词、摘要、全文等数据项的搜索功能;文献搜索还提供了多种智能排序算法。相关性排序考虑了文献引用关系、全文内容、文献来源等多种因素,使排序结果更合理。被引频次排序是根据文献的被引频次进行排序;期望被引排序是通过分析文献过去被引用的情况,预测未来可能受到关注的程度;作者指数排序则是根据作者发文数量、文献被引用、发文影响因子等评价作者的学术影响力,并据此对文献进行排序。

CNKI 文献搜索提供的知识聚类功能是一般搜索引擎没有的。基于快速聚类算法,对返回结果的知识点进行聚类,并将主要知识点显示给用户,帮助用户改善搜索表达式,扩展搜索意图。

2. 学术定义

概念的定义是描述知识的一种基本单元,被称为定义型知识元。CNKI 学术定义搜索提供对学术定义的快速查询。CNKI 定义型知识元库收录了从文献中自动抽取的学术定义 120 多万条。

由于这些定义来源于学术期刊等文献,是不同学者对该概念的认识和论述,因此具有更广泛的参考价值。通过阅读不同角度的解释,就可以全面了解其含义和发展状况,特别是对那些还没有形成明确定义或存在争议的学术概念。从任意定义出发,就可以深入地学习相关的知识。这些是工具书无法做到的。

3. 数值知识元

量化知识是极其重要的知识,如人均 GDP、失业率等,也是基本的知识单元,被称为数值型知识元。CNKI 数值型知识元搜索提供对这类数值的搜索。

CNKI 数值型知识元库包含 5000 多万条知识元,对应于具有明确含意、至少含有一个以上数值的句子。它们有两个来源,一是 CNKI 数据库中的文献;二是国家统计局、商务部等发布数值内容的权威网站。数值搜索结果通常包含用户直接想要的答案,许多数值还能以图表方式显示,以帮助用户全面了解问题。

4. 新概念

学术研究的灵魂在于创新。创新成果通常以提出新的定理、概念、方法等形式发表出来。CNKI 新概念搜索提供对学术新概念的浏览和查询。对学术新概念的抽取采用了多种知识挖掘方法,并由各学科领域的专家进行人工审核。

新概念搜索可以按年份浏览或搜索某一领域中的新概念,以帮助用户及时了解学科的发展状况,促进学者发表有创新性的研究成果。

5. 翻译助手

CNKI 翻译助手能实现对中英文词、短语、句子的辅助互译。CNKI 包含 100 多万中英文对词汇(大部分是学术词汇)和 1000 多万对中英文句子对。它们是从 CNKI 数据库中含有中英文对齐标题、关键词、摘要等数据项中采用多级对齐技术自动抽取的。

与一般电子词典相比,翻译助手具有以下优势:一是通过将句子拆分为词,能够对短语或句子进行辅助翻译;二是除了词汇翻译外,还提供了大量例句,并按句子结构相似性进行排序;三是能够翻译术语的英文缩略语。

6. 图形表格

CNKI 图表搜索能够实现对学术图形、表格基于内容的搜索。图表库分别包含 500 万以上从文献中自动抽取的图形、表格,以及它们对应的标题、所在文献、作者、文献中对图表内容的阐述等,以此实现基于内容的图表搜索。这是目前一般搜索引擎无法实现的。

二、检索方法

CNKI 的检索方法主要有初级检索、高级检索、出版物检索、文献知网节等。

1. 初级检索(一框式检索)方法

1)输入检索词直接检索

选择数据库(默认为文献,文献为跨库包括期刊、博硕士、国内重要会议、国际会议、报纸和年鉴)以及检索字段,在检索框中直接输入检索词,点击检索按钮进行检索。一框式检索的优点是简单易用,风格统一(图 4-1)。

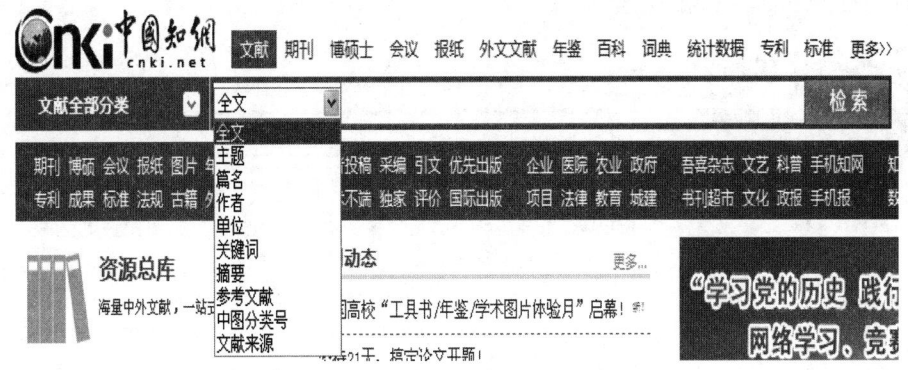

图 4-1 CNKI 初级检索

CNKI 检索平台主要的检索项分别为：

(1) 全文：在文章的正文中检索，可输入一个词、一个短语或是一句话，如"锄禾日当午，汗滴禾下土"，可以选择"并且"、"或者"、"不包含"、"同句"、"同段"几种关系。

(2) 主题：默认检索字段，在中英文篇名、中英文关键词、机标关键词、中英文摘要中检索。

(3) 篇名：在中文篇名、英文篇名中检索。

(4) 作者：出现于文章中由作者提供的中英文作者名称。

(5) 单位：作者发表文章时所任职的机构，照录在文章中规定位置出现的机构名称。检索时不宜使用简称，如输入"北京大学"而不是"北大"。

(6) 关键词：包括中文关键词、英文关键词、机标关键词。机标关键词是由计算机根据文章内容，依据一定的算法自动赋予的关键词，与作者自拟关键词有所区别。

(7) 摘要：在中文摘要、英文摘要中检索。

(8) 参考文献：在文章后所列"参考文献"中综合检索，而不是按条目、题名、作者分别检索。

(9) 中图分类号：通过《中国图书馆分类法》分类号检索，如 H312、TM6。

(10) 文献来源：指的是文献发表来源出处。

2) 数据库切换直接检索

选择字段以及输入检索词，切换数据库则直接检索，如果检索框为空，则不检索。

3) 文献分类检索

文献分类检索，提供以鼠标滑动显示的方式进行展开，包括基础科学、工程科技、农业科技等领域，每个领域又进行了细分，根据需要点击某一个分类，即可进行检索（图 4-2）。

4) 智能提示检索

当输入检索词时，只输出了数据两个词，系统会根据输出的词，自动提示相关的词，通过鼠标（键盘）选中提示词，鼠标点击检索按钮（或者点击提示词，或者直接回车），即可实现相关检索，如图 4-3 所示。

这里举例说明用初级检索文献的方法。

例如，在检索框内输入"电子商务"一词，点击检索按钮，即可检索到如下结果。检索结果窗口中显示了：(1) 各年度文献出现的数量；(2) 检出相关文献的总量、文献的篇名、作者、来源、发表时间、所在的数据库、被引用次数、下载次数等信息；(3) 检出文献的来源列表、相关关键词、检索历史（图 4-4）；(4) 文献下载及查看原文：点击文献篇名相对应的下载按钮即可下载文献，点击保存即可将此文献保存到本地计算机硬盘或移动存储上，以备将来查看，另外可以直接点击打开,可以在线浏览全文。

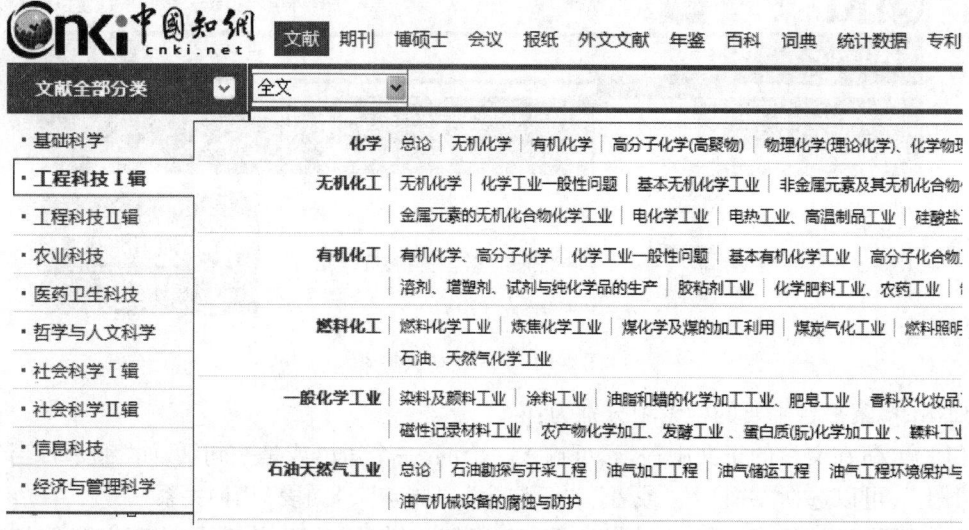

图 4-2　CNKI 文献分类页面

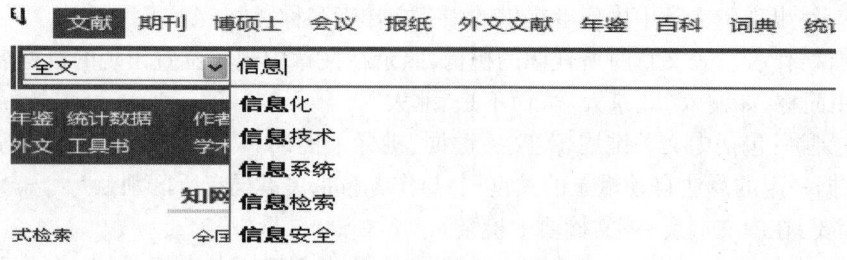

图 4-3　CNKI 智能提示检索

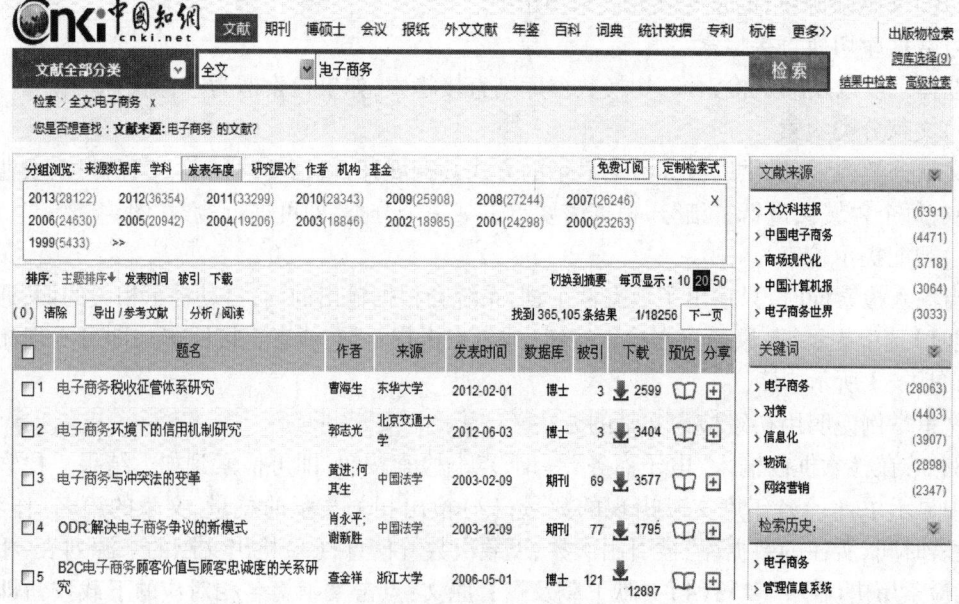

图 4-4　CNKI 初级检索示例

前面介绍的属于一框式的初级检索,对于需要专业检索和组合检索的用户可以进入高级检索模式进行检索。

2. 高级检索方法

高级检索界面包括高级检索、专业检索、作者发文检索、科研基金检索、句子检索和文献来源检索六种面向不同需要的检索方式。

1) 高级检索

在检索的首页中,选择要检索的库,再点击"高级检索"。直接进入高级检索页面,这里以"期刊"高级检索为例。如图4-5所示,其中⊞和⊟按钮用来增加和减少检索条件,"词频"表示该检索词在文中出现的频次。在高级检索中,还提供了更多的组合条件,如来源、支持基金、作者、作者单位等。

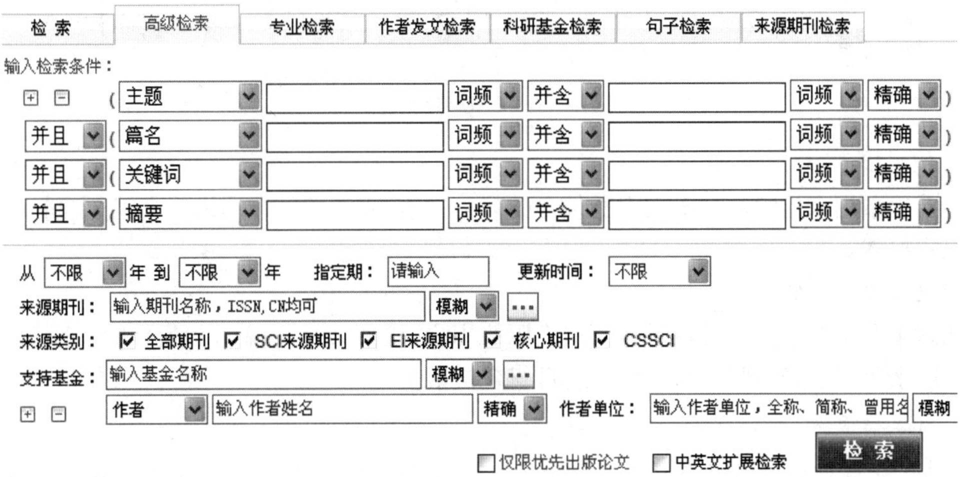

图4-5 CNKI高级检索

2) 专业检索

专业检索是所有检索方式里面比较复杂的一种检索方法。需要用户自己输入检索式来检索,并且确保所输入的检索式语法正确,这样才能检索到想要的结果。每个库的专业检索都有说明,详细语法可以点击右侧参看详细的语法说明。例如:在期刊库中,用户首先要明确期刊库的可检索字段有哪些,分别用什么字母来表示。可检索字段:SU = 主题,TI = 题名,KY = 关键词,AB = 摘要,FT = 全文,AU = 作者,FI = 第一作者,AF = 作者单位,JN = 期刊名称,RF = 参考文献,RT = 更新时间,PT = 发表时间,YE = 期刊年,FU = 基金,CLC = 中图分类号,SN = ISSN,CN = CN号,CF = 被引频次,SI = SCI收录刊,EI = EI收录刊,HX = 核心期刊,如图4-6所示。

例如:要求检索钱伟长在清华大学或上海大学时发表的文章。检索式:AU = 钱伟长 and (AF = 清华大学 or AF = 上海大学)

3) 作者发文检索

作者发文检索用于检索某作者的发表文献,检索非常简单,只要用户输入相应作者姓名、单位即可。

4) 科研基金检索

科研基金检索用于检索某基金发表的文献。

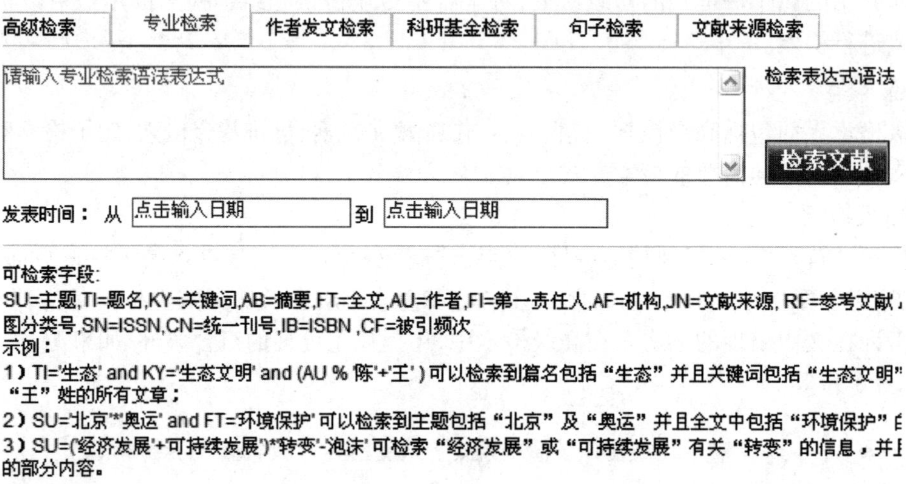

图 4-6　CNKI 专业检索

5）句子检索

句子检索用来检索文献正文中所包含的某一句话，或者某一个词组等文献，在同一句或者同一段中检索。

6）文献来源检索

文献来源检索主要针对想了解文献来源的用户，检索某个来源的文献。例如期刊文献包括期刊的来源类别，期刊名称、年限等进行组合检索。

3. 出版物检索

在 CNKI 首页点击出版物检索进入导航首页，如图 4-7 所示。进入导航首页，在该页中有字母导航和分类导航。左侧文献分类目录帮助用户快速定位导航的分类；导航首页有推送的栏目，是当前热门的期刊论文等文献；下面是一些热门的特色导航的推荐文献：如期刊、会议、年鉴、工具书、报纸、博士学位授予单位、硕士学位授予单位。

图 4-7　CNKI 出版物导航首页

以期刊来源导航为例,在文本框中输入"石油",系统根据选项名称自动地输出与之对应的信息,提示的词都是期刊名称(含曾用刊名),如图4-8所示。

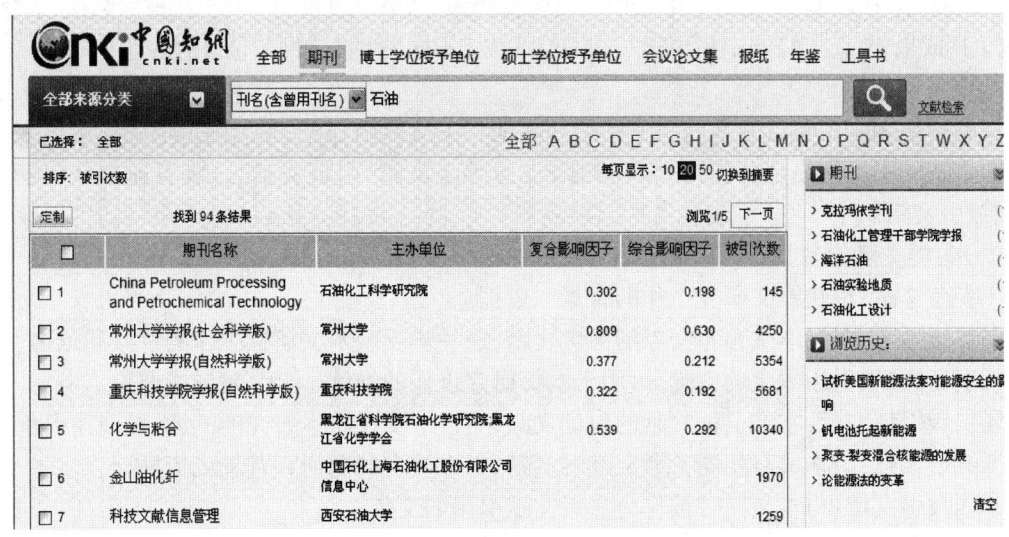

图4-8　CNKI期刊导航检索结果

点击"化学与粘合"刊名,则进入该刊的导航功能(其他来源导航类似),在期刊导航中,选中某一年某一期,页面的目录随之变化,则进入了该期的在线预览,如图4-9所示。

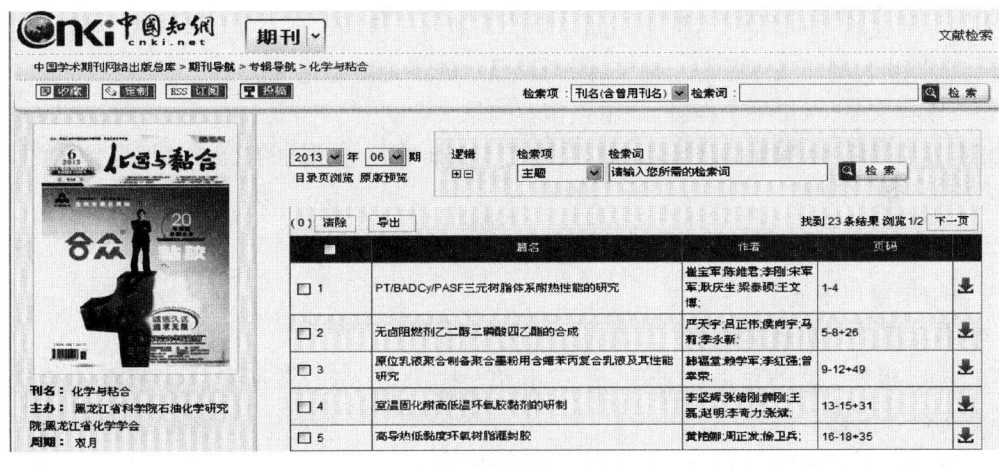

图4-9　化学与粘合导航页

4. 文献知网节

提供单篇文献的详细信息和扩展信息浏览的页面被称为"知网节"。它不仅包含了单篇文献的详细信息,还是各种扩展信息的入口汇集点。这些扩展信息通过概念相关、事实相关等方法提示知识之间的关联关系,达到知识扩展的目的,有助于新知识的学习和发现,帮助实现知识获取、知识发现。

在检索结果的页面中,点击文献的题名,则进入知网节页面。下面以硕士论文为例说明节点文献和文献网络图示包括的内容。

1)节点文献

节点文献信息包括:篇名(中文/英文)、下载阅读方式、作者、导师、作者基本信息、摘要(中文/英文)、关键词(中文/英文)、文内图片、网络出版投稿人、网络出版年期、分类号、被引频次、下载频次、攻读期成果、节点文献全文快照搜索、知网节下载。不同类型的知网节包含的信息不同。

2)文献网络图示

文献网络图示中包含本文的引文网络和其他相关文献两部分,并以图形形式显示出来。

在本文的引文网络部分包括:参考文献、二级参考文献、引证文献、二级引证文献、共引文献、同被引文献。

(1)各类文献的含义:

①参考文献:反映本文研究工作的背景和依据。

②二级参考文献:本文参考文献的参考文献,进一步反映本文研究工作的背景和依据。

③引证文献:引用本文的文献,可用于本文研究工作的继续、应用、发展或评价。

④二级引证文献:本文引证文献的引证文献,更进一步反映本研究的继续、发展或评价。

⑤共引文献:与本文有相同参考文献的文献,与本文有共同研究背景或依据。

⑥同被引文献:与本文同时被作为参考文献引用的文献。

(2)图形形式列表功能。

每种文献的数量标示在标题后面,用括号括起来。

点击任意类型文献的题名,该类文献将在图表下面显示出来。涉及的数据库有中国学术期刊网络出版总库、中国优秀硕士学位论文全库、Springer期刊数据库和外文题录数据库等数据库的文献。每个库中的文献在首页显示10条。

相同导师文献:与本文作者拥有相同导师的其他博士或硕士研究生的学位论文,默认显示和本篇级别相同,例如文献是博士论文,则列表显示的都是博士论文。

相关作者文献:点击某个作者,显示该作者的论文。

文献分类导航:从导航的最底层可以看到与本文研究领域相同的文献,从上层导航可以浏览更多相关领域的文献。

三、检索结果

检索结果窗口中显示了:

(1)各年度文献出现的数量;

(2)检出相关文献的总量、文献的篇名、作者、来源、发表时间、所在的数据库、被引用次数、下载次数等信息;

(3)检出文献的来源列表、相关关键词、检索历史;

(4)文献下载及查看原文:点击文献篇名相对应的下载按钮即可下载文献,点击保存即可将此文献保存到本地计算机硬盘或移动存储上,以备将来查看,另外可以直接点击打开,可以在线浏览全文。

第二节 维普期刊资源整合服务平台

一、简介

维普期刊资源整合服务平台包括《中文科技期刊数据库》、《中国科技经济新闻数据库》、

《外文科技期刊数据库》、《中文科技期刊数据库(引文版)》、《中国科学指标数据库 CSI》、《中文科技期刊评价报告》、《中国基础教育信息服务平台》、《维普—google 学术搜索平台》、《维普考试资源系统 VERS》、《图书馆学科服务平台 LDSP》、《文献共享服务平台 LSSP》等系列产品，是由重庆维普资讯有限公司开发的。

重庆维普资讯有限公司于 2000 年建立了维普资讯网(www.cqvip.com)，以下简称"维普网"），经过 10 多年的商业运营，维普网已经成为全球著名的中文专业信息服务网站，以及中国最大的综合性文献服务网站，同时也是中国主要的中文科技期刊论文搜索平台。2005 年，维普网和全球最大的搜索引擎提供商谷歌(Google)进行战略合作，成为谷歌学术搜索频道(scholar.google.com)在中国的重要合作伙伴，并且成为谷歌学术搜索频道最大的中文内容提供商。重庆维普资讯有限公司的主要产品《中文科技期刊数据库》收录了中国境内历年出版的中文期刊 12000 余种，分三个版本（全文版、文摘版、引文版）和 8 个专辑（社会科学、自然科学、工程技术、农业科学、医药卫生、经济管理、教育科学、图书情报）定期出版发行，覆盖海内外数千万用户。《中文科技期刊数据库》已经成为文献保障系统的重要组成部分，是科技工作者进行科技查新和科技查证的必备数据库。

维普期刊资源整合服务平台包含 5 个功能模块，如图 4-10 所示。

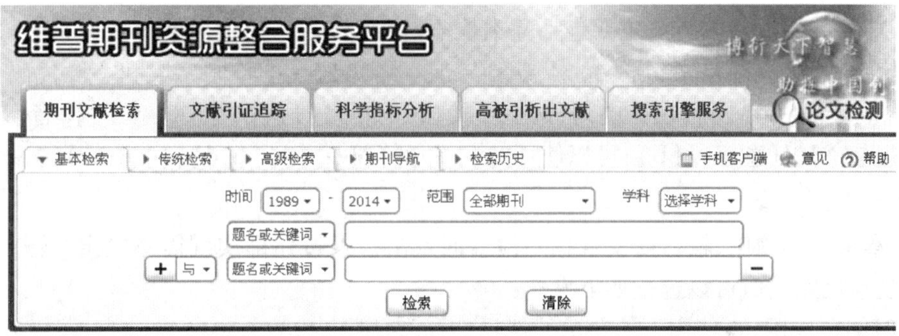

图 4-10 维普主页

1. 期刊文献检索

有效继承原《中文科技期刊数据库》检索查新及全文保障功能，并进行检索流程梳理和功能优化，新增文献传递、检索历史、参考文献、基金资助、期刊被知名国内外数据库收录的最新情况查询、查询主题学科选择、在线阅读、全文快照、相似文献展示等功能。

2. 文献引证追踪

它是目前国内规模最大的文摘和引文索引型数据库。该产品采用科学计量学中的引文分析方法，对文献之间的引证关系进行深度数据挖掘，除提供基本的引文检索功能外，还提供基于作者、机构、期刊的引用统计分析功能，可广泛用于课题调研、科技查新、项目评估、成果申报、人才选拔、科研管理、期刊投稿等用途。该功能模块现包含维普所有的中文科技期刊数据，引文数据回溯加工至 2000 年，除帮助客户实现强大的引文分析功能外，还采用数据链接机制实现到维普资讯系列产品的功能对接，极大提高了资源利用效率。

3. 科学指标分析

它是目前国内规模最大的动态连续分析型事实数据库，提供三次文献情报加工的知识服务，通过引文数据分析揭示国内近 200 个细分学科的科学发展趋势、衡量国内科学研究绩效，有助于显著提高用户的学习研究效率。该功能模块是运用科学计量学有关方法,以维普中文科技期刊数据库近10年的千万篇文献为计算基础,对我国近年来科技论文的产出和影响力及其分布情况进行客观描述和统计。从宏观到微观,逐层展开,分析了省市地区、高等院校、科研院所、医疗机构、各学科专家学者等的论文产出和影响力,并以学科领域为引导,展示我国最近10年各学科领域最受关注的研究成果,揭示不同学科领域中研究机构的分布状态及重要文献产出,是致力于为用户提供具有高端分析价值的精细化产品,专门为辅助科研管理部门、科研研究人员等了解我国的科技发展动态而倾力打造,适用于课题调研、科技查新、项目评估、成果申报等用途。同样,采用数据链接机制实现到维普资讯系列产品的功能对接及定位,显著提高了资源利用的效率。

4. 高被引析出文献

它是在对文献引证追踪的基础上,找出引用次数达到一定数量的文献,提供给用户作为进一步从事研究的基础数据。

5. 搜索引擎服务

它是为机构用户基于谷歌和百度搜索引擎面向读者提供服务的有效拓展支持工具,既是灵活的资源使用模式,也是图书馆服务的有力交互推广渠道。

二、检索方法

维普期刊数据库检索方法主要包括基本检索、高级检索和期刊导航等。检索方式分为快速检索、传统检索、高级检索、分类检索、期刊导航。可供选择的检索字段和字段代码分别是:题名(T)、关键词(K)、题名或关键词(M)、文摘(R)、刊名(J)、作者(A)、第一作者(F)、分类号(C)、机构(S)、任意字段(U);可以使用的逻辑运算符有" * "(and)、" + "(or)、" - "(not)。

1. 基本检索方法

在基本检索选项中,输入需要查找的检索词点击检索按钮即实现简单检索。输入检索词之前,在基本检索页面可以进行如下操作:

(1)时间范围限定:使用下拉菜单的选择,时间范围是1989—2014。

(2)学科范围限定:包括管理学、经济学、图书情报学等45个学科,勾选复选框可进行多个学科的限定。

(3)选择检索入口:包括任意字段、题名或关键词、题名、关键词、文摘、作者、第一作者、机构、刊名、分类号、作者简介、基金资助、栏目信息13个检索入口。

(4)逻辑组配:检索框默认为两行,点" + 、 - "可增加或减少检索框,进行任意检索入口"与、或、非"的逻辑组配检索期刊范围限定。

(5)可选全部期刊、核心期刊、EI来源期刊、SCI来源期刊、CA来源期刊、CSCD来源期刊、CSSCI来源期刊。

(6)选择默认方式,直接输入检索词进行检索或点击清除按钮清除输入,进入检索结果页。例如:在检索框内输入"家政机器人"后点击检索。

(7)单篇文章详细信息浏览,在检索结果展示区,提供了文章的标题、文摘、作者、刊名、出版年期等信息供浏览。如果想浏览更详细的文章信息或者下载全文,可点击文章的标题,进入单篇文章的详细信息展示页面进行阅读(图4-11)。

单篇文章的详细信息展示页面上,除了有文章的基本信息(文章标题、作者及所在机构、文章所属期刊、文摘、关键词、文章所属学科分类、文章的相关文献)以外,还提供了评论当前文章、推荐文章给别人、相关文章、相关期刊、关注本文的读者还关注的其他文章、关注本文的

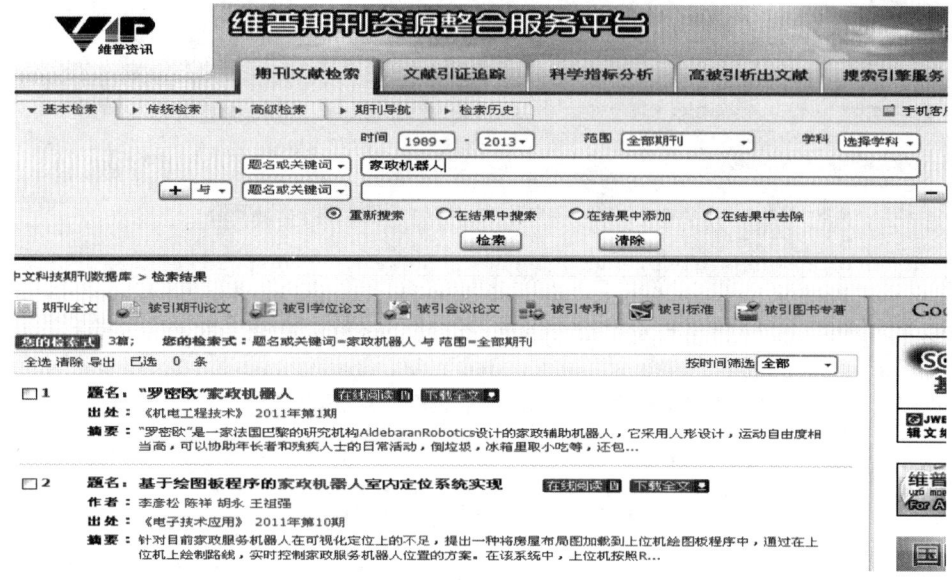

图4-11　维普检索结果

其他读者、当前文章所属学科的社区讨论热点问题等附加功能。

2．高级检索方法

高级检索页面提供了高级检索（分栏式检索）和专业检索两种方式供读者选择使用。

1）高级检索（分栏式检索）

高级检索为读者提供分栏式检索词输入方法。可选择逻辑运算、检索项、匹配度外，还可以进行相应字段扩展信息的限定，最大程度地提高了"检准率"。向导式检索的检索操作严格按照由上到下的顺序进行，用户在检索时可根据检索需求进行检索字段的选择。

例如：检索东北石油大学师生发表的题名包含油田方面的文章，用高级检索方式检索出317篇文献。维普高级检索页面如图4-12所示，检索结果如图4-13所示。

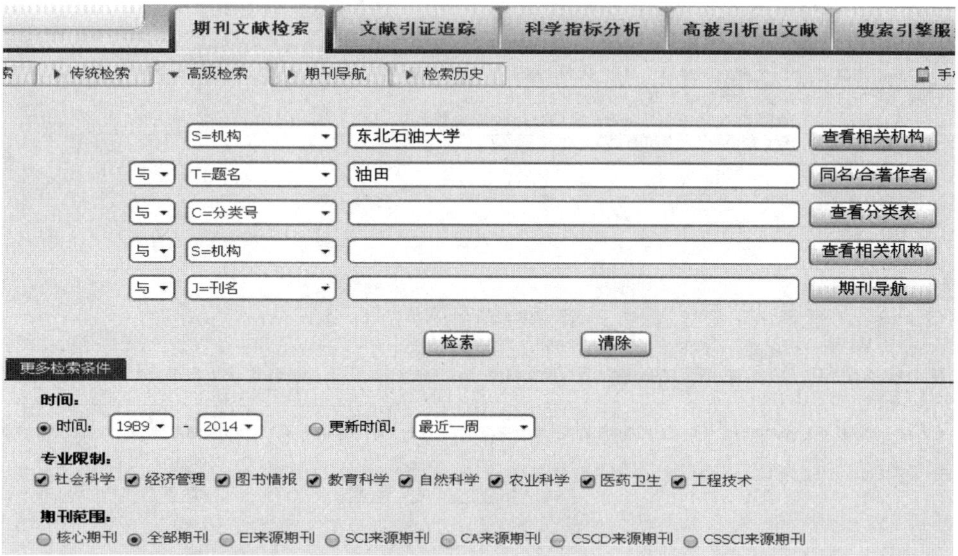

图4-12　维普高级检索

图4-13 维普检索结果

2)专业检索

专业检索要求检索框中直接输入检索式检索。逻辑运算符说明:"*"代表"并且";"+"代表"或者";"-"代表"不包含"。范例一:K=维普资讯*A=杨新莉 此检索式表示查找关键词中含有"维普资讯"并且作者为杨新莉的文献。范例二:(k=(CAD+CAM)+T=雷达)*R=机械-K=模具 此检索式表示查找文摘含有机械,并且关键词含有CAD或CAM、或者题名含有"雷达",但关键词不包含"模具"的文献。

检索实例:检索绿色食品标准方面的文章。检索题名或关键词中包含"绿色食品"或"有机食品"并且刊登在刊名为"中国农业"上的文章。选择专业检索直接输入检索式"M=(绿色食品+有机食品)*J=中国农业",如图4-14所示。

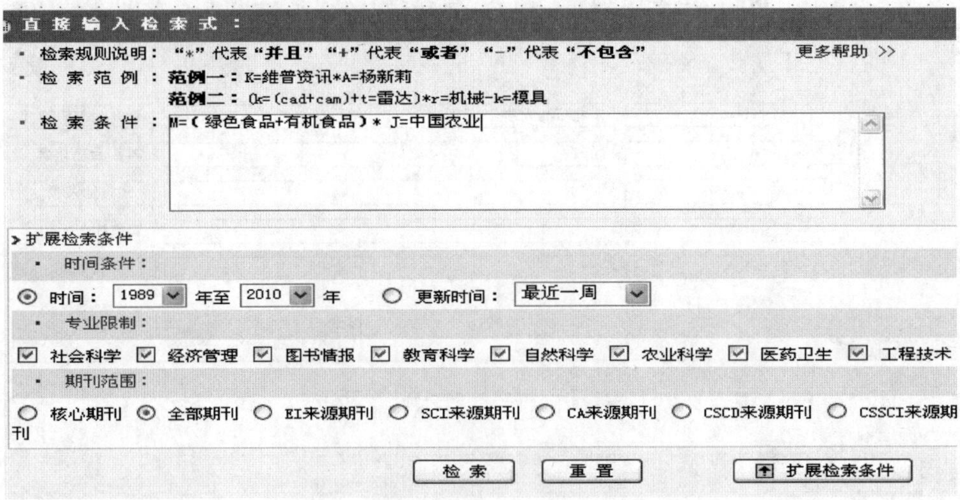

图4-14 维普专业检索

三. 检索结果及处理

1. 显示、浏览检索结果

检索结果显示窗口显示本次检索命中的文献记录总数。中间概览区中的检索结果只是文献题录。点击概览区中文献题名,在细览区中显示的是光盘号、篇名、作者、机构、关键词、文摘、刊名等文献详细信息。

浏览包括刊名浏览和全文浏览。刊名浏览可以看到这种期刊在本数据库中的收录年限,刊物出版年列表,点击其中任意一期就可以看到这一期的主要文章信息了。全文浏览是在点击细览区中篇名,在出现的对话框内选择"在文件的当前位置打开",可浏览该篇文献全文。

2. 检索结果标记与保存

在每条结果前的小方框内打"√"做标记,对做标记的记录只能下载题录。检索结果共有题录、文摘和全文三种显示方式。

保存方式有两种:一是点击细览区中篇名,在出现的对话框内选择"将文件保存到磁盘",可将原文文献下载到本机磁盘或软盘中;二是将文献全文打开浏览后,可使用维普全文浏览器提供的保存功能将文章保存下来。

第三节 万方数据知识服务平台

一、简介

万方数据知识服务平台(Wanfang Data Knowledge Service Platform)集品质知识资源、先进的发现技术、人性化设计于一身,是国内一流的品质知识资源出版、增值服务平台。目前平台全面覆盖各学科、各行业。基于海量高品质的知识资源,运用科学的方法和先进的信息技术,构建了多种增值服务。

截至2014年4月,万方数据库所拥有的文献情况如下:

(1)学术期刊。期刊论文是万方数据知识服务平台的重要组成部分,集纳了多种科技及人文和社会科学期刊的全文内容。其中,绝大部分是进入科技部科技论文统计源的核心期刊。内容包括论文标题,论文作者,来源刊名,论文的年、卷、期,中图分类法的分类号,关键字,所属基金项目,数据库名,摘要等信息,并提供全文下载,总计约2715余万篇。

(2)学位论文。收录了国家法定学位论文收藏机构——中国科技信息研究所提供的自1980年以来我国自然科学领域各高等院校、研究生院及研究所的硕士研究生、博士及博士后论文,内容包括:论文题名、作者、专业、授予学位、导师姓名、授予学位单位、馆藏号、分类号、论文页数、出版时间、主题词、文摘等信息,总计约292余万篇。

(3)会议论文。收录由中国科技信息研究所提供的国家级学会、协会、研究会组织召开的各种学术会议论文,每年涉及1000余个重要的学术会议,范围涵盖自然科学、工程技术、农林、医学等多个领域,内容包括:数据库名、文献题名、文献类型、馆藏信息、馆藏号、分类号、作者、出版地、出版单位、出版日期、会议信息、会议名称、主办单位、会议地点、会议时间、会议届次、母体文献、卷期、主题词、文摘、馆藏单位等,总计约246余万篇,为用户提供最全面、最详尽的会议信息,是了解国内学术会议动态、科学技术水平、进行科学研究必不可少的工具。

(4)外文文献。它包括外文期刊论文和外文会议论文。外文期刊论文是全文资源,收录了1995年以来世界各国出版的20900种重要学术期刊,部分文献有少量回溯。每年增加论文约百万余篇,每月更新。外文会议论文是全文资源,收录了1985年以来世界各主要学协会、出版机构出版的学术会议论文,部分文献有少量回溯。每年增加论文约20余万篇,每月更新。

(5)专利技术。收录了国内外的发明、实用新型及外观设计等专利约4334多万项,内容涉及自然科学各个学科领域。这是科技机构、大中型企业、科研院所、大专院校和个人在专利信息咨询、专利申请、科学研究、技术开发及科技教育培训中不可多得的信息资源。

(6)中外标准。综合了由国家技术监督局、建设部情报所、建材研究院等单位提供的相关行业的各类标准题录。包括中国标准、国际标准以及各国标准等30万多条记录。更新速度快,保证了资源的实用性和实效性。目前已成为广大企业及科技工作者从事生产经营、科研工作不可或缺的宝贵信息资源。

(7)科技成果。主要收录了国内的科技成果及国家级科技计划项目。内容由《中国科技成果数据库》等十几个数据库组成,收录的科技成果总记录约81余万项,内容涉及自然科学的各个学科领域。

(8)学者。总记录数为1098余万条。

(9)图书。总记录数为4.8余万条。

(10)新方志。搜索方志条目包括1949年以后出版的中国地方志的所有条目。

(11)政策法规。主要由国家信息中心提供,信息来源权威、专业,对把握国家政策有着不可替代的参考价值。收录自1949年新中国成立以来全国各种法律法规约61余万条。内容不但包括国家法律法规、行政法规、地方法规,还包括国际条约及惯例、司法解释、案例分析等,关注社会发展热点,更具实用价值,被认为是国内最权威、最全面、最实用的法律法规数据库。

(12)机构。收录了国内外企业机构、科研机构、教育机构、信息机构各类信息。其中,企业信息20万余条,包括企业名称、负责人姓名、注册资金、固定资产、营业额、利税、行业SIC、行业GBM等基本信息,详细介绍了企业经营信息,包括商标、经营项目、产品信息、产品SIC、产品GBM以及企业排名,尤其全面收录了企业的联系信息,包括行政区代号、地址、电话、传真、电子邮件、网址等。科研机构信息包括机构名称、曾用名、简称、负责人姓名、学科分类、研究范围、拥有专利、推广的项目、产品信息等,尤其收录了科研机构的联系信息,包括行政区代号、地址、电话、传真、电子邮件、网址等。教育机构信息包括机构名称、负责人姓名、专业设置、重点学科、院系设置、学校名人等信息,以及详细的联系信息,包括行政区代号、地址、电话、传真、电子邮件、网址等。信息机构信息包括机构名称、负责人姓名、机构面积、馆藏数量、馆藏电子资源种类等信息,以及详细的联系信息,包括行政区代号、地址、电话、传真、电子邮件、网址等。

(13)科技专家。收录了约1万余条国内自然科学技术领域的专家名人信息,介绍了各专家的基本信息、受教育情况及其在相关研究领域内的研究内容及其所取得的进展,为国内外相关研究人员提供检索服务,有助于用户掌握相关研究领域的前沿信息。

二、检索方法

检索方法主要有初级检索、高级检索和专业检索。

1. 初级检索方法

检索框中直接输入检索词如"数字图书馆"然后点检索按钮,即可检索到相关文献,如图4-15所示。

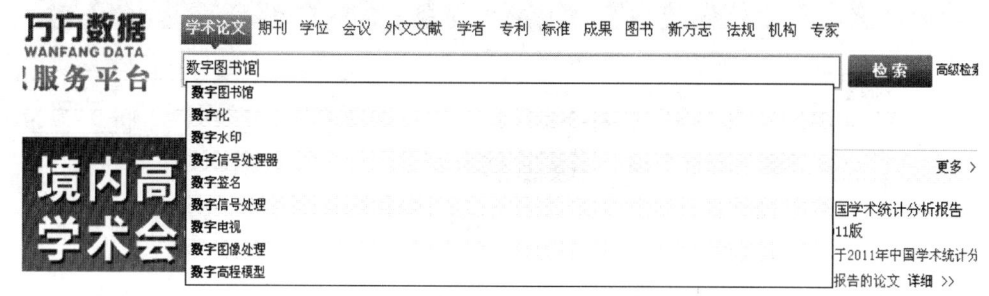

图 4-15 万方初级检索

此结果按与检索词相关度排序,也可按出版时间、被引用次数等排序。页面中还显示了检索到文献的学科分类、论文类型、出版年代、学科发展趋势、相关学者等信息,有助于读者进一步选择所需资料(图 4-16)。

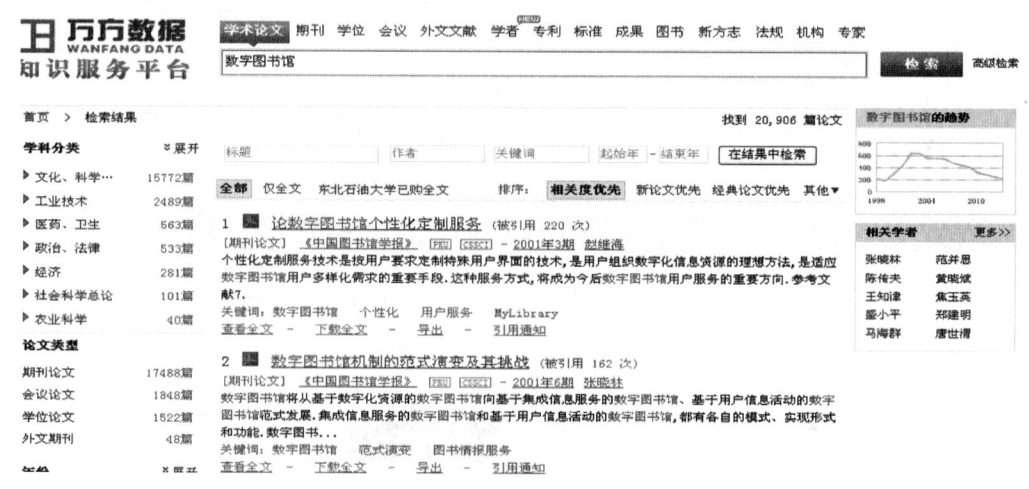

图 4-16 万方检索结果

由于初次检索到的文献数量巨大,还可以通过二次检索(在检索结果中检索)的办法,通过对标题、作者、关键词、年代进行限定,减少检索结果输出量。

点击查看全文按钮可以在线浏览全文,点击下载全文,可以将此文献保存到本地计算机。

分库检索就是针对不同文献类型,分别选择检索数据种类,例如要检索期刊论文或某一种期刊如"东北石油大学学报"这种刊物。检索结果即点击期刊名,可以看到按年、期排列的期刊论文目录,可以按日常阅读的习惯去浏览和阅读各年度此期刊的文章。

2. 高级检索方法

首先要根据检索任务确定检索词,例如:检索东北石油大学许少华教授 2003 年以来发表的题目中含有"神经网络"的文章,确定检索词有:"东北石油大学"、"许少华"、"神经网络"、"2003—2013",由于任务复杂,检索词类型不能统一输入简单检索框,只能采用高级检索(图 4-17),检索结果为 14 篇文献(图 4-18)。

3. 专业检索

专业检索就是直接输入检索表达式及布尔逻辑式,多为熟练掌握检索技术的专业人士使用。例如,将上面的例子改为专业检索(图 4-19),检索结果与高级检索结果相同。

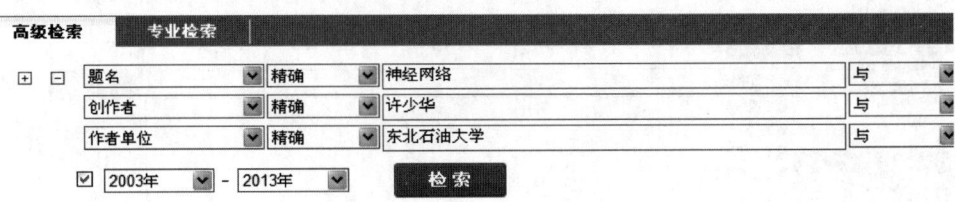

图4-17 万方高级检索

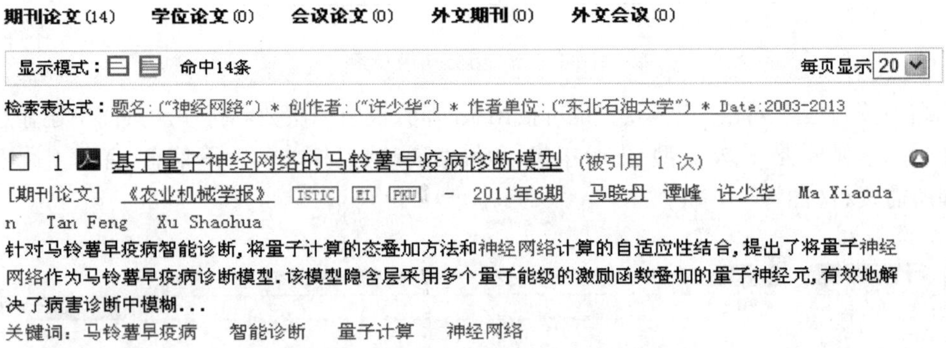

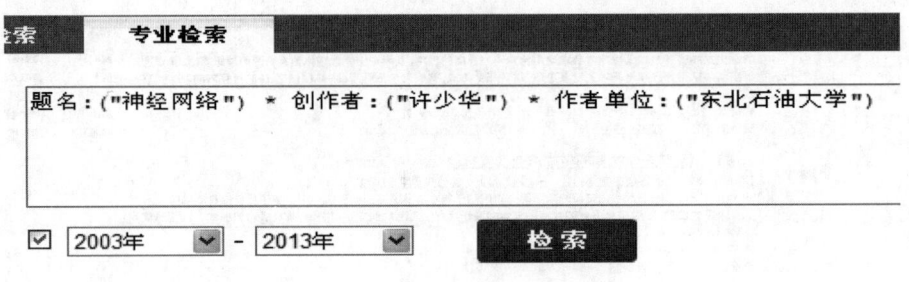

图4-18 万方检索结果

图4-19 万方专业检索

第四节 读秀学术搜索系统

一、简介

"读秀学术搜索系统"是由北京世纪读秀科技有限公司自主产权、自行研发的,是全球最大的中文图书搜索及全文文献传递系统。读秀学术搜索后台是一个海量全文数据及元数据组成的超大型数据库。它能够为读者提供图书、期刊、报纸、人物简介、词条解释等资源。同时,通过读秀学术搜索,还能一站式检索馆藏纸质图书、电子图书、期刊等各种异构资源,几乎囊括了图书馆内的所有信息资源。不论是学习、研究、写论文、做课题,读秀都能够为读者提供最全面、最准确的学术资料。"读秀"是对于传统检索方式的重大变革,它将把读者们对图书的使用引入到一个新的阶段!

读秀的海量资源和优势功能是向用户提供图书馆整体服务的有力保障。读秀学术搜索与图书馆系统挂接,将图书馆现有的纸质图书和电子图书以及各种图书异构资源整合于同一平台上,实现图书需求在读秀平台上一站式解决,完成图书馆原系统的整体升级,使其成为真正意义上的立体式知识型图书馆,全面保障高校重点学科及其他学科文献资源的统一整合、深度搜索和权威咨询,提高学科管理水平。

二、检索方法

1. 读秀图书搜索

1)输入搜索关键词

选择图书频道,在搜索框输入关键词,然后点击"中文文献搜索",将在海量的图书数据资源中进行查找。如果要获得外文资源,可点击"外文文献搜索"。另外,可以在搜索框下方选择:全部字段、书名或作者(图 4-20)。

图 4-20 读秀图书简单检索界面

2)高级检索方法

高级检索提供多个检索输入框,可以更精确地查找所需图书(图 4-21)。

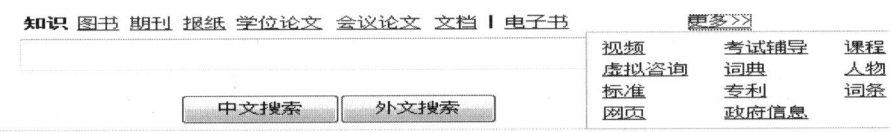

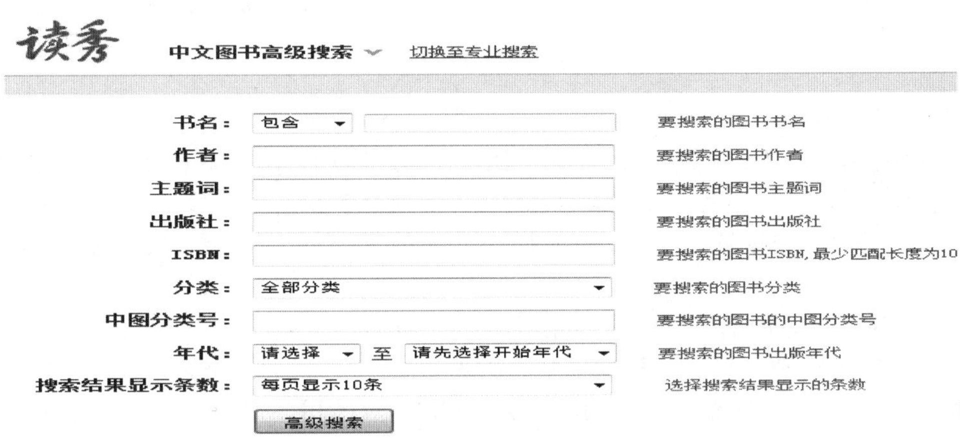

图 4-21 读秀图书搜索高级检索界面

3)浏览搜索结果

搜索结果页面中,可以通过三种方式缩小搜索范围:

(1)通过左侧的"类型、年代和学科聚类";

(2)通过上方的结果中搜索;

(3)通过每本图书的"查看相关分类结果"的分类链接(高级检索结果仅能通过此方法缩小),如图 4-22 所示。

搜索结果页面中,还可以通过右侧多面搜索快速浏览其他频道的搜索结果(高级检索结果无此功能)。点击期刊,得到如图 4-23 所示的结果。

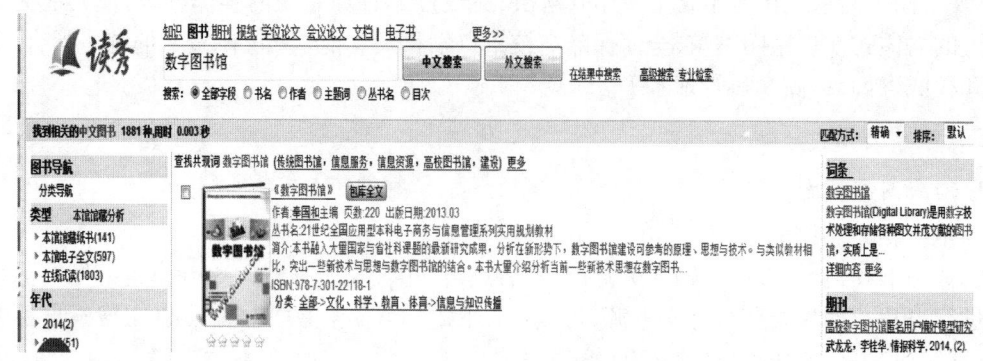

图4-22 读秀图书检索结果界面

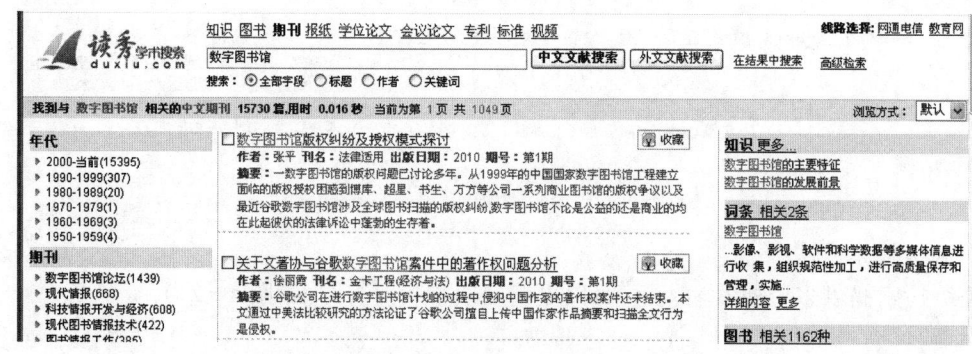

图4-23 读秀期刊检索界面

4）查看图书详细信息

从搜索结果页面点击书名或封面进入到图书详细信息页面,关于本书的题名、作者、页数、封面、出版社、出版时间、主题词等详细信息将一一罗列。点击链接文字,可直接在图书频道中搜索该文字,以便查找相关图书。可以通过红线所示的两处按钮点击试读或从图书馆借阅,如图4-24所示。

检索结果有试读页面,可以点击在线阅读更改阅读形式。

在本馆没有本书的情况下,提供了推荐购买功能,可以通过点击它来推荐本校图书馆购买此书。另外,可以查看有哪些用户收藏了此书,点击用户名即可进入对方的个人图书馆。

5）获得图书

可以通过直接阅读本馆的电子全文,或使用文献传递、互助平台、其他图书馆借阅等各种方式来获得该书。文献传递和互助平台的具体使用方法请参见"获得文献的方式"。

2. 读秀全文检索

1）输入检索关键词

选择知识频道,在搜索框中输入关键词,然后点击"中文文献搜索",将在海量的图书数据资源中,围绕该关键词深入到图书的每一页资料中进行信息深度查找。（提示：为快速找到结果,建议使用多个关键词或较长的关键词进行检索）。如果点击"外文搜索",则自动进入到外文期刊频道进行搜索。

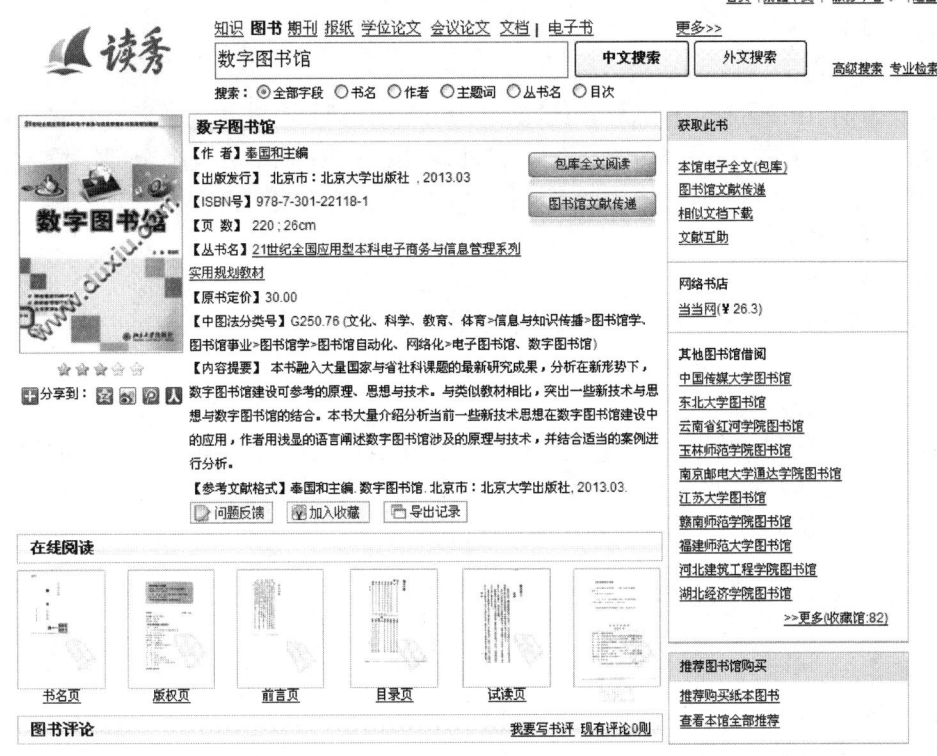

图4-24 读秀图书细览页面

在检索结果页面,可以通过右上角的"在结果中搜索"来缩小检索范围。点击标题或"本页阅读"即可查阅文献。

2)查看文献详细信息

在页面最上方,有一排功能按钮方便各种操作与需求,如上下翻页、放大缩小、文字摘录等。

3)文字摘录(截取图片同此)

第一步,点击"文字摘录"按钮,然后用鼠标左键标示出选取的文字范围(注意将文字全部选中);

第二步,点击"确认";

第三步,文本成功摘录。

3. 读秀视频搜索

1)输入搜索关键词

选择视频频道,在搜索框中输入关键词,然后点击"中文文献搜索",将在海量的视频数据资源中进行查找。另外,可以在搜索框下方选择全部字段、视频名称、简介、字幕或主题词。在搜索结果页面上,点击截图或标题即可观看视频。

2)观看视频文献

在页面右上角点击"打开此页"即可进入原播放页面。

3)视频字幕搜索

在搜索框下方选择"字幕"字段进行搜索后,搜索结果页面将会出现字幕内容,点击"播放"直接观看包含该关键词的视频段落。

4. 期刊搜索

1）输入关键词

以期刊为例,在搜索框中输入检索词"数字图书馆",然后点击"中文搜索",将在海量的期刊数据资源中进行查找,如图4-22所示。另外,可以在搜索框下方选择全部字段、标题、作者、刊名或关键词。还可以通过右侧的高级检索来更精确的查找期刊。

2）浏览搜索结果

搜索结果页面中,可以通过两种方式来缩小搜索范围：

（1）通过左侧的"年代、期刊、学科和核心期刊"聚类；

（2）通过上方的"在结果中搜索"。

3）查看期刊文献详细信息

从搜索结果页面点击期刊名可进入到期刊文献详细信息页面,关于该刊刊登的文献题名详细信息将一一排列。点击题名进入该文章的文摘型一条记录,可直接查找相关信息。可以通过"获取全文"版块里的三种方式获取该文献(图4-25)。

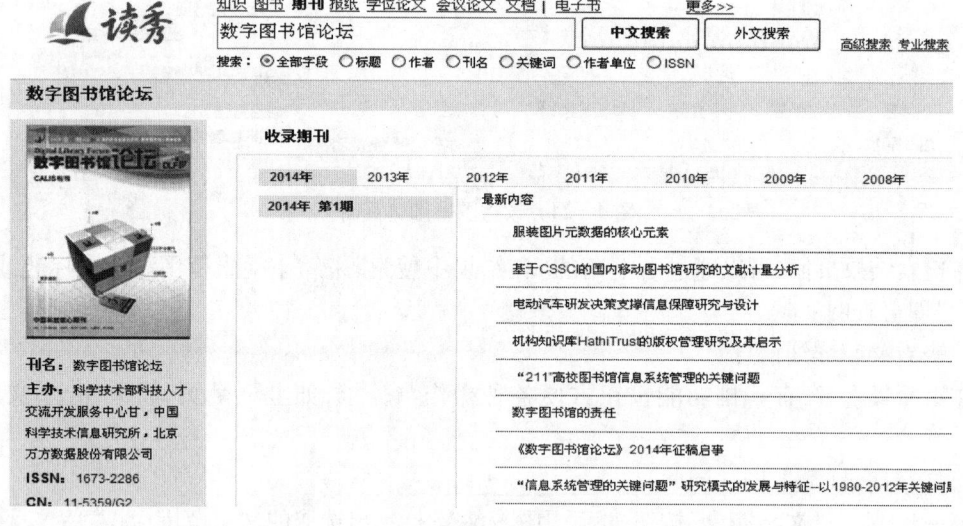

图4-25 读秀期刊检索详细结果界面

5. 获得文献的方式

当不能够直接下载获得文章原文时,可用试用以下途径获得原文文献。

1）文献传递

在图书详细信息页面,可以点击"图书馆文献传递",进入"全国图书馆参考咨询服务平台"页面,输入电子邮箱,以确保提交无误。填写验证码,最后点击"确认确定"即可。

2）文献互助平台

在文献资源详细信息页面,点击"文献互助"链接即可使用该服务。

"文献互助"仅对注册用户开放,若尚未登录,请先登录或注册一个新用户。登录之后,输入E-mail,也可以对标题和帖子内容进行修改,最后点击"提交"即可。

在内容输入框的上方有如下三个按钮,可供上传文件或图片时使用,每次单个文件大小不可超过10M。

提交成功后,页面自动跳转,将看到如下页面,第一条即是发布的帖子,您可在右上角的"我的主帖"和"我的回帖"里查看自己的发布记录。

当有网友回复了信息,就可以点击查看了,也可以为其他网友热心提供已拥有的文献资源。

在"已回复"的帖子列表里,大多是已有答案的文献,也可以在此浏览资源。

第五节　中国高等教育文献保障系统

一、简介

中国高等教育文献保障系统(China Academic Library & Information System,简称CALIS),是经国务院批准的我国高等教育"211工程""九五""十五"总体规划中三个公共服务体系之一。建设以中国高等教育数字图书馆为核心的教育文献联合保障体系,实现信息资源共建、共知、共享,为中国的高等教育服务。

从1998年开始建设以来,CALIS管理中心引进和共建了一系列国内外文献数据库,包括大量的二次文献库和全文数据库。采用独立开发与引用消化相结合的道路,主持开发了联机合作编目系统、文献传递与馆际互借系统、统一检索平台、资源注册与调度系统,形成了较为完整的CALIS文献信息服务网络。迄今参加CALIS项目建设和获取CALIS服务的成员馆已超过500家。

CALIS管理中心设在北京大学,下设了文理、工程、农学、医学四个全国文献信息服务中心,华东北、华东南、华中、华南、西北、西南、东北七个地区文献信息服务中心和一个东北地区国防文献信息服务中心。

CALIS项目建设主要包括CALIS联合目录子项目、引进数据库子项目、高校学位论文库子项目、专题特色数据库子项目、重点学科导航库子项目、虚拟参考咨询子项目、教学参考信息子项目等。其中,CALIS联合目录子项目、引进数据库子项目主要针对图书馆纸质信息资源的采购和编目工作。虚拟参考咨询子项目、教学参考信息子项目主要与图书馆的参考咨询业务相关。高校学位论文库子项目、专题特色数据库子项目、重点学科导航库子项目主要为高校广大教师和学生提供相关数字资源的检索和利用服务。

1. CALIS联合目录

CALIS联合目录数据库建设始于1997年。目录数据库涵盖印刷型图书和连续出版物、电子期刊和古籍等多种文献类型;覆盖中文、西文和日文等语种;CALIS联机合作编目中心是中国高等教育文献保障体系的两大服务中心之一,其秉承"实现信息资源共建、共知、共享,发挥最大的社会效益和经济效益,为中国的高等教育服务"的宗旨,致力于CALIS联合目录数据库的建设,并提供相关服务。

联合目录网址:http://www.calis.edu.cn/calis/lhml/

数据库查询网址:http://opac.calis.edu.cn

2. 引进数据库

引进数据库子项目即高校图书馆数字资源采购联盟(DRAA)。高校图书馆数字资源采购联盟(Digital Resource Acquisition Alliance of Chinese Academic Libraries,DRAA,以下简称"联盟")是由中国部分高等学校图书馆共同发起成立的,由成员馆、理事会、秘书处组成。联盟的宗旨为:团结合作开展引进数字资源的采购工作,规范引进资源集团采购行为,通过联盟的努力为成员馆引进数字学术资源,谋求最优价格和最佳服务。高校图书馆、其他图书情报机构自愿参加联盟,自主决定是否参加联盟组织的数字资源集团采购。

DRAA 网址:http://www.libconsortia.edu.cn

3. 高校学位论文库

CALIS 高校学位论文数据库子项目的建设目的是在 CALIS 博硕士学位论文文摘数据库基础上,建设一个集中检索、分布式全文获取服务的 CALIS 高校博硕士学位论文文摘与全文数据库。清华大学为该项目的承建单位。

高校学位论文库网址:http://etd.calis.edu.cn/ipvalidator.do

4. 专题特色数据库

全国高校专题特色数据库遵循"分散建设、统一检索、资源共享"的原则,统一特色库的建库标准和服务功能要求,构建统一的公共检索平台,采取重点支持和择优奖励相结合的资助方式,鼓励具有学科优势和文献资源特色的学校积极参加专题特色数据库的建设,建成一批具有中国特色、地方特色、高等教育特色和资源特色、服务于高校教学科研和国民经济建设、方便实用、技术先进的专题文献数据库。

5. 重点学科导航库

重点学科导航库全称"重点学科网络资源导航数据库",是中国高等教育文献保障系统(CALIS)子项目之一。该项目以教育部正式颁布的学科分类系统作为构建导航库的学科分类基础,建设一个集中服务的全球网络资源导航数据库,提供重要学术网站的导航和免费学术资源的导航。

重点学科导航库网址:http://202.117.24.168/cm/main.jsp

6. 虚拟参考咨询平台

中国高等教育分布式联合虚拟参考咨询平台,以本地服务与分布式联合服务相结合,建立可持续发展的、多馆协作咨询的规则和模式,建立相关的知识库、学习中心。

7. 教学参考信息

教学参考信息子项目即高校教学参考信息管理与服务系统。

教学参考信息网址:http://202.120.227.57/cm/

二、检索方法

为了广大用户更加快捷方便地利用 CALIS 的资源,CALIS 建立统一检索平台,整合多种信息服务,主要包括咨询和检索两大类 16 项服务,如图 4-26 所示。

1. 导航检索

期刊导航:按语种、学科、字顺浏览中西文期刊。

数据库导航:按语种、学科、字顺、类型浏览数据库,同时提供查找。

图书馆导航:按项目、地区、类型等浏览国内外图书馆。

e 得文献获取:基于 CALIS 丰富的资源,提供馆际借书/文献传递等方式,使读者能快速获得文献资源。

联合问答:专业图书馆员提供人物、事件、名词术语、检索方法等常见学术问题的解答。

科技查新:依托"教育部部级科技查新工作站",提供各种科技查新服务,根据委托人的要求,针对查新点,查证其新颖性。

图4-26 CALIS服务导航界面

收录引证：提供涵盖SCI、SSCI、EI、ISTP、ISSHP、AHCI、CSCD、CSSCI等数据库的学术论文收录及被引用情况证明服务。

课题咨询：依托高校图书馆丰富的信息资源与专业咨询人员开展课题咨询服务。

2. 检索服务

学术搜索引擎(e读)：通过一站式检索，查找全国600余家图书馆的资源。

书刊联合目录：提供联合目录书目数据的检索、下载和相关资源导航服务。

外文期刊网：收录3万多种西文期刊的篇名目次，提供期刊导航服务。

中文学位论文：收录国内近百家知名高校的博硕士学位论文，数据量达40多万条。

外文学位论文：收录世界著名学位论文数据库PQDD的25万篇硕博论文。

电子教参书籍：涵盖知名高校教师精选的教参书及出版社推荐的教参书，计6万余种。

高校特藏资源：50多家图书馆建设的近200万条特藏资源，涵盖古籍、拓片、民国资源等。

百万电子图书：包含古籍、民国图书等在内的百万册电子书。

用户在CALIS主页上可以将题名、作者(责任者)、主题词、资源类型、检索范围、出版年、语种等字段作为检索入口进行基本检索(图4-27)。

高级检索可进行多字段组配检索(图4-28)，系统能够根据用户登录身份显示适合用户的检索结果，检索结果通过多种途径的分面和排序方式进行过滤、聚合与导引，并与其他类型资源关联，方便读者快速定位所需信息。

全文获取方式包括电子原文下载和原文传递。

(1)电子原文下载。当用户通过CALIS文献检索平台查找文献时，如提供电子原文的下载功能，则表示有权限查看或下载电子原文。(注：电子原文能否下载取决于用户所在的图书馆是否购买了该电子文献。)

(2)原文传递。为用户提供国内外文献服务机构的原文文献复制及原文传递服务。复制

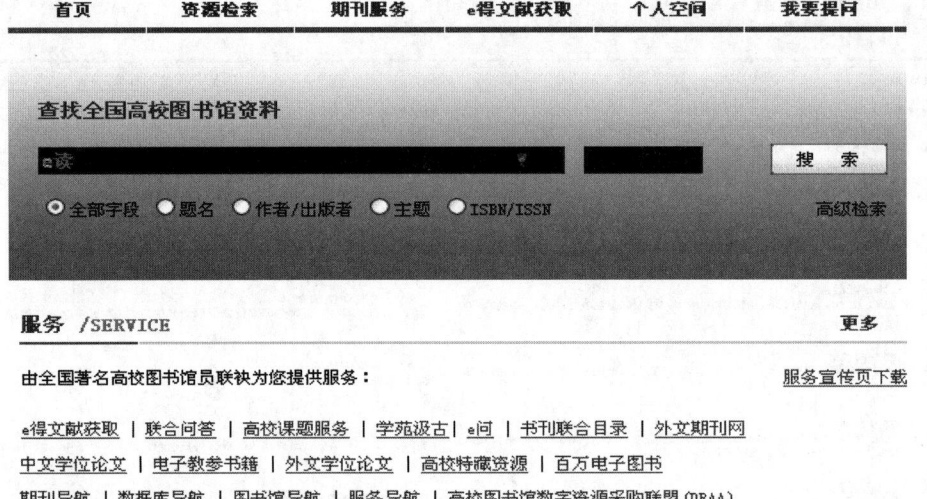

图 4-27 CALIS 基本检索

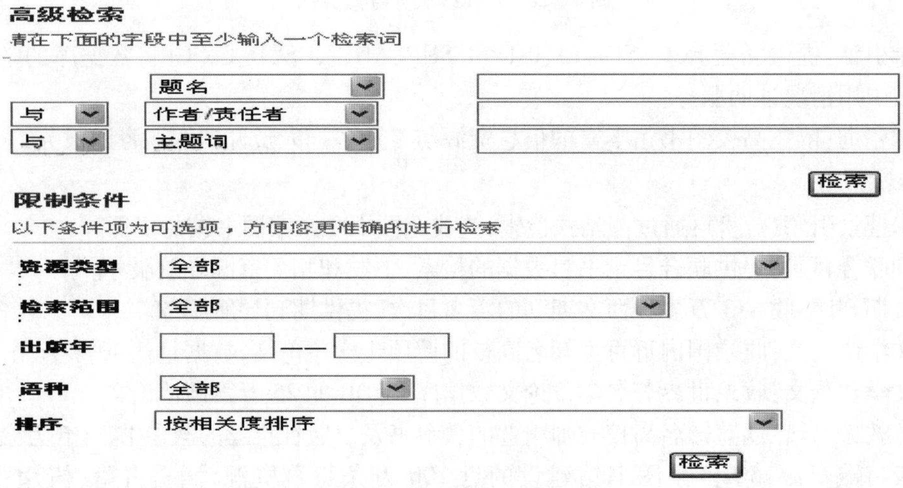

图 4-28 CALIS 高级检索

及传递的文献类型包括期刊论文、会议录文献、学位论文等,传递方式包括电子邮件、传真、快件或普通邮寄等。目前,CALIS 提供图书部分章节的复印服务。

第六节 高校财经数据库

一、简介

高校财经数据库(简称 INFOBANK)于 1995 年在香港成立,是一家专门收集、处理及传播中国商业、经济信息的香港高科技企业。INFOBANK 致力于高校图书馆数字化建设工作和为企业提供信息服务两大领域。INFOBANK 从成立开始就十分重视与教育系统的合作,并以高度的热情投身高校中文电子文献系统的建设工作。

在香港,经过与众多高校的友好合作,INFOBANK高校财经数据库系统已经成为香港地区所有高校图书馆和研究机构的数字化资源,并且受到在校师生广泛的赞许。

在中国内地,INFOBANK与教育部和"中国高等教育文献保障系统(CALIS)"建立了良好的长久合作关系,促使将INFOBANK高校财经数据库系统(最大的中文商业财经全文数据库)服务于中国高等教育系统。针对中国内地的网络资源特色,INFOBANK在教育网内专为内地的高等院校开通了高校财经数据库网站(http://www.bjinfobank.com),以便内地高校图书馆使用INFOBANK高校财经数据库系统。

为确保数据的准确与权威,INFOBANK与国家经贸委、外贸部、国家工商局、路透社等近百家中国政府部门和权威资讯机构建立了战略联盟。INFOBANK高校财经数据库系统包括6个大型专业数据库。

高校财经数据库具体内容如下:

(1)中国经济新闻库(China Economic News)。收录了1992年至今中国范围内及相关的海外商业财经信息,以媒体报道为主。数据来源于中国千余种报章期刊及部分合作伙伴提供的专业信息,内容按198个行业及中国各省市地区分类。

(2)中国统计数据库(China Statistics)。收录了1986年至今的数据。大部分数据收录自1995年以来国家及各省市地方统计机构的统计年鉴及海关统计、经济统计快报等月度及季度统计,其中部分统计数据可以追溯到1949年,亦包括部分海外地区的统计数据。数据按行业及地域分类,数据日期以同一篇文献中的最后日期为准。

(3)中国商业报告库(China Business Report)。收录了1983年至今经济学家及学者关于中国宏观经济、中国金融、中国市场及中国各个行业的评论文章及研究文献,以及政府的各项年度报告全文,为用户提供专业的研究资料。

(4)中国法律法规库(China Laws & Regulations)。收录范围为1903年至今,以中国法律法规文献为主,兼收其他国家法律法规文献。收录自1949年以来中华人民共和国中央及地方的法律法规,以及各行业有关条例和案例,以提供最及时的法律参考。

(5)中国上市公司文献库(China Listed Company)。收录范围为1993年至今,收录了在沪、深交易所上市公司(包括A股、B股及H股)的资料,网罗深圳和上海证券市场的上市公司各类招股书、上市公告、中期报告、年终报告、重要决议等文献资料。

(6)中国医疗健康库(China Medical & Health)。收录了1995年至今、中国一百多中专业和普及性医药报刊的资料,向用户提供中国医疗科研、新医药、专业医院、知名医生、病理健康资讯。

(7)参考资料库:

①中国人物库(China Who's Who)。提供详尽的中国主要政治人物、工业家、银行家、企业家、科学家以及其他著名人物的简历及有关的资料,此库文献内容主要根据对中国800多种公开发行资料的搜集而生成。

②中国企业产品库(China Company Directory)。本数据库收录了中国27万间制造业、邮电业及运输等公司的综合资料,如负责人、联络方法及企业规模等。

③名词解释(Glossary)。主要提供有关中国大陆所使用的经济、金融、科技等行业的名词解释,以帮助海外用户更好地了解文献中上述行业名词的准确定义。

④中国中央及地方政府机构库(Chinese Government Agency)。载有中央国务院机构及地

方政府各部门资料,内容包括各机构的负责、机构职能、地址、电话等主要资料。

⑤ENGLISH PUBLICATIONS 收录了部分英文报刊的全文数据及新华社英文实时新闻资料。

⑥香港上市公司文献库[Hong Kong Listed Company(中文)]。收录时间为 1998—2001年。收录了香港主板及创业板上市公司的详细资料。

二、检索方法

1. 简易检索

(1)确定命题,选择关键词。为了避免因关键词不同而引起的信息漏查,可使用多个关键词,定义多种逻辑关系同时进行检索,多个关键词之间用空格隔开。

例:如了解房地产行业的情况,可定义检索关键词为"房地产"。

(2)选择数据库类型。如选择"经济新闻库",以"房地产"为关键词。简单检索如图 4-29 所示。

图 4-29 INFOBANK 简单检索

二次检索:在前次结果中检索"经济适用房",以缩小信息查找范围(图 4-30)。

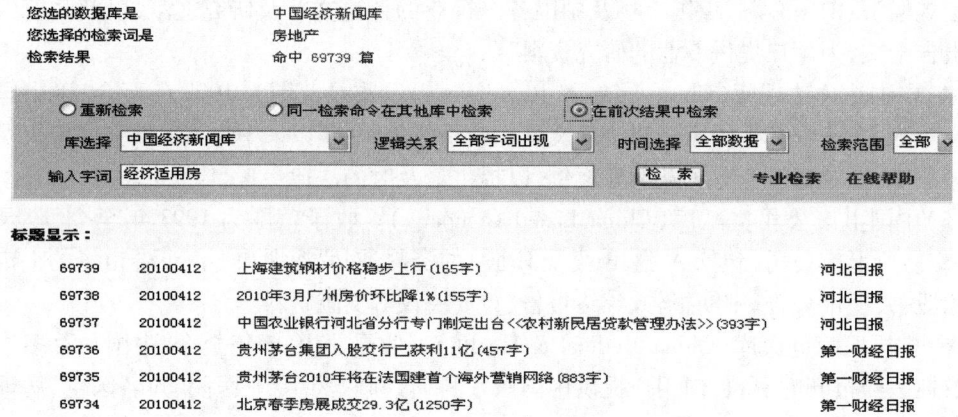

图 4-30 INFOBANK 二次检索

在检索框中同时输入"房地产"、"经济适用房"(多个词之间用空格隔开),定义词间逻辑关系,检索结果同之前二次操作的内容一致。

(3)在其他数据库中查找信息,如"中国商业报告库",选择"同一检索命令在其他库中检索",在"库选择"下拉列表中选择"中国商业报告库",点击检索。

2. 专业检索

选择数据库,进入专业检索界面,按照检索字段输入检索词。

例如:查找北京商品房 2007 年销售价格,选择中国统计数据库,选择"房地产"行业、"北京"地域、检索词为"商品房销售价格"、时间为"2009.4—2010.4",如图4-31所示。检索比较细节的信息,就要学会使用专业检索。同时在行业/地区/时间等各方面尽可能的缩小查询范围。

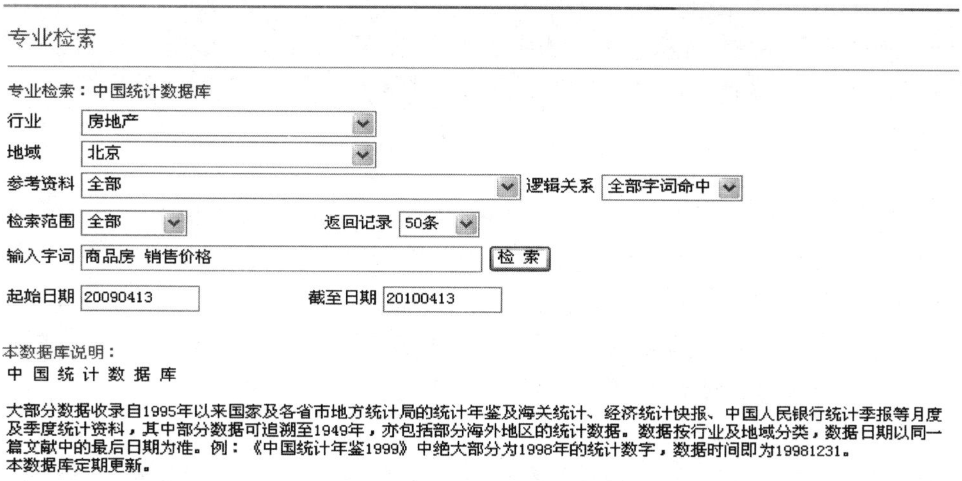

图4-31 INFOBANK专业检索

第七节 复印报刊资料数据库

一、简介

中国人民大学"复印报刊资料"(http://ipub.zlzx.org/)是在"复印报刊资料"纸质期刊基础上进一步分类、整理形成的数据库产品。该数据库以专家和学者的眼光,依循严谨的学术标准,在全面的基础上对海量学术信息进行精心整理、加工、分类、编辑,去芜存菁、优中选优,提供高质量的学术信息产品。数据信息量大,涵盖范围广,便于用户了解与自己的课题相关的研究状况,把握本领域的研究动态。

中国人民大学"复印报刊资料"包括的数据库有:全文期刊库、数字期刊库、目录索引数据库、专题研究资料数据库。

下面以全文数据库为例说明文献划分学科和检索方法。

全文数据库该库囊括了人文社会科学领域中的各个学科,主要包括以下八大类,每个类别分别涵盖了相关专题的期刊文章。

1. 政治学与社会学类

融贯理论与实践,包括政治学和社会学领域研究。政治学领域具体涵盖政治理论研究、中外政治思想史、政治体制和制度研究、政党问题、民族问题、阶级与阶层、政府工作与管理等研究,是政治学各学科研究人员的核心读本和政界从业者的工作指南。社会学领域包括社会问题总体研究、中外社会学理论、社会学史、人类学、民俗学、社会学分支、社会转型与发展、社会保障与福利、社会政策与制度、社会结构与组织、社会文化、城乡社会、人口与社会等研究。既关注学术理论问题,也反映学术研究中的理论、方法、规范、评价等内容。体现了学术观点和科学研究方法之融合。

2. 法律类

遴选法学文章篇目,包括理论法学研究、部门法学研究、立法研究、司法研究、学术前沿问题研究、案例剖析、国内外法学动态以及年度法学研究回顾与综述等方面的资料。既关注理论研究,也关注法律实践及最新立法动态;既呈现学者的创新观点又体现社会的关注焦点;既涵盖法学教育研究又囊括法律实务研究。法律分类科学、内容丰富、涵盖法律学科和工作部门的各个领域;集中、适时、全面地提供法学研究、法律教学和司法实践的信息。体现了理论与实践的完美结合。

3. 哲学类

着眼于哲学的各个领域,集萃了哲学研究的历史成果和最新信息,既关注哲学原理,也关注科技哲学;既有对中国哲学的研究,也不忘汲取外国哲学的精粹;既包括逻辑,也涉及美学;详尽完备地展示了整个国内外哲学学科的发展脉络,涵盖了学科的基本原理观点、学者创新观点、学界关注焦点等,集中、全面地提供哲学研究的信息,具有海量、综合、全面的优势,为使用者学习和工作提供最周到的帮助。

4. 文学与艺术类

覆盖中外文学艺术研究各个领域,多角度、透彻地剖析各类文化现象,展示文学艺术的永恒魅力。既有理论的宏观深入阐释,也有文学艺术作品的生动细读。着重考察各个时代的重要文学思潮与流派,探索文学史发展轨迹,从新的视角诠释中外作家与作品。在跨文化、跨学科的广阔视野中探讨文学与历史、文学与当代社会、文学与文化的深层联系。聚焦时下文坛热点,呈现文学艺术研究的丰富全貌。

5. 教育类

精选国内数千种报刊之精华,汇集国内外教育学研究重要成果,并在原有的基础上进行二次加工使其精上加精,内容囊括教育方针、政策、教育基本理论,不仅包括中小学教育、高等教育,还涉及了成人教育和职业技术教育,同时,体育教育、思想政治教育和心理学教育方面的从业者也可以从中汲取养分,全方位、多层次地反映教育改革的热点和前沿问题,为使用者学习和工作提供帮助,为广大教育学者奉献不可多得的教育大餐,是教育学各学科研究人员的核心读本和各级教育行政部门制定教育政策的重要参考。

6. 经济学与经济管理类

精选宏观与微观经济领域的优秀论文,以翔实的资料、丰富的内容、具有代表性的观点展现了经济管理及经济史等方面的研究成果,全面准确地反映经济管理学科的研究发展方向。既有经济学理论的深度阐释,也有对具体经济现象的精彩解析。关注当前经济管理研究和经济学领域的热点问题,力图呈现当代经济学研究的前沿学术动态。

7. 历史类

荟萃史学理论研究、方法探讨;各断代史、各专史的最新史料、最新发现;名家精品,新人力作,兼容并包;于古今中外历史的无限时间和空间中,探讨理论与方法,反思史学与史观,回顾人物与事件,描述文物与考古,考证史料与典籍、辨析探索与争鸣,追踪动态与热点;力求最大限度地还原历史,探索人类社会变动、时代转折的发展脉络,在历史长河中寻求对现实的参照。

8. 文化信息传播类

涵盖文化类,包含文化理论研究、产业发展、传统及中外文化发展、交流与比较等内容;媒介经营管理类,包含传媒前沿思考、理论研究及业界动态,出版理论研究、图书与期刊编辑、营销、发行研究,档案管理、档案数字化建设、国内外档案管理的先进技术和方法,图书馆学、情报工作理论及实践研究,数字图书馆建设、信息资源管理、服务及信息法规建设等研究成果。

二、检索方法

在首页登录后,可以根据数据库的分类来查看文章。检索方法主要为初级检索和高级检索。

1. 初级检索方法

可以先选择不同的年份段,以及填写的关键词所要检索的内容,点击检索后右侧就能显示出和关键词相匹配的文章(图4－32)。

注:如果输入两个不同的关键词可以在词间加上不同的符号来表示它们的关系。*表示"与"的关系,+表示"或"的关系。

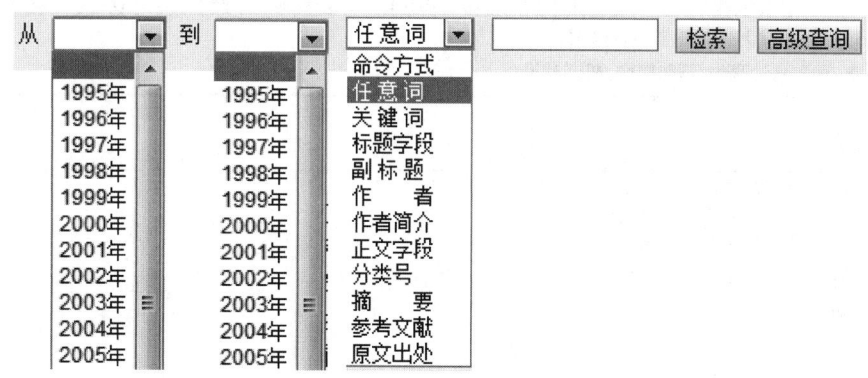

图4－32　初级检索示意图

2. 高级检索方法

如果初级检索无法实现所需要的功能,可以点击"高级查询"来检索您需要的文章,如图4－32所示。在第一个下拉菜单中可以选择填写信息的相互关系:"或者"、"并且"、"除了"。第二个下拉菜单中可以选择查找关键词属于什么位置:"标题"、"正文"、"作者"等。不知道怎么填写,可以点击"输入帮助"。

图4－33　高级检索

在结果中勾选想输入的名称,点击"选毕返回"后,在页面中就可以看到查询条件了。确定想要查看的文章后,点击文章标题,就可以进入具体内容页面(图4-34)。

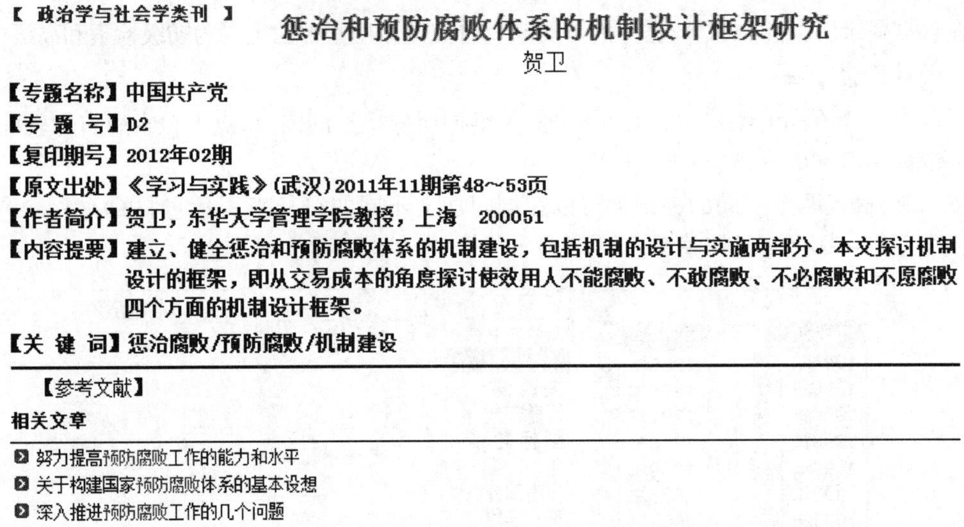

【政治学与社会学类刊】
惩治和预防腐败体系的机制设计框架研究
贺卫

【专题名称】中国共产党
【专 题 号】D2
【复印期号】2012年02期
【原文出处】《学习与实践》(武汉)2011年11期第48～53页
【作者简介】贺卫,东华大学管理学院教授,上海 200051
【内容提要】建立、健全惩治和预防腐败体系的机制建设,包括机制的设计与实施两部分。本文探讨机制设计的框架,即从交易成本的角度探讨使效用人不能腐败、不敢腐败、不必腐败和不愿腐败四个方面的机制设计框架。
【关 键 词】惩治腐败/预防腐败/机制建设

【参考文献】
相关文章
▷ 努力提高预防腐败工作的能力和水平
▷ 关于构建国家预防腐败体系的基本设想
▷ 深入推进预防腐败工作的几个问题

图4-34 检索结果

第八节 百链云图书馆

一、简介

百链云图书馆是超星公司推出的基于云计算的服务平台,平台联合国内外600多家图书馆,通过资源共享,让任何加入百链云图书馆平台的用户都可以查询到本馆及其他600多家图书馆的馆藏和电子资源状况,通过百链云传递平台,图书馆之间通过文献传递方式实现了多家图书馆联合为读者服务,是目前图书馆应用模式的新方向。

百链以收录各种中外文学术资源检索数据为基础,将中文期刊、外文期刊、报纸、论文、图书、法律法规、科技报告、专利、标准、特色库、光盘等各种类型资料整合于同一平台,通过对收录的元数据数据库进行检索,实现了资源的一站式检索服务。百链云图书馆在检索结果中,每条命中记录提供了题录信息,同时提供获取途径。如本馆已购买该资源,可直接链接到原文,本馆未购买资源,可通过邮箱申请原文传递。原文传递会在72小时内给予答复。

百链云图书馆的特点如下:
(1)可以让读者查询到600多家其他图书馆的馆藏和电子资源状况,资源从本馆资源转变为多馆资源;
(2)通过馆与馆之间的云传递服务,相当于涵盖了常用260多个中外文数据库资源;
(3)联合了多馆的参考咨询馆员和读者,读者服务从本馆服务转变为多馆为读者服务;
(4)资源检索从需要重复在不同平台和数据库之间查找文献转变为一站式检索;

（5）百链云图书馆提供了图书馆云服务架构,任何图书馆都可以单馆快速方便的加入成为云服务的一部分。

二、检索方法

百链云图书馆主页地址:http://www.blyun.com。其主要检索方法分为简单检索和高级检索。

1. 简单检索

以期刊频道为例,在检索框中输入关键词"大庆油田",然后点击"中文文献搜索",将在海量的期刊数据资源中进行查找。如果要获得外文资源,可点击"外文文献搜索"。另外,可以在搜索框下方选择:全部字段、标题、作者、刊名或关键词、作者单位和ISSN检索(图4-35)。

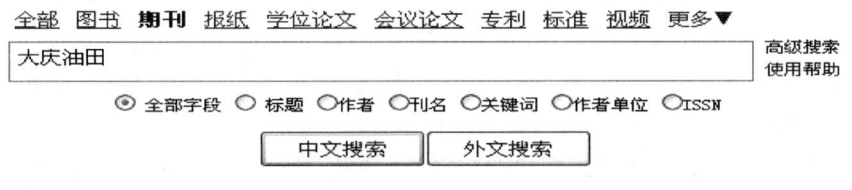

图4-35 百链简单检索

浏览检索结果,从检索结果中可看出:共检索到相关文献56240篇。可以通过左侧的"年代、期刊、学科和期刊种类"来缩小搜索范围。在屏幕右侧,可以通过多面搜索功能选择其他文献类型如图书、报纸、学位论文、会议论文等(图4-36)。

图4-36 百链检索结果

查看期刊文献详细信息,从搜索结果页面点击文献名可进入到期刊论文详细信息页面,关于该文献的题名、作者、刊名、出版日期、期号等详细信息将一一罗列。

资源获取,通过"获取资源"版块里的多种方式获取该文献。如在"获取资源"板块中出现"万方(包库)"链接,可点该链接直接进入到相应的数据库文摘页面进行在线阅读全文或下载。

2. 高级检索

百链云图书馆高级检索分中外文期刊高级检索、报纸高级检索、中外文学位论文高级检索、中外文会议论文高级检索、信息咨询高级检索、专利高级检索。其具体检索方法与读秀数据库高级检索类似,在此不再赘述。

第九节　全国报刊索引

一、简介

《全国报刊索引》,创刊于1955年,是国内最早的中文报刊文献检索工具。近六十年来,它已由最初的《全国报刊索引》月刊,发展成集印刷版、电子版以及网站为一体的综合信息服务产品,建成了时间跨度从1833年至今的一个半世纪、收录数据量超过3000万条、揭示报刊数量20000余种的特大型文献数据库,年更新数据超过350万条。

目前,《全国报刊索引》编辑部已拥有全文数据库、索引数据库、专题数据库和特色资源数据库四种类型数据库。具体而言,有《全国报刊索引》编辑部重点发展的近代全文数据库——2009年推出的《晚清期刊全文数据库(1833—1911)》和2010年开始陆续推出的《民国时期期刊全文数据库(1911—1949)》;有跨度从1833年至今的索引数据库——《晚清期刊篇名数据库(1833—1911)》、《民国时期期刊篇名数据库(1911—1949)》以及《全国报刊索引数据库——目次库》和《全国报刊索引数据库——篇名库》;有根据社会热点和读者用户需求推出的《近代民国中医药专题库》、《音乐戏剧戏曲专题库》等十几种专题数据库;以及依托上海图书馆及共建单位的丰富馆藏资源,制作的特色数据库——《全国报刊索引数据库——会议库》和《家谱数据库》等。

1. 全文库

《晚清期刊全文数据库(1833—1911)》:编辑部秉承"普及知识、传承文明"的出版理念,制作并推出的数字化产品《晚清期刊全文数据库(1833—1911)》,共收录了从1833—1910年间出版的三百余种期刊,几乎囊括了当时出版的所有期刊,拥有众多的"期刊之最",是研究晚清历史的专业人士必备的数据库检索工具。作为种类繁多、收录全面、主题鲜明的全文史料库,《晚清期刊全文数据库(1833—1911)》再现了晚清时期思想激荡的峥嵘岁月:有宣扬妇女解放和思想启蒙的妇女类期刊,有晚清小说大繁荣时期涌现的四大小说期刊,有为开启民智、传播新知创办的白话文期刊,有介绍先进技术、传播科学知识的科技类期刊……读者用户可从标题、作者、刊名等途径对27万余篇的文章进行检索、浏览并下载全文。

《民国时期期刊全文数据库(1911—1949)》:计划收录民国时期(1911—1949)出版的2万余种期刊,1500余万篇文献,内容集中反映这一时期的政治、军事、外交、经济、教育、思想文化、宗教等各方面的情况。作为历史档案的重要组成部分,《民国时期期刊全文数据库(1911—1949)》具有极为重要的学术价值和史料价值,它丰富了报刊数字资源,更方便了广大读者用户进行关于民国时期历史的学术研究。首批推出三辑。该数据库采用便捷的检索服务平台,读者用户可从标题、作者、刊名、分类号、年份及期号等途径对文献进行检索、浏览并下载全文。同时,读者用户还可以使用期刊导航功能,直接浏览和下载期刊原文。

2. 索引库

《晚清期刊篇名数据库(1833—1911)》：共收录晚清时期期刊篇名数据40余万条。它记载了中国清末民初时期由封建社会向民主社会嬗变的过程，是后人了解和研究中国晚清时期政治、经济、思想、文化的一把钥匙、一个窗口。

《民国时期期刊篇名数据库(1911—1949)》编辑部本着"揭示珍贵历史文献，服务社会大众"的原则，致力于民国时期期刊的回溯与整理，编辑出版了《民国时期期刊篇名数据库(1911—1949)》，每年计划新增数据80万条以上，目前已生产数据量达600余万条。它是国内外学者研究民国时期历史不可多得的史料检索工具。该数据库出版以来，引起海内外学者的广泛关注，同时也收到了许多兄弟单位、学术机构以及民间书刊收藏家的来电来函，纷纷表明要订购并参与提供文献资源，从而使该年段的数据更加丰富和完善。

《现刊索引数据库》创刊于1955年，是国内首家出版的大型综合性报刊检索工具。《全国报刊索引》数据库从1993年开始编辑发行，2000年起分哲学社会科学版和自然科学技术版两个版本发行。

《全国报刊索引数据库——篇名库》(原《中文社科报刊篇名数据库》)系国家文化部立项、上海图书馆承建的重大科技项目。它由下属《全国报刊索引》编辑部自1993年起开始研制和编辑，1995年完成并通过国家文化部部级鉴定，1996年获国家文化部科技进步二等奖、上海市文化局科技进步一等奖。2000年《中文社科报刊篇名数据库》改名为《全国报刊索引数据库:社科版》，同年推出《全国报刊索引数据库:科技版》。该库的分类标引采用《中国图书馆分类法》，严格按照国家有关标准，其著录字段包括顺序号、分类号、题名、著者、著者单位、报刊名、年卷期、所在页码、主题词、摘要等十余项，年更新数据50万条左右。为全面报道国内中文报刊资源以及方便读者进行学术研究和信息分析，《全国报刊索引》编辑部于2004年开始推出《全国报刊索引数据库——目次库》。该库收录各类报刊近万种，几乎囊括了国内(包括港台地区)所有的中文报刊资源，年更新量高达250万条。

3. 专题库

专题数据库是《全国报刊索引》编辑部根据社会热点、读者用户的需要量身定制而成的数据库资源，目前已制作并出版了多种专题数据库。具体而言，有《音乐戏剧戏曲专题库》、《民国中医药专题库》、《公安专题库》、《电影专题库》、《世博专题库》、《礼仪模特专题库》、《WTO专题库》、《西部数据库》、《鲁迅专题库》、《地震专题库》、《奥运专题库》、《上海近代文献库》、《毕业就业指导信息专题库》、《服装数据库》、《财经数据库》以及《故宫专题库》等专题数据库。

《近代民国中医药专题库》收录数据17万条。它是在中医药临床和文献研究方面专家的指导下，通过各种检索途径，从近代民国期刊中，精选出中医药专题数据17万余条，从而形成的专题数据库。该数据库收录了《杏林医学月报》、《中医杂志》等著名中医药学期刊，包括了中医药界的名家如张锡纯、秦伯未、陆渊雷、时逸人等撰写的文献，是海内外专家学者研究近代民国时期中医药史重要的检索工具。

《音乐戏剧戏曲专题库》收录数据38万条，内容涉及初级音乐教育、中等音乐教育、近代词汇(元曲等)、诗歌、韵文(全部)、京剧、歌剧、舞剧、地方剧、古典戏曲、其他剧种、曲艺、群众文艺演唱材料(全部)、音乐理论、音乐技术理论与方法、各种器乐理论及演奏法、各种民族器乐理论和演奏法、中国音乐作品、各国音乐作品、音乐事业、艺术、美术、舞蹈、电视、电影、电声技术与设备、乐器制造工业、放音机、录音片等各个学科。

《鲁迅专题库》鲁迅作为现代文学史上一名巨匠,是中国新文化革命的主将,他不但是伟大的文学家,而且是伟大的思想家和革命家。在他从文的三十年间,著述多达29种,共计字数250万余字,留下了珍贵的文化遗产。《全国报刊索引》数据库涉及有关鲁迅及鲁迅著作与研究的评论共2万余篇,其中详细收录了从1951年至今二千多种报刊中有关鲁迅先生评论的文章,是研究鲁迅及新文化运动的重要数据库检索工具。

4. 特色资源库

利用共建共享单位的特色馆藏资源,《全国报刊索引》编辑部推出《全国报刊索引数据库——会议库》和《家谱数据库》等特色文献数据库,为海内外广大读者用户提供专业化的文献服务。

《全国报刊索引数据库——会议库》收录从1978—2010年间国内召开的10000多个学术会议,重点收录国家二级以上学会及各专业委员会举办的会议信息(包括国内召开的国际会议),年更新专业会议1200多个及会议论文8万余篇,累计收录会议论文90余万篇。该库具有篇名、分类、作者、单位、会议名、论文集名称、年份、届次、会址等多个检索途径,查询便捷,并能与《全国报刊索引数据库——篇名库》和《全国报刊索引数据库——目次库》等各类文献资源实现统一平台下的跨库检索。凡在该数据库中查阅到的会议文献,编辑部均能提供原文服务,并将以所需要的方式进行传递。

《家谱数据库》家谱作为中华民族的三大文献(国史、地志、族谱)之一,就其内容而言,记载的是以血缘关系为主体的家族世系繁衍和重要人物事迹的特殊历史图籍,是中国五千年文明史中最具有平民特色的文献,也是各个姓氏家族子孙世系的传承之书;就其作用而言,它具有区分家族成员血缘关系亲疏远近的功用,同时还是珍贵的人文资料,在历史学、民俗学、人口学、社会学和经济学的研究上,均有其不可替代的独特功能。经过广泛收集整理,《全国报刊索引》编辑部现将目前已经数字化的1万余种家谱目录汇编成《家谱数据库》,供社会各界广大读者用户使用。凡在该数据库中查阅到的文献,编辑部均能提供原文服务,并将以所需要的方式进行传递。

5. 免费数据库

2008年5月12日,汶川发生8.0级大地震,这是新中国成立以来破坏性最强、波及范围最大的一次地震。为表达《全国报刊索引》编辑部对四川汶川大地震遇难同胞的深切哀悼,2008年5月,编辑部加班加点赶制出《地震专题库》,供读者用户免费检索。用户可点击首页"地震专题库"进入检索,凡在该数据库中查阅到的文献,编辑部均能提供原文服务,并将以所需要的方式进行传递。

二、检索方法

用户直接在浏览器地址栏内输入http://www.cnbksy.com/。检索方法主要有普通检索、高级检索、专业检索。

1. 普通检索

数据库检索的默认页面即为普通检索界面,普通检索支持字段检索:可在全字段、分类号、题名、著者、单位、刊名/会议名、年份、基金项目、主题词、摘要、卷期中进行检索(图4-37)。

选择文献数据库和数据库的时间段限制,输入检索词进行检索。例如,选择晚清期刊全文库,在题名字段中检索1833—1910年有关"银行"的文献,然后选择"模糊"或"精确",检索方式选择"重新检索",点击"检索"按钮。

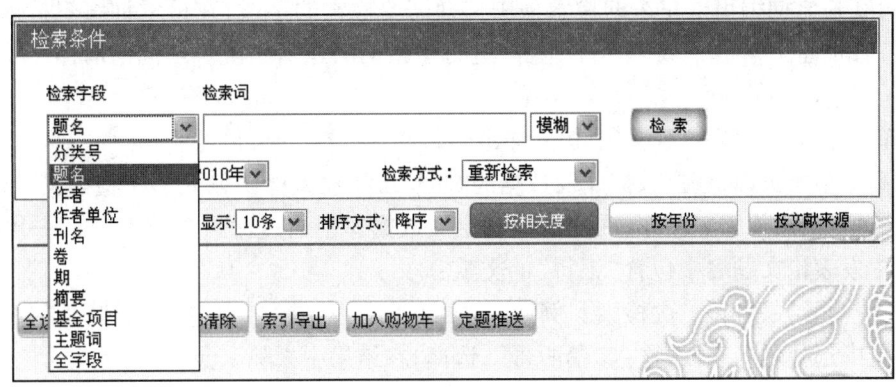

图 4-37　全国报刊索引普通检索

检索结果记录的文献题名,查看记录的详细内容,检索结果显示页中的每条记录作者和刊名字段内容均可以进行超链检索。如果检索结果太多,可以对结果进行二次检索,二次检索功能包括三个:在结果中检索、在结果中添加、在结果中去除。例如:检索步骤1的检索结果中题名中含有"信义"的内容,选择题名输入"信义",选中"在结果中检索",点击"检索"执行结果。

原文下载:点击检索结果每条记录后的 PDF 下载图标,可进行 PDF 全文下载,浏览。

原文索取:对于没有 PDF 全文的记录,如果需要获取原文,选中该条记录,点击页面下方"加入购物车"进行原文索取。

2. 高级检索

高级检索功能支持字段检索,期刊文献可检字段包括分类号、题名、作者、作者单位、刊名、卷、期、摘要、基金项目、主题词。高级检索支持多字段之间的逻辑组配检索,可以点击"+"或"-"按钮,进行检索字段的增加和删除(图 4-38)。

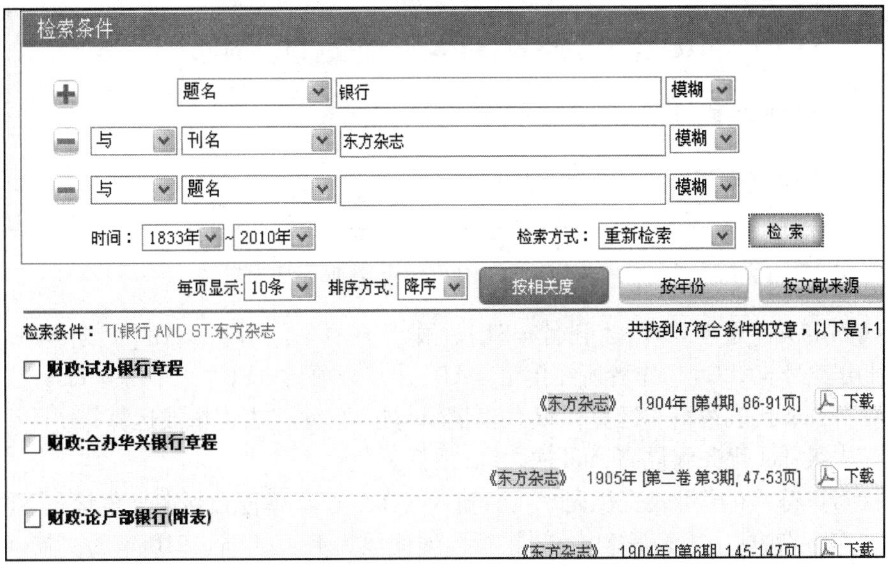

图 4-38　全国报刊索引高级检索

高级检索支持字段间的布尔逻辑检索:

(1)可在检索词编辑框左边的检索项中选择需要检索的字段,在检索词编辑框内输入多个检索词,然后选择"与"、"或"或"不包含"进行检索词的逻辑组配。可同时有多个检索词进行组配。

(2)布尔运算优先级:"不包含"优先级最高,"与"次之,"或"最低。

进入高级检索页面,选择数据库及数据的时间段,在输入框中输入多个检索词,选择逻辑组配关系,进行高级检索。例如:在晚清期刊全文数据库中通过输入框检索 1833—1910 年间东方杂志中发表论文题名中包含"银行"的文献。

对高级检索结果进行二次检索。例如:检索结果中去除题名中包含"墨西哥"的文献,在检索结果页中选择题名字段,输入"墨西哥",选择"在结果中去除",点击"检索"。

3. 专业检索

专业检索使用逻辑运算符和检索词构造检索表达式进行检索。可直接在检索式输入框中输入检索式进行检索(图 4-39)。输入检索式时字段采用字段代码(代码见下面字段代码定义),布尔算符和其他检索算符的定义和说明如下。

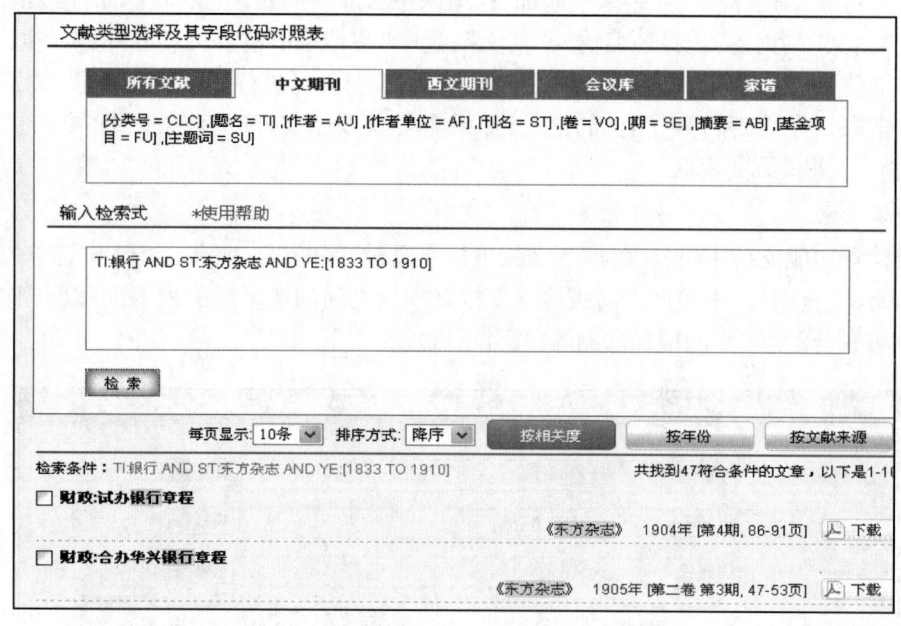

图 4-39 全国报刊索引专业检索

字段代码定义:[题名=TI]、[刊名=ST]、[作者=AU]、[摘要=AB]、[期=SE]、[主题词=SU]、[分类号=CLC]、[作者所在单位=AF]、[基金项目=FU]、[年份=YE];

布尔算符:not 代表逻辑非运算,and 代表逻辑与运算,or 代表逻辑或运算;

运算优先级:not 优先级最高,and 次之,or 最低。

其他检索算符:"()"可改变优先级,注:输入时布尔逻辑算符必须在半角状态下输入。例如:要查找"东方杂志"上发表题名中有"银行",时间段为 1833 年至 1910 年的文献,可输入以下检索式:TI:银行 and ST:东方杂志 and YE:[1833 TO 1910]

构建检索表达式,输入专业检索语句 TI:银行 and ST:东方杂志 and YE:[1833 TO 1910],点击"检索"按钮,得到检索结果。

复习思考题

1. 中国知网检索平台有多少种检索方法？
2. 中国知网高级检索和专业检索有什么关系？
3. 中国知网通过文献知网节对知识获取与发现有什么作用？
4. 维普期刊资源整合服务平台有哪些常用的检索方法？
5. 中国知网和万方提供的数据库有什么不同？
6. 读秀学术搜索主要检索什么文献为主？
7. 百链学术搜索主要检索什么文献为主？
8. CALIS 系统提供检索那些类型的文献？

第五章　常用外文数据资源

本章重点介绍国内外数据库和检索系统查找外文文献的方法。

第一节　工程索引（EI）

一、简介

美国《工程索引》(The Engineering Index)，简称 EI。EI 是世界上著名的三大种检索工具之一，也是国内外工程技术人员常用的一种检索工具。美国《工程索引》创刊于 1884 年，在创刊的初期，刊名多次变化，从 1969 年起正式称为《工程索引》，该索引由美国信息公司（Engineering Information Co.）出版发行。

1. EI 的发展历程

EI 发展历程可以划分为以下几个阶段：

(1) 1884 年创办开始，出版月刊、年刊的印刷版。

(2) 20 世纪 70 年代，电子版数据库（Compendex），并通过 Dialog 等大型联机系统提供检索服务。

(3) 80 年代，光盘版数据库（CD-ROM, Compendex）。

(4) 90 年代，提供网络版数据库（EI Compendex Web），推出了工程信息村（Engineering Information Village）。

(5) 2000 年 8 月，EI 推出 Engineering Information Village-2 新版本，对文摘录入格式进行了改进，并且首次将论文后参考文献列入 Compendex 数据库。

(6) 2009 年 1 月起，EI 所收录的期刊数据不再分核心数据和非核心数据，但是还分为期刊检索和会议检索，也就是源刊 JA 类型、会议 CA 类型。

EI 是工程技术领域的综合性检索工具，EI 报道的文献内容非常丰富，遍及应用科学和工程技术领域各个学科，还报道工程学科从研究、开发、涉及生产、维修、销售管理、咨询和教育等全部活动的文献，但是 EI 一般不予报道纯理论性的基础学科文献。

EI 收录的文献资料来源广泛，覆盖面大，该数据库每年新增 50 万条工程类文献，其中包括 5100 余种期刊、1000 多种会议录，还有科技图书、科技报告、学位论文、政府出版物等，一半文献（来自 2600 多种期刊和会议录）有文摘和标引，但不包括专利文献。其中化工和工艺类的期刊文献最多约占 15%，计算机和数据处理类占 12%，应用物理类占 11%，电子和通信类占 12%，另外还有土木工程类（占 6%）和机械工程类（占 6%）等。其中，90% 的文献是英文文献，会议论文约占 30%。EI 上收录的文献，大多数是经过编辑人员精选，认为有比较重要参考价值的，因此，EI 自创刊以来深受广大科技人员的重视。

2. EI 的出版形式

EI 的出版物以多种形式满足不同用户的需求。EI 按照载体形式分为印刷版、光盘版和网络版三种形式。

1)印刷版(The Engineering Index)

1884—2002年,EI印刷版出版物有月刊和年刊两个版本,均由文摘和索引两部分组成。EI月刊本从1987年起,主要包括文摘正文、作者索引和主题索引三部分组成,EI年刊本是月刊的累积本。

2)光盘版(CD-ROM的EI Compendex)

20世纪80年代开始。EI Compendex标引文摘,它收录论文的题录、摘要、主题词和分类号,进行深加工;有无主题词和分类号是判断论文是否被EI正式收录的唯一标志。EI光盘数据库内容和印刷版EI对应,只是检索结果所显示的内容比印刷版要多一些数据项。EI Page One是在EI Compendex基础上扩大收录范围,但是该数据库只收录题录。

3)网络版

20世纪90年代由美国工程信息公司推出EI数据库网络版称为EI Village。2000年底又推出了网络新版的EI Village 2。EI Village 2包括EI Compendex Web(EI Compendex和EI Page One)、INSPEC、ENGnetBASE、Techstreet Standards、USPTO Patent、Esp@cenet等数据库内容。其中,EI Compendex是目前全球最全面的工程领域二次文献数据库,侧重提供应用科学和工程领域的文摘信息,内容包括化学化工和与化学化工密切相关的生物、材料、石油、农业和食品等学科领域。可在网上检索1970年至今的文献。

二、检索方法

EI出版物载体不同,印刷版和电子版检索途径也不同。

1. EI印刷版的编排结构和检索方法

1)《工程索引》编排结构

EI印刷版的年刊本和月刊本是广大读者最常用的版本,两者结构基本相同。EI的年刊由文摘部分、著者索引、主题索引、工程出版物目录等部分构成,全年共分装成若干个"Part"。它所使用的主题词表(即工程信息叙词表)另外单独出版。EI月刊本和年刊本的主体是文摘正文,二者的编排与著录相同。检索途径有三种:主题索引、作者索引、作者单位名称索引途径。从1990年起年刊本主要包括文摘正文、作者索引、主题索引,以及出版物一览表和会议一览表。从1993年起,文摘全部采用单级主题法,按主题词字顺排列。

(1)主题词表。

EI的主题词来源于它的《工程主题词表》(SHE),由于几经改版,EI的主题词表也有几种不同的形式:1990年前规范主题词为标题词,取自SHE词表,有两级主题词。副标题词对应在相应的主标题词下,均按字母顺序排列,主标题词全部大写,副标题词只有首字母大写。1993年前规范主题词为标题词,取自EI Vocabulary词表。1993年起规范主题词改为叙词,取自EI Thesaurus叙词表、分字顺表和分类表。字顺表按照主题词字顺排列;分类表将主题词分成不同领域,按等级排列。

(2)索引出版物。

①著者索引(Author Index):包括EI收录的全部文献的所有著者,索引按著者姓名字顺排列,并在每个著者后面给出对应的文摘号,根据文摘号可以查到相关文摘记录。

②主题索引(Subject Index):1987年,EI的月刊和年刊中都增加了主题索引。规范词和大量的不规范词,按字顺混合排列,分别用黑体和白体字加以区别。无论著者索引还是主题索引,年刊与月刊略有不同,年刊的索引条目中有年文摘号和月文摘号,并分别冠以A和M标记。

③工程出版物索引(Publications Index for Engineering):工程出版物索引由出版物一览表(Publications List)和会议出版物(Conference Publications)组成,按字顺排列,列出了 EI 引用的出版物全称及变更情况。

印刷版适合于一般手工检索。

2)EI 印刷型出版物的检索方法

在 1993 年以前,《工程索引》的正文部分是按标题词的英文字顺排列的,文摘条文按其内容分别排列在有关的标题词下。这种编排方式使正文部分本身就可以作为一种主题索引使用,读者按标题词的字顺直接利用正文进行主题途径的检索,并可一次找到文摘。

从 1993 年起,《工程索引》的正文部分是按叙词的英文字顺排列的,文摘条文按其内容分别排列在有关的叙词下。其中,用来做标题的叙词均选自 1993 年版的《工程索引》叙词表和 1995 年第二版的《工程索引》叙词表。

根据《工程索引》的编排,其检索方法主要有两种:一种是通过主题途径、作者途径、作者单位名称途径、会议途径先查到文摘号,然后通过文摘号查到具体的文摘;另一种是标题词途径,通过对选定的词核对主题词表后,直接查找文摘。

EI 月刊著录款目如图 5-1 所示。

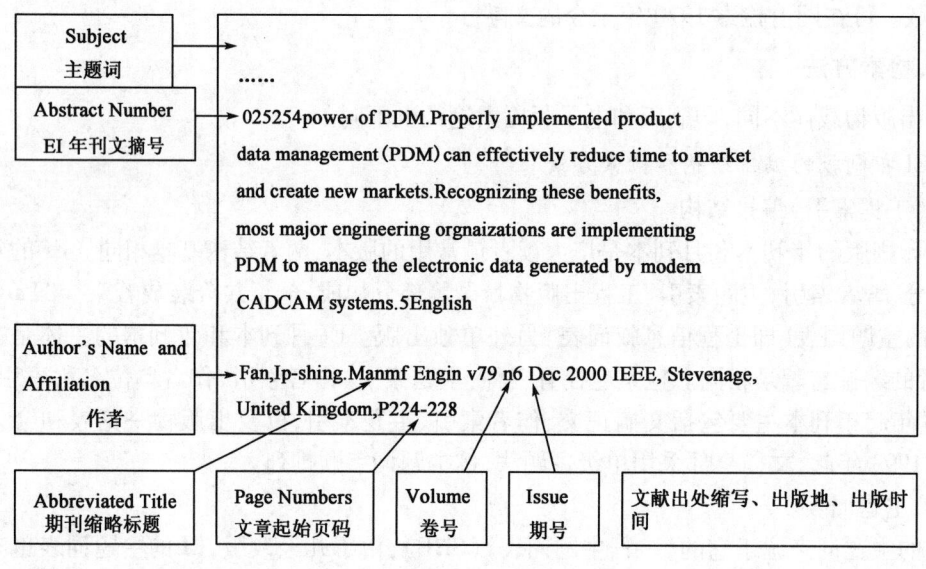

图 5-1 EI 月刊著录款目

2.光盘版检索

《工程索引》光盘检索与联机检索相类似,DIALOG、OnDisc、Windows 光盘提供了菜单检索与命令检索两种检索方式。

1)菜单检索(menu search)

菜单检索,无须记忆指令,简便易行。每一个检索步骤都是系统提供菜单、用户选择项目,如此进行直至结束。表 5-1 给出菜单检索中主要菜单及其中的选项,左列为菜单名称,右列为菜单中的选项并给出相应译名。

2)命令检索

命令检索相对于菜单式检索复杂,需掌握系统的各种操作指令,在检索框中输入正确的检索表达式,把检索词用布尔逻辑运算连接在一起。

检索表达式必须在经过一段时间的学习和练习后才能熟练掌握,优点是操作灵活、检索快捷,检索策略制订得好时,可达到好的检索效果。

表 5-1　EI 菜单检索

菜 单 名 称	选　　　项
Select Search Mode 检索模式	Easy Menu Search 菜单检索 DIALOG Command Search 指令检索 Online Search 联机检索 Setup and Accounting 系统设置与记账程序
Select Main Activity 系统状态	Begin a New Search 开始新的检索 Database Description Help 数据库简介 Quit Easy Mode 退出菜单模式
Search Option 检索选项	Word/Phrase Index 词/词组索引 EI Subject Headings 工程索引主题词索引 Author Affiliation 作者机构 Title Words 标题词 Journal Name 期刊名称 Conference Search Options 会议检索选项 Limit Options(English,…) 限制选项 Additional Search Options 其他选择 Use Saved Search 使用保存检索式
Additional Search Options 其他选项	Words and Phrase 词和词组 EI Classification Codes 工程索引分类代码 Major Subject Heading 重要主题索引 Treatment Codes 处理代码 Year of Publication 出版年 Language 语种
Conference Search Options 会议检索选项	Conference Title 会议标题 Conference Location 会议地点 Conference Sponsor 会议组织者 Conference Year 会议年份
Limit Options 限制选项	English Only 仅英文文献 Journal Article Only 仅期刊文章 Conference Papers Only 仅会议论文 Latest OnDisk Records Only 仅最新追加记录
Select Main Activity 系统状态	Display、Print or Transfer the Selected Record(s) 显示、打印、传输命中记录 Modify the current search with additional criteria 用新的要求修改当前检索条件 Begin a new Search(clear existing search) 清除当前检索,开始新的检索 Quit Easy Menu Mode 退出菜单模式

菜单名称	选项
Display Format Options 输出格式选项	Complete Record 全部记录 Complete Record Tagged 带字段标记的全部记录 Bibliographic Reference 文献著录 Key Words in Context 内容关键词 Title List 标题列表 User Defined Format 用户自定义格式 EI Order Format 工程索引顺序格式
Modify Existing Search 修改已有检索	Limit with additional concepts or terms 用附加概念进行限制 Include alternated terms 用新的检索词去补充 Exclude unwanted terms 用新的检索词去删减 Delete search steps 删除检索步骤
Adjust Options, the PRINT or TRANS-FER 指定输出记录选项	PRINT Currently Displayed Record Only 打印当前所显记录 PRINT All Selected Records 打印全部命中记录 PRINT Marked Records Only 打印标记记录 TRANSFER Currently Displayed to Disk 传送当前记录存盘 TRANSFER All Selected Records to Disk 传送所有选中记录存盘 TRANSFER Marked Records Only to Disk 传送标记记录存盘

3. 网络版检索方法

EI 数据库网络版又称为 EI Compendex Web 或 Engineering Village,其内容包括原来的光盘版和后来扩展的部分(EI PageOne)。网上可以检索到 1970 年至今的文献,数据库每年增加选自超过 175 个学科和工程专业的大约 250000 条新记录。Compendex 数据库每周更新数据,以确保用户可以跟踪其所在领域的最新进展。

登录 http://www.engineeringvillage.com/search/quick.url 进入其主界面,其提供了三种检索方式:快速检索(Quick Search)、专业检索(Expert Search)和叙词检索(Thesaurus Search)(图 5-2)。

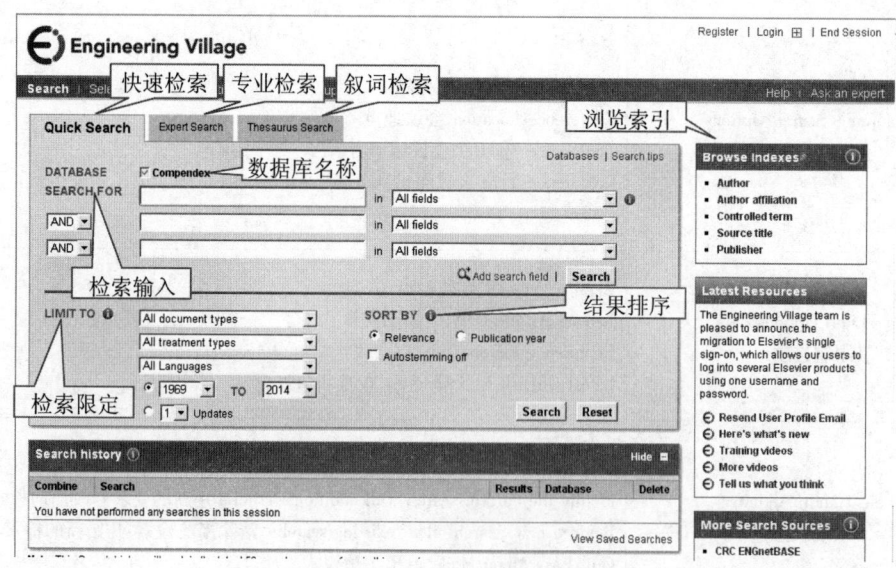

图 5-2 EI 检索界面

1) 快速检索(Quick Search)

快速检索是系统默认的检索方式,相当于一般的高级检索,其检索方式为系统提供了若干个检索输入框,两框间的逻辑关系(and、or、not)可以通过下拉菜单来限定。

检索单元可以是单词或词组,但系统将词组视为用位置算符"NEAR"连接的检索词。在后面的字段下拉框中选择一个字段,字段及含义见表5-2。

表 5-2 EI 字段含义

字　段	含　义
Subject/Title/Abstract	主题词/标题/摘要
Abstract	摘要
Author	作者
Author Affiliation	作者单位
Title	标题
EI Classification code	EI 分类码
Conference information	会议信息
Conference code	会议代码
ISSN	国际标准期刊编号
EI main heading	EI 主题词
Publisher	出版商
Source title	来源出版物名称
EI controlled term	EI 受控词
Country of origin	出版地

对于 EI 主题词(EI Controlled Terms)、作者(Authors)、作者单位(Author Affiliations)、刊名(Serial Titles)和出版者(Publisher)五个字段,系统提供了相应的索引词典,供检索使用。

从索引词典中选择检索词的步骤:

(1)在 Browse Index 栏中选定检索字段后,点击"Browse"按钮,打开相应的索引词典;

(2)在索引词典输入框中输入检索词的前几个字符,点击"Find"按钮,可将词典定位到所需词的附近;

(3)选定检索词,将检索词输入检索输入框中。

说明:在词典中一次可以选择多个检索词,系统将词间的关系默认为逻辑"或",可视需要改为逻辑"与"或"非"。

在检索限定(Limit To)下,通过下拉菜单 Document Types、Treatment Types 和 Language 可以对文献的类型、文献处理类型、语言进行限制(表5-3、表5-4),默认状态为检索所有类型、所有处理类型和所有语言的文献,通过下面的时间下拉框可以对限定检索内容的时间进行更新。

表 5-3 EI 文献类型信息

类　型	含　义
Journal Article	期刊论文
Conference Article	会议论文

续表

类 型	含 义
Conference Proceedings	会议论文集
Monograph Chapter	专题论文
Monograph Review	专题综述
Report Chapter	专题报告
Report Review	综述报告
Dissertation	学位论文
Patents(before 1970)	专利
Article in press	在编辑文献

其中文献类型见表5-4。

EI Compendex 数据库中所用的文件处理类型见表5-4。

表5-4 EI文献处理类型信息

类 型	含 义
Applications	应用
Biographical	传记
Economic	经济
Experimental	实验
General Review	一般性综述
Historical	历史
Literature Review	文献综述
Management Aspects	管理方面
Numerical	数值
Theoretical	理论

在结果排序(Sort By)区可以对检索结果按相关度(Relevance)、出版年(Publication Year)进行分组。此外,还可以选择是否自动取词根(Autostemming off)。

2)专业检索(Expert search)

专业检索提供更强大而灵活的功能,与快速检索相比,用户可以使用更复杂的布尔(Boolean)逻辑运算,该检索方式包含更多的检索选项(图5-3)。

(1)位置检索。

用户采用"within"命令(wn)和字段码,可以在特定的字段内进行检索。例如:"cloud computing" wn TI and "internet" wn AB。

(2)布尔逻辑检索。

采用布尔运算符(and、or、not)连接检索词。例如:输入 Gilbert, Barrie wn AU and Analog Devices wn AF, 则检索出由 Analog Devices(AF-作者单位)的 Barrie Gilbert(AU-作者)编写的文献。

可采用布尔运算符 or 连接术语,以扩大检索范围(得到包含这些术语中任何一个的检索结果)。例如:rapid transit or light rail or subways。

采用布尔运算符 and 连接术语,以缩小检索范围(得到只有包含所有这些术语的检索结

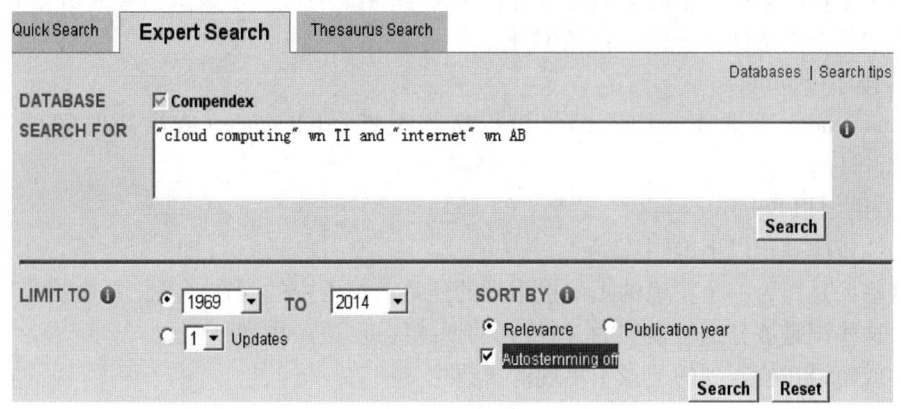

图 5-3 EI 专家检索

果)。例如:prosthetics and biocontrol。

采用布尔运算符 not,从检索中删除检索词。例如:为了检索作为建筑物一部分的 windows(窗口),而不是 Microsoft windows(视窗操作系统),可输入:windows not Microsoft wn KY。

(3)括号优先检索。

可使用括号指定检索的顺序,括号内的术语和操作优先于括号外的术语和操作,也可使用多重括号。例如:(International Space Station or Mir) and gravitational effects and (French wn LA or German wn LA or English wn LA),基于此,检索结果含有 International Space Station 或 MIR,且所有的结果均含有 gravitational effects 及所有的文献为法语(French)或德语(German)或英语(English)。

(4)检索历史(Search History)。

点击界面上部导航条中的 Search History 标签,启用合并前面的检索功能(Combining Previous Searches),合并多重术语的检索。

(5)自动取词根(Autostemming)。

取词根(Stemming)功能将检索以输入词的词根为基础的所有派生词。在专业级检索(Expert Search)中取词根所用的操作符为$,例如:输入$ management ,返回结果为:managing、managed、manager、manage、managers 等。

(6)截词检索。

截词(Truncation):星号(*)为右截词符。例如:输入 comput * 得到:computer、computerized、computation、computational、computability 等。

(7)精确短语检索(Exact Phrase Searching)。

如果输入的短语不带括号或引号,由于系统默认将检索结果按相关性排序,因此可以得到比较理想的检索结果。如果需要做精确匹配检索,就应使用括号或引号。例如:"International Space Station"或{solar energy}。

(8)连接词(Stop Words)。

如果检索的短语中包含连接词(and、or、not、near),则需将此短语放入括号或引号中。例如:{block and tackle}或"water craft parts and equipment"或{near earth objects}。

(9)特殊符号(Special characters)。

特殊符号包括除 a-z、A-Z、0-9、?、*、#、( )或{ }以外的所有字符。检索时系统将忽略特殊字符。如果检索的短语中含有特殊符号,则需将此短语放入括号或引号中,此时特殊字符将被一个空格代替。例如:{M/G/I}。

(10)排序(Sorting)。

EI Compendex 数据库的检索结果可以按相关性(Relevance)或出版时间(Publication Year)进行排序。

(11)相关性(Relevance)。

相关性排序基于以下准则:

①这些词是作为一个精确的短语检索到的还是该短语中的词在一条记录中被分别检索到的。如果这些词是被分别检索到的,被检到的词越接近,该条排列越靠前。

②词或短语在检索到的记录中出现的次数。

③词在文档中的位置(在文档中开始字段中发现的则排在前,靠近末尾的则排在后)。

④此词是否是在重要的字段中检索到的,例如标题字段。

⑤出版时间(Publication Year):按记录的出版时间进行排序,如 2010 年、2009 年、2008 年等,新近出版的文献排在前面。

(12)复位(Reset)

当用户需要在检索过程中开始一次新的检索,请点击复位(Reset)按钮,清除前面的检索结果。点击复位(Reset)按钮可确保前面的检索结果不影响新开始的检索,并且将所有的选项复位到默认值。

3)叙词检索(Thesaurus Search)

1993 年以前,EI 使用的是标题词表(Subject Headings for Engineering 缩写为 SHE),从 1993 年开始,采用了叙词检索语言。EI 叙词表与《SHE》词表相比有下列变化:一是放弃等级制的主—副标题词结构形式,采用词汇表述的形式来描述事务的主题内容;二是取消原标题词的倒叙形式,完全采用自然的正叙表达方式;三是改变了原款目词结构方式,建立了完备的参照系统。

为了便于检索 EI 过期文摘,使检索者有时间上的连续性,叙词表仍全部含纳了老词表中的标题词,并在每个标题词的右上角注上"*"符号,有利于读者区别使用。

EI 叙词表的另一重要组成是分类代码,主要为机读刊物族性检索时用,其使用性能与原词表的 CAI 代码完全相同。确定分类码时,如在老词表可以在确定主题词时同时确定分类码,因老的检索词表中几乎所有主题词右端都对应着分类码。但叙词表则完全没有对照的分类码,这就要求检索者依靠自己的专业知识在分类代码表中确定所检索主题的一个或几个分类码。如检索者感到困难,可以利用原词表,从已确定的主题词对应找出分类码,再返回叙词表,进一步确定确切的分类码。因为新的分类码与旧的相比在 6 大类、38 个主题系列、182 个专题范围方面未有变动,但在分类码的专指度方面却加深了两级,如:

720 Series Computer and Data Processing

723 Computer Software, Data Handing and Applications

723.1 Computer Programming

723.1.1 Computer Programming Languages

显然 723.1 所指代的内容比 723 加深了一级,而 723.1.1 又比 723.1 加深了一级。EI 检索时分类码可以给到如像 723.1.1 这样的 3 级水平,也可以给到如像 723 这样较高的水平,视检索主题范围而定。但必须注意:3 位分类码,其末位为 0 的码(如例中 720)只能用于分组分系列,而不能纳入提问式用于检索。

EI 叙词表主体分主题词部分(按字顺排列)和分类代码部分两部分。叙词表的主题词只第一个字母大写,其下行退一格开始,排列了有关的范围注释及用代参照项。现举例说明如下:

Acoustic imaging
SN:Production of real – time images of the internal structure of opaque objects
DT:Predates 1975
UF:Acoustic lenses
BT:Imaging techniques
NT:Ultrasonic imaging
RT:Acoustic holography
　　Acoustics
　　Diagnosis
　　Lenses

上例中 Acoustic Imaging 是主题词,是经规范化的标准词,可用来在 EI 检索刊物的文摘集合中或其后的主题索引中去查出有关声学成像文献的引用号码。

SN(Scope Notes)是范围注释,主要用来进一步说明该主题词的意义和应用范围。

DT(Entry Date)是指叙词表所沿用的旧主题词的启用日期,例如主题词 Biomass 其下 DT 项为 January 1981,即此主题词系 1981 年启用,只能用来检索 1981 年 1 月以后出版的文摘刊物。上例 DT 项为 Predates 1975,说明 Acoustic imaging 一词 1975 年以前即已启用,用此词至少可追溯检索到 1975 年,凡主题词下无 DT 项者皆为新词表 1993 年启用的词,亦即用它只能检索 1993 年以后出版的文摘刊物。

UF(Used for)是代用项,说明此主题词代用 UF 后面的词,亦即从 1993 年起不用 UF 项后的词检索和标引。如上例说明从 1993 年起用 Acoustic imaging 代替 Acoustic lenses 使用。

USE 是与 UF 相对应的参照项,凡主题词下有 USE 项者说明此主题词是不得使用的,必须用 USE 后的词进行检索或标引。

可以在新词表中按字顺找到 Acoustic lenses 词与 USE 作如下排列:

Acoustic lenses
USE Acoustic imaging

此即说明当拟用 Acoustic lenses 时改用 Acoustic imaging 代之。但有时 USE 项后不止一个词,中间用 or 分开,此时需检索者逻辑判读,决定用哪个词检索。同样,利用 USE 与 UF 对照项还指明了原用之标题词与叙词之间的用代关系。

BT(Broader Terms)是指其后之词是该主题词之上位概念词。

NT(Narrower Terms)是指其后之词是该主题之下位概念词,即更专指的词。

以上各参照项在检索或标引时必须认真检阅,因它们明确了主题词的使用范围,以避免使用禁用的主题词,又可交叉检索 1993 年前后的文摘,同时扩展了检索思路,去掉盲目性,因而可大大提高检索效率。其检索界面如图 5-4 所示。

叙词检索的步骤如下:

(1)选择数据库,Engineering Village 准确说是一个检索平台,它包括 13 个数据库,而 EI Compendex 是最大的工程文摘数据库,也是经常检索的数据库,即默认数据库。

(2)在检索框中输入检索词,用双引号(不可用单引号)或括号括起来。

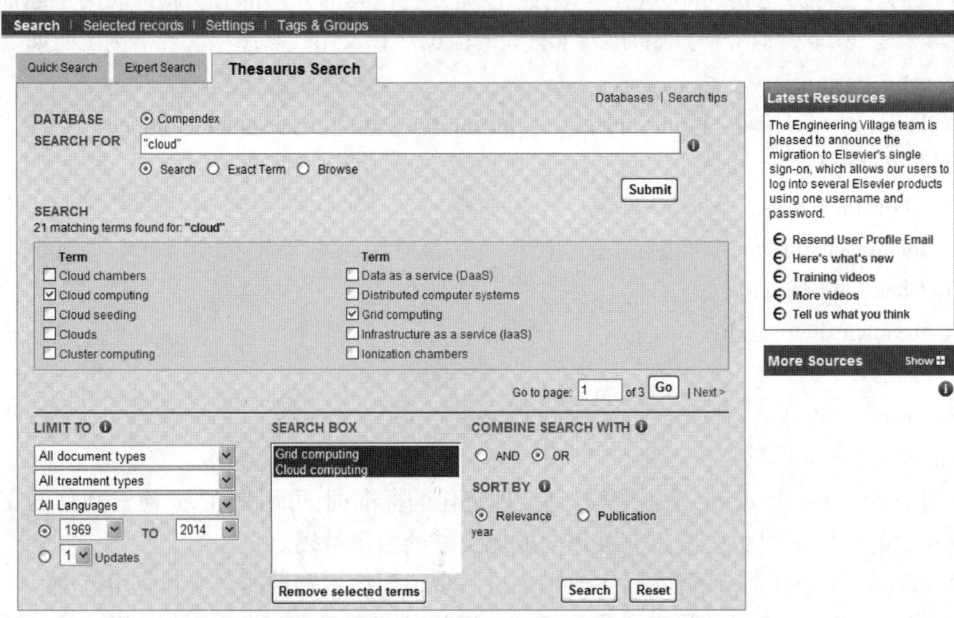

图 5-4　EI 叙词检索

(3)选择检索类型,有三种可选的检索类型:检索(Search)、精确检索(Exact Terms)、浏览(Browse)。所有检索到的词汇或建议词汇均按字母顺序排列。

A:检索,在控制词表中检索与输入词有关词汇,如输入 cloud 则检索出控制词表中和该词相关的所有的词(图 5-5)。点击 cloud computing 则出现其上位词(Broader Terms)、下位词(Narrower Terms)和相关词(Related Terms),如图 5-6 所示。

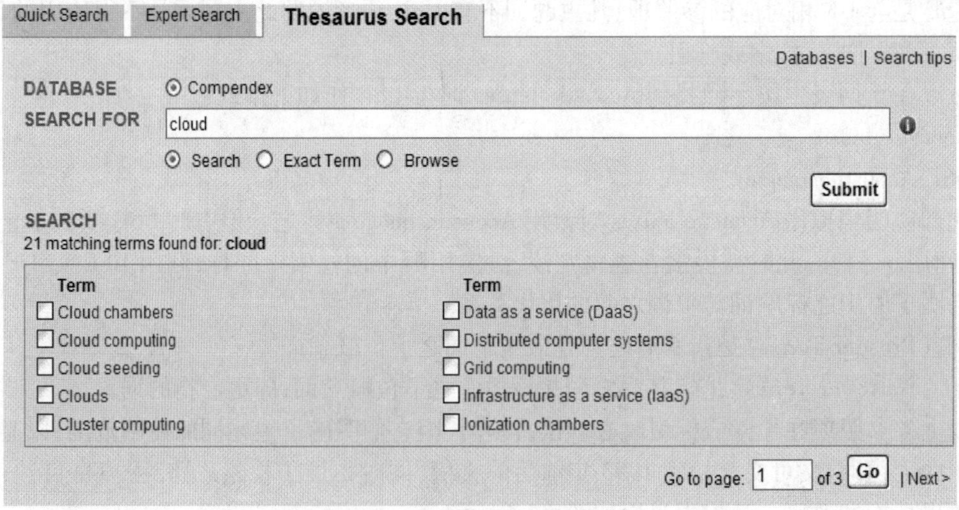

图 5-5　EI 叙词选词检索

B:精确检索,即已经知道某个词汇(控制词表中存在的词汇),输入该词汇进行检索,检索结果同 A 给出其上位词(Broader Terms)、下位词(Narrower Terms)和相关词(Related Terms)。如果输入词不在控制词表中,则提示没有找到,同时会给出建议词汇。

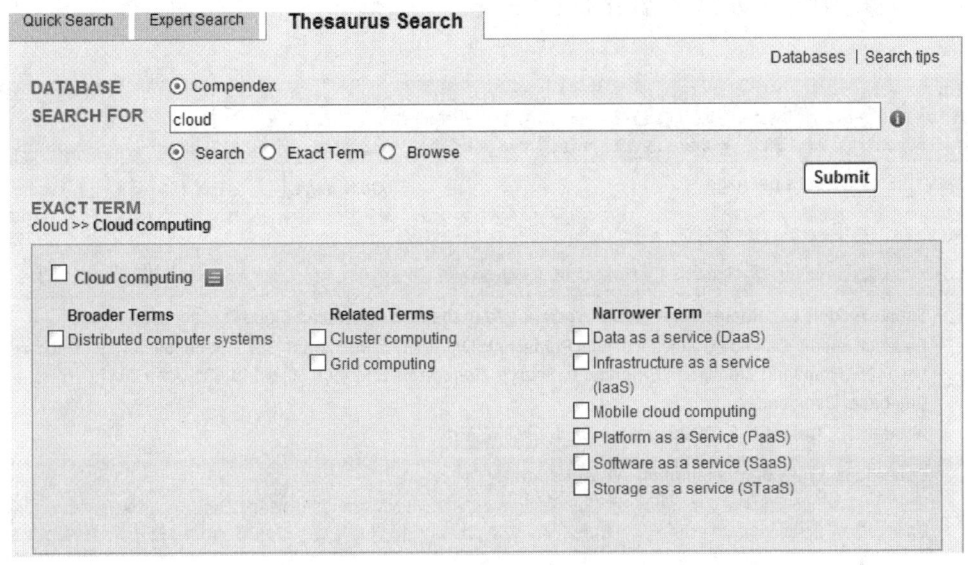

图 5-6 EI 叙词上下位词选择

C:浏览,输入检索词,浏览与该词相关的所有的控制词汇。可以点击上一页或下一页进行浏览。

(4)提交,点击提交按钮(Submit)即可以检索到相关的控制词汇。

(5)选中若干控制词(选中词汇下面的 Search Box 框中出现)。或是点击该词,查看该控制词的上下位词及相关词,再进行深层次的选择。如果想删除以前选中的控制词,可以在 Search Box 框中选中该控制词(按住 CTRL 键可以多选),点击下面的删除按键(Remove Selected Terms)即可。

(6)选择检索限制(同高级检索)和逻辑运算符与(and)、或(or)及检索结果的排序以相关度(Relevance)或者是以出版时间(Publication)。

(7)点击检索(Search),即可检索出相关的记录。

4)检索结果(Search Results)

例如选择 Title 字段输入 Cloud computing 则检索结果如图 5-7 所示。

(1)检索结果是以引文的格式列出。摘要格式或详细格式的记录,可通过点击每个引文下的超级链接:Abstract 或 Detailed 实现。

(2)当记录以摘要格式或详细格式显示时,EI 的受控词及作者姓名均为超级链接形式。点击它们,系统将检索出 Compendex 数据库中读者检索时所选定的含有它们的所有记录。

(3)选中某一具体的文献,则其检索结果有 Blog This(博客分享)、e-mail(电子邮件)、print(打印)、download(下载)、Save to Folder(保存)等多种输出方式;检索结果的浏览方式也有 citation(引文)、abstract(摘要)或 detailed records(详细格式)可进行选择。点击该文献的作者,可以直接浏览该作者发表的所有的文献。

博客分享,把本次的检索结果分享到博客中,直接复制生成的代码粘贴到博客中即可;电子邮件,把本文献直接发送到邮箱中;打印,直接将页面转制成文本打印,默认本地打印机;下载,可以选择不同的下载格式(PDF、CSV、RTF);保存到文件,直接保存到文件夹中,会提示选择文件夹,或输入新的文件夹名,当然,这个要求你是登录用户,否则会提示你登录,注册是免费的,可以获得个性化服务(见个性化服务)。

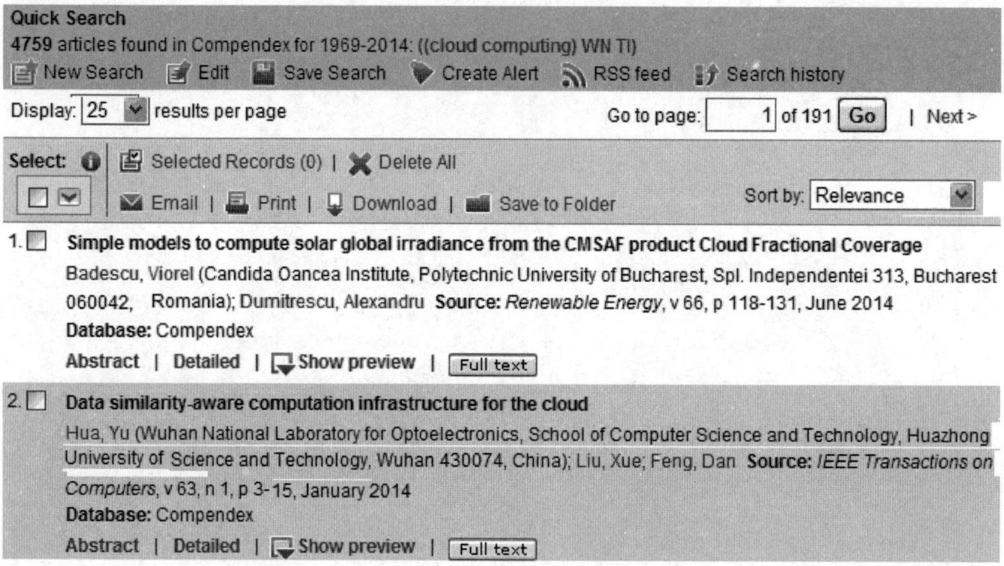

图 5-7 EI 检索结果

(4)获取全文,有 Full-text 标识,不一定就有全文,它只是转到能够提供全文的数据库,如果没有购买,无法获取原文。这种情况下,有几种途径可以获取:直接付款购买;向作者索取;通过学术搜索引擎来搜索 Google scholar、Scirus;原文传递。

(5)对于检索到的结果,可以通过 Refine results 中的 Limit to 和 Exclude 进行进一步的筛选工作。分别能过以下几个方面进行筛选:增加词汇(Add a term)、作者单位(Author affiliation)、控制词(Controlled vocabulary)、分类号(Classification code)、国别(Country)、文献类型(Document type)、语种(Language)、年(Year)、源标题(Source title)、出版社(Publisher)。

还可以对本次检索进行编辑(Edit)或保存(Save Search),或进行一个新的检索(New Search)或查看检索历史(Search History)。

5)EI 有个性化服务

EI 有个性化服务,但需要预先注册。登录后可以获得额外个性化服务,主要有以下几点:

(1)保存检索式:将检索式保存在 EI 服务器中以便以后登录后查看。

(2)Alert 服务:数据更新时,系统将按所保存的检索式自动检索,检索结果包括文章名称,作者及文摘等;用 E-mail 发送。

(3)Alert 应用实例:保存作者检索,选择 Alert,可获得某一作者的文章被 EI 收录的情况。保存刊名检索,并选择 Alert,可获得该刊的最新目次页。

第二节 Elsevier ScienceDirect 数据库

一、简介

荷兰 Elsevier 公司创建于 1850 年,是欧洲历史最悠久、规模最大的出版集团之一,是由

Elsevier Science Publishers、North Holland、Excepta Medica 及 Pergamon Press 等 12 个出版社公司组成荷兰最大的联合集团。2001 年 Elsevier 还收购了全球主要科学出版商 Academic Press，并将其科学期刊加入了 ScienceDirect 数据库。

SciVerse ScienceDirect 系统是 Elsevier 公司的核心产品，自 1999 年开始向用户提供电子出版物全文的在线服务，包括 Elsevier 出版集团所属的 2500 多种同行评议期刊和 11000 多种系列丛书、手册及参考书等。涉及：物理学与工程、生命科学、健康科学、社会科学与人文科学四大学科领域。SciVerse 平台不仅整合了 Science Direct、Scopus 和相关科技网页上大家所熟知的、备受信赖的高品质内容，还具前瞻性的添加了第三方开放的创新性工具和应用程序，丰富、扩展了原有内容的价值。SciVerse Science Direct 系统只是其中一个子系统。

ScienceDirect 电子期刊全文数据库涵盖以下 24 个学科：

Agricultural and Biological Sciences（农业与生物科学）

Arts and Humanities（艺术与人文）

Biochemistry, Genetics and Molecular Biology（生物化学、遗传学和分子生物学）

Business, Management and Accounting（经营、管理和会计）

Chemical Engineering（化学工程）

Chemistry（化学）

Computer Science（电脑科学）

Decision Sciences（决策学）

Earth and Planetary Sciences（地球与行星科学）

Economics, Econometrics and Finance（经济、计量和金融学）

Energy（能源）

Engineering（工程）

Environmental Science（环境科学）

Immunology and Microbiology（免疫学和微生物学）

Materials Science（材料科学）

Mathematics（数学）

Medicine and Dentistry（医学和牙科）

Neuroscience（神经学）

Nursing and Health Professions（护理与健康职业）

Pharmacology, Toxicology and Pharmaceutical Science（药理、毒理、和药物科学）

Physics and Astronomy（物理和天文学）

Psychology（心理学）

Social Sciences（社会科学）

Veterinary Science and Veterinary Medicine（兽医学）

二、检索方法

数据库网址：http://www.ScienceDirect.com/。

Elsevier ScienceDirect 数据库主要有浏览和检索两种功能，检索又分为简单检索、高级检索和专业检索（图 5-8）。

1. 浏览出版物（Browse Publications）

对于期刊浏览分为按字母浏览、按学科浏览和按喜好浏览三种方式。导航栏的出版物即可浏览所有出版物。所有出版物按字母顺序排列,用户可以按出版物名称逐卷逐期地直接阅读自己想看的文献。

1)按字母浏览(Browse publications by title)

点击按字母浏览(Browse Alphabetically),将列出所有可用的期刊和书籍,并分别列出期刊和书籍的具体数量,包括书箱内含小类的数量。

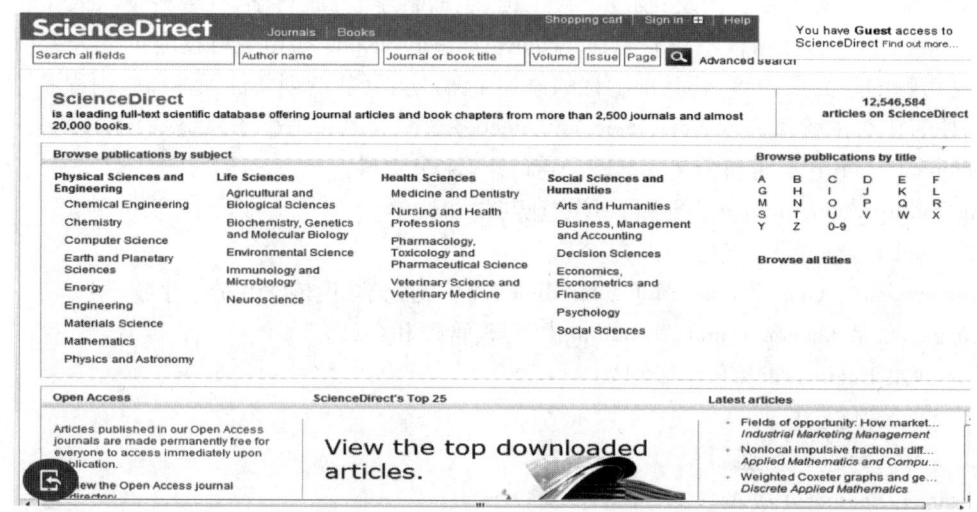

图 5-8　ScienceDirect 首页

为了进一步精确浏览,可以对期刊进行筛选。通过点击左侧的期刊(Journal),选中所有期刊;所有书籍(All Books)包括书籍(Books)、书系列(Book Series1)、手册(Handbooks)和参考书(Reference Works),或选择其中的任何一种;全文(Full-text Access)包括所订阅或免费的书刊(Subscription & complimentary)、开放获取出版物(Open Access publications)、开放获取章节(Contains Open Access);或者是控制系列卷标显示与否,对于手册和书来说,这个是必须要选定的。

2)按学科浏览(Browse publications by subject)

期刊分为四个大类 24 个学科类目,再按字母顺序排列。一类是物理科学与工程:化学工程、化学、计算机科学、地球与行星科学、能源、工程、材料科学、数学、物理和天文学;二类是生命科学:农业和生物科学、生物化学、遗传学和分子生物学、环境科学、免疫学与微生物、神经科学;三类是健康科学:医学和牙科、护理和卫生专业、药理学、毒理学和制药科学、动物科学与动物医学;三类是社会科学和人文学科:艺术与人文、商业、管理与会计、决策科学、经济学、计量经济学和金融、心理学、社会科学。并显示每种学科出版物总量。

在选择浏览方式的同时,允许在单刊或所有出版物中按作者、题名、文摘等字段进行检索。

2. 检索方法

单击页面导航区的搜索(Search)按钮,进入简单检索界面。分为快速检索、高级检索和专业检索三种检索方式(图 5-9)。

1)快速检索

快速检索置顶放在每个网面的顶部,直接在所给定的几个字段输入检索词,点击搜索(Search)即可,没有的可以不输入。其中字段有所有字段(All Fields)、作者(Author)、书刊题名(Journal/Book title)、卷(Volume)、期(Issue)、页(Page)。检索过程中要注意的是在用期刊名缩写检索时,应该要每个字符中间留有空格,如果要想检索期刊(Journal of Biomedical Informatics)则应输入"J B I"而不是"JBI"。如果想增加其他的检索字段进行更精确的检索,可以点击高级检索(Advanced Search)或专家检索(Expert Search)进行检索。

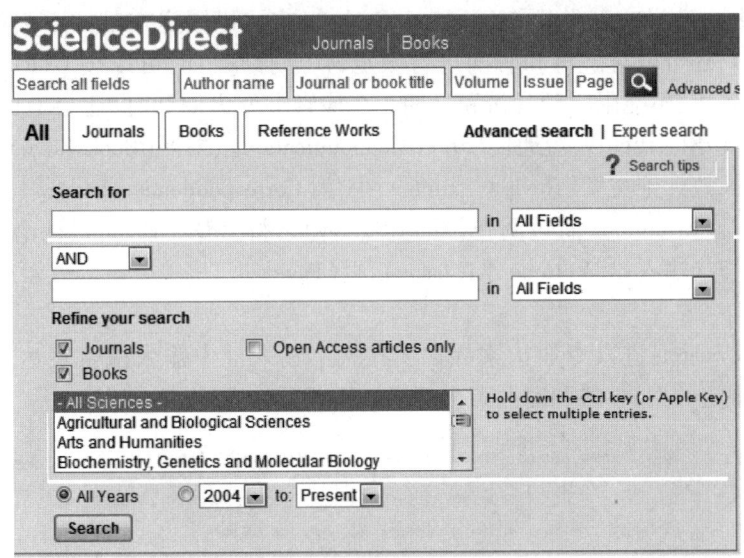

图 5-9　ScienceDirect 检索页面

关于"作者字段检索",整个系统都这样规定(下文将不再重复解释了):查找作者姓名时,应使用作者的姓氏,然后加上名字或名字的第一个字母。姓氏与名字之间用空格或逗号之类的标点符号来分隔效果一样。例如:以 smith m 作为作者字段的检索词,将检索到姓氏为 smith,并且名字(first name)以字母 m 开头的所有可能组合,诸如:smith m、smith ma、smith m d、smith m j a 等。

2)高级检索(Advance Search)

高级检索主要分为检索输入和检索限定两个部分(图 5-9)。

(1)检索输入步骤如下:

①选择文献的种类:全部(All)、期刊(Journal)、书(Book)、参考著作(Reference Works),其所选类型和可检索到的文献见表 5-5。

表 5-5　检索类型出版物对应表

检索类型/出版物	期刊	书籍	书系列	手册	参考文献
所有	X	X	X	X	X
期刊	X				
书		X	X	X	
参考文献					X

注:"X"表示可以查找的出版物;
　　" "表示不能查找该出版物。

②输入检索词并通过字段下拉框选择所需字段,但仅限两个选项。可选用的字段有所有字段(All Fields)、摘要/题名/关键词(Abstract/Title/Keywords)、作者(Author)、特殊作者(Special Author)、来源题名(Source Title)、题名(Title)、关键词(Keywords)、摘要(Abstract)、参考文献(Reference)、ISSN、ISBN、机构(Affiliation)、全文(Full Text)、刊名(Journal Name)、参考文献(Reference)、文章或章节名(Article or Chapter Title)。根据所选的文献类型的不同,下拉框中的字段有所不同。如果上面没有选定文献类型,下面会出现选项。

(2)检索限定,选择文献类型作(Journal/Books);也可以限定文献的下载类型(Open Access article only);还可以对学科和时间进行限定,在选择学科时可以按 CTRL 键进行多项选择,时间仅限定到年,不能限定到月份和日期。在检索类型为期刊时,还会增加一个文献子类型的限定,包括文章(Article)、短通信(Short Communication)、书评(Book Review)、出版商关注(Publisher's Note)、评论文章(Review Article)、书信(Correspondence, Letter)、产品综述(Product Review)、误排(Erratum)、简短调查(Short Survey)、讨论(Discussion)、社论(Editorial)。对于期刊,还可以直接输入卷(Volume、期(Issue)、页(Page)。

3)专业检索

点击 Expert Search 进入专业检索界面。在文本输入框中输入检索表达式,再在限定区(同高级检索)限定类型、学科和时间点击搜索按钮即可检索(图 5-10)。

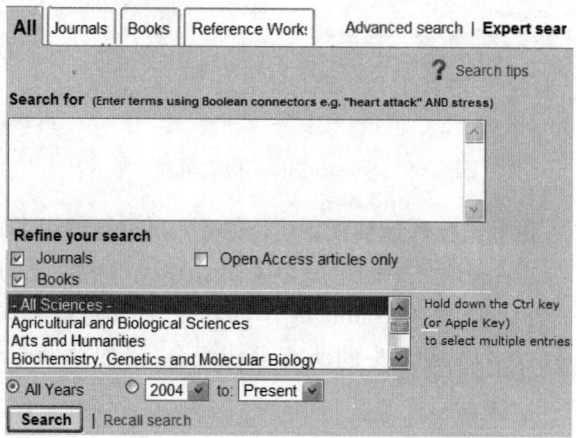

图 5-10 ScienceDirect 专业检索

ScienceDirect 检索运算符见表 5-6。

表 5-6 ScienceDirect 检索运算符

AND	同时出现在文章中,例: land AND subsidence
OR	其中一个出现在文章中,例:stratum OR stratigraphy
AND NOT	后面所跟的词不出现在文章中,例:energy AND NOT nuclear
通配符 *	取代一个单词中的一个字母,例:wom * n - - - "woman" and "women" transplant * * - - - "transplanted, transplanter" not find "transplanting"
通配符 !	取代任意字母后缀,例:behav! - - - "behave"、"behaviour"、"behavioural"
( )	定义检测词顺序,例:(remote or satellite) and education
W/n、PRE/n	两词相隔不超过 N 词,词序不定,例:pain W/15 morphine; 两词相隔不超过 N 词,词序一定,例:behavioural PRE/3 disturbances
作者检索	先输入名的全称或缩写,然后输入姓,例:r smith,jianhua zhang; 邻近符可以用于作者检索,raymond W/3 smith 可检索到 Raymond Smith, Raymond J. Smith and Raymond J.

3. 检索结果处理

进入到检索结果显示页面中,可以在左侧"在结果中检索"框(Search Within Results)中输入新的检索词,用以进一步缩小检索范围,该检索框默认在题名、文摘、关键词、作者中联合检索。在检索结果中,篇名前有绿色书本标志的文献可以查看全文,白色书本标志的只能查看文摘,查看文献有多种方式:点击文献篇名可以在线查看全文或文摘内容的 HTML 格式;在篇名下方点击预览(Preview)快速查看文摘、图表、参考文献、章节目录;点击 PDF 查看文献的 PDF 格式;点击相关文献(Related Articles)查看与该篇文献主题相关的文献。其中 HTML 格式查看速度较快,PDF 格式为纸质期刊的电子版。

在检索结果上方,可以选择检索结果中的文献进行四项操作:发送文献链接到 Email(Email Articles)、输出检索结果(Export Citation)、下载文献 PDF 格式(Down-load PDFs)打开所选文献预览(Open All Previews)。

如果点击文献题名,在 HTML 格式下查看文献,在右侧文献工具(Article Tool box)中点击 Cited By 可以查看该文献被引用情况。

4. 账号注册与个性化功能

ScienceDirect 支持免费注册,注册用户可以获得个性化的服务。为了使用更加方便,可以在 ScienceDirect 任何页面的右上方选择登录/注册(Login/Register)。用户注册时需要提供有效的邮箱,以便忘记密码时使用,同时注册过程中需在 ScienceDirect 的学科范围中至少选择一项感兴趣的学科。ScienceDirect 的个性化服务主要有保存操作记录(RecentActions)和快速链接(Quicklinks)两部分组成。

1)保存操作记录(RecentActions)

输入用户名及密码登录后,页面右上角会出现用户的姓名,检索及浏览文献操作多次后,点击"主页 + 最近操作"(Home + Recent Actions),在页面中心部位可以看到保存操作记录(Recent Actions)。保存的操作记录包括检索操作(Search)、查看文献操作(Full texts)、查看期刊或图书(Journals/Books)的操作,一共可以保存最近的 100 次操作。点击相应的操作记录,可以直接重复该操作。

2)快速链接

快速链接功能分三部分:快速链接到喜欢的期刊及图书(Favorite Journals/Books)、在 ScienceDirect 中快速链接(Quick Links in ScienceDirect)、在 Web 中进行快速链接(Quick Link son the Web)。

(1)快速链接到喜欢的期刊及图书(Favoirte Journals/Books)。

有些读者可能会比较关注某学科的某几个期刊,浏览或检索这些期刊及图书时,在期刊信息下方点击 Add to Favorites,即可将该刊收藏到快速链接列表中,如需取消该刊,即在 Added to Favorites[remove]中点击 remove。这一功能方便读者无需检索就能够快速查阅到自己喜欢的期刊内容。

(2)快速链接(Quick Links in ScienceDirect)。

该功能主要是可以将某篇文献或期刊的某一期加入到快速链接栏中。在查看某篇文献或者查看期刊内容时,在页面右上角点击 Add to my Quick Links,将在主页的快速链接列表中出现该文献的快速链接,点击链接后面图标,进入对该链接的编辑页面,可以对该链接进行名称编辑,也可以取消该链接。

快速链接列表中的通报(Alter)是查看注册用户设定的通报服务列表,并对设定的通报服务进行添加和编辑。读者可以分别定制检索通报(Search Alter)、主题通报(Topic Alter)、期刊卷期通报(Volume/Issue Alter)、引文通报(Citation Alter)。定制后,系统会按照用户所设定通报的频率来查看用户所设定的内容是否有所更新,并向用户的邮箱发送最新的通报信息。这一功能方便读者期与效果;售后服务人员的业务技能与服务质量;处理突发事件应急措施的有效性等。

第三节 SPE 检索系统

一、简介

美国石油工程师协会(The Society of Petroleum Engineers,简称 SPE)正式成立于 1957 年。1913 年美国采矿、冶金工程师学会设立了石油与天然气常设委员会,1922 年扩建为一个部,1949 年成为一个石油分支机构,1955 年该学会改名为美国采、冶金与石油工程师学会,1957 年起石油工程师学会正式成为 AIME 三个学会中的一个学会。

SPE 为 OnePetro 综合数字资源数据库之一,SPE 内容丰富,主要包括期刊、会议论文集,其论文编号分别以 MS 和 PA 后缀结尾。包含超过 145000 个文档,并且每月增添新的内容。该数据库涉及的学科专业有:矿藏勘探、地质学、钻井、测井、油藏工程、采油工艺、油井完井、管道运输、矿场机械设计、自动化仪表、计算机应用、海洋开发技术等,对石油专业人员具有较大的参考价值。OnePetro 所涵盖的机构达 18 个之多,其名称及所收录的文献情况见表 5-7。

表 5-7 OnePetro 所涵盖机构及文献收录情况

英文名称	中文名称	收录情况
American Petroleum Institute (API)	美国石油协会	API 已经包括来自石油的经典论文的 API 钻井和生产实践和油在美国二次回收。范围包括 1934—1985 年的论文
American Rock Mechanics Association (ARMA)	美国岩石力学协会	ARMA 模型已经包括来自其年度会议的论文。目前已经覆盖了 1956—57 年、1959 年、1964 年、1966—1970 年、1972 年、1975—1993 年、1995—1996 年、1999—2001 年和 2004—2011 年
American Society of Safety Engineers (ASSE)	美国安全工程师协会	ASSE 已经包括从它的年度会议上发表论文。目前已经覆盖了 1999—2009 年,更多年会将增加
BHR Group	BHR 集团	自 2012 年第八届北美多相会议以来
International Society of Offshore and Polar Engineers (ISOPE)	国际海洋和极地工程师学会	包括在 OnePetro 论文有: (1)国际海洋与极地工程(IJOPE)的杂志,每季度和同行评审(1991 年 3 月至今); (2)每年一度的国际近海与极地工程会议(ISOPE),所有同行审查(1991 年至今); (3)两年一次的近海采矿研讨会(OMS),(1995 年至今),以及 2009 年国际深海技术研讨会(IDOT)。 其他研讨会的论文将随之而来。ISOPE 涵盖能源/资源、工程、海洋、海上、北极、南极、环境、流体力学、力学和材料
International Society for Rock Mechanics (ISRM)	国际岩石力学学会	国际岩石力学学会已包括来自其年度会议上发表论文。目前已经覆盖了 1966 年、1979—1983 年、1987—1991 年、1993 年、1995—1996 年、1999 年、2001—2003 年、2005 年和 2007—2010 年

续表

英 文 名 称	中 文 名 称	收 录 情 况
The National Association of Corrosion Engineers-International（NACE）	国际腐蚀工程师协会	NACE International 包括期刊和会议论文，NACE 年会论文都包含从 1996 年至今
National Energy Technology Laboratory（NETL）	美国能源技术实验室	该 NETL 数据库门户网站提供从几十 CD 和有关石油和天然气研究的 DVD 是富裕的国家能源技术实验室已发表多年来内容。该 NETL 数据库包括超过 9000 名的文件，并在未来将扩大到包括地理信息系统的功能，使数据的可视化。虽然大多数环节都在 NETL 网站免费 PDF 文件，有些是来引用或可能指向非 NETL 文件等信息，其中一些可能需要付费，以获得完整的文档
Offshore Mediterranean Conference（OMC）	地中海国际石油天然气会议	OnePetro OMC 文件目前包括两年会议 2001—2011 年的论文
Offshore Technology Conference（OTC）	海洋技术会议	发表在海洋技术会议从 1969 年至今的所有论文
Petroleum Society of Canada（PETSOC）	加拿大石油协会	2009 年 PETSOC 合并 SPE，会议和期刊论文向后延伸到 1962 年
Pipeline Simulation Interest Group（PSIG）	管道仿真兴趣组织	在 PSIG 年会上提交的论文从 1980 年至今，除 1991 年和 2008 年，都包含在 OnePetro
Society of Exploration Geophysicists（SEG）	勘探地球物理协会	提供了在 SEG 年会及国际展览自 1982 年以来提出的技术方案扩大摘要
Society of Petroleum Engineers（SPE）	石油工程师协会	所有的 SPE 的电子图书文件都包含在 OnePetro。这包括会议和期刊论文向后延伸至 1927 年。SPE 还包括来自特聘讲师，并在其会议面板/全体会议一些介绍。SPE 目前在 OnePetro 提供超过 60000 的文件。从 1970 年及之前的 SPE 内容可以免费访问
Society of Petroleum Evaluation Engineers（SPEE）	石油评估工程师	所有期刊文章从 1968—1971 年（13 个）都免费提供
Society of Petrophysicists and Well Log Analysts（SPWLA）	石油物理学家和测井分析家协会	SPWLA 已经既包括期刊和会议论文。SPWLA 会议论文被列入 1960—2009 年；该 SPWLA 杂志日志分析包含从 1964—2000 年；该 SPWLA 杂志储层物性可用于 2000—2010 年
Society for Underwater Technology（SUT）	水下技术协会	SUT 已经包括了水下技术海洋科学和近海工程的所有卷，以及许多其他会议记录
World Petroleum Council（WPC）	世界石油会议	世界石油大会从 1933—2002 年、2005 年、2008 年中的所有文件

二、检索方法

1. SPE 检索系统

SPE 检索平台可以通过登录 SPE 首页网址 http://www.spe.org/，点击 Industry Resources 下面有 OnePetro 选项（图 5－11），点击 OnePetro 进入，或者直接登录网址 http://www.onepetro.org/。

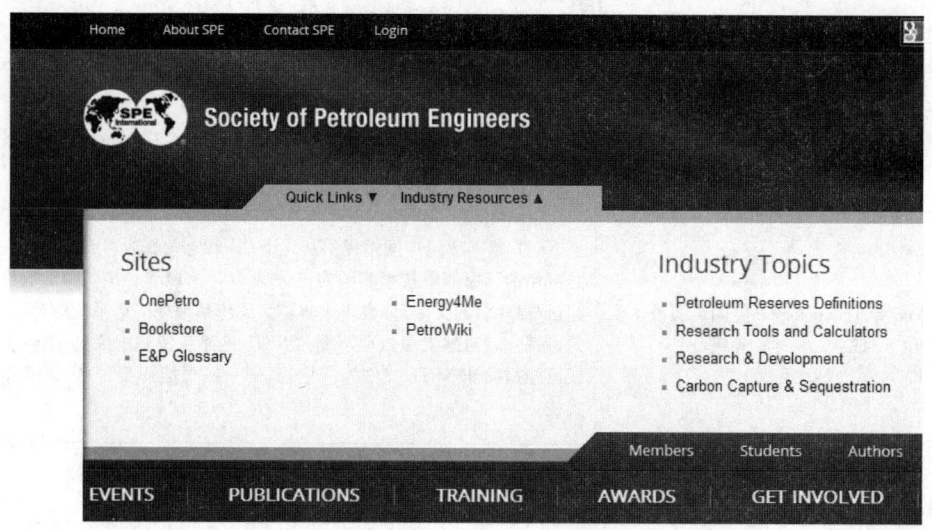

图 5-11　SPE 首页

2. SPE 检索

进入 OnePetreo 即可进行检索,其检索方式分为基本检索(Base)和高级检索(Advanced)两种。

1)基本检索

基本检索提供了一种简便且强大的搜索,可以搜索整个 OnePetro 系列数据库。在输入框中输入任意检索关键词、短语,系统对输入的词或短语进行分析和检索。检索方式与常用搜索引擎的匹配方式相同,数据库系统自动进行词根扩展和逻辑运算,检索文献类型可限定为期刊或会议文献,在检索框下面有同行评审限定选项和时间限定检索选项(图 5-12)。

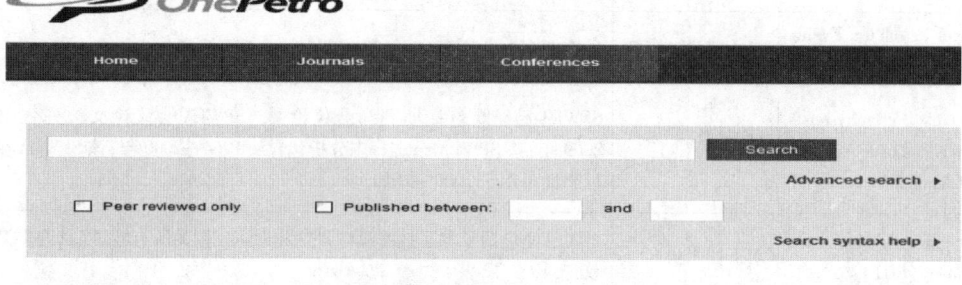

图 5-12　OnePetro 基本检索

2)高级检索(Advanced search)

高级检索页面检索输入区同初级检索基本相同,中间增加的是限制结果选择区,限制检索分别是全文(Full text)、作者(Author)、公司/机构(Company/Institution)、出版者(Publisher)期刊、(Journals)、会议论文(Conference)六个字段,用户可以根据需要选择使用。高级检索方式在输入区把检索标识和逻辑算符以检索表达式的方式表示出来,更加清楚检索条件,可使检索结果更加符合要求。高级检索页面如图 5-13 所示。

图 5-13 OnePetro 高级检索

限制选择区提供了可供选择出版者,可供选择的有:API、ARMA、ASSE、BHR、CMTC、IPTC、ISOPE、ISRM、NACE、NETL、OMC、OTC、PETSOC、PSIG、SEG、SPE、SPEE、SPWLA、SUT 以及 WPC 等多个与石油专业相关的学会和协会。

检索规则规定:检索表达式通过 Boolean operators 实现检索标识之间 and、or、not 运算,其中,逻辑与运算符可以用空格代替,逻辑非运算符可以用减号代替;精确检索使用双引号" ";优先运算使用( );特殊字段的表示 publisher:"Publisher Name"、author:(Smith or Jones)。

3)检索结果

对于检索到的文献以题录列表的形式提供给用户,检索结果提供有题录记录有论文的题名、作者、年、SPE 论文号及论文的类型(SPE Journal Paper、SPE Conference Paper),如图 5-14 所示。

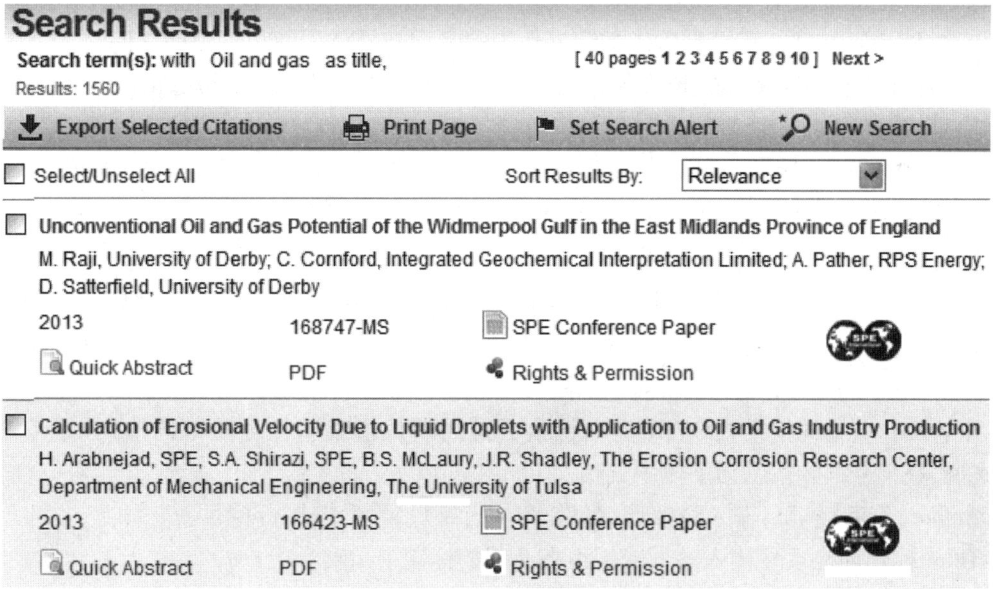

图 5-14 OnePetro 检索结果

点击文章标题可以提供文摘说明的详细内容,或点击简单摘要(Quick Abstract)快速浏览文章的摘要;对于需要原文的用户,如果是购买单位则可以直接点击 PDF 下载原文,否则可以通过购物篮(Check Out)进行购买或通过有权限的代理机构提供原文文献传递服务。

第四节 Petroleum Abstracts 数据库

一、简介

石油文摘(Petroleum Abstracts,PA)数据库是美国俄克拉荷马州塔尔萨大学情报服务编辑出版的一个石油专业的数据库,该数据库创立于1961年,是全球石油行业勘探、开发方面的最全面、最权威的信息资源,通过它可以了解世界各国石油行业的专业水平和动态。

从2008年2月起,PA通过Ovid平台提供检索服务。资源类型包括期刊、会议文献、专利、技术报告、政府文献及报告、学术论文、图书、地图,收录了世界上28个语种(包括中文主要石油刊物)的石油专业科技期刊约700种,主要内容涉及地质学、地球化学、地球物理、钻探、钻井、完井与维护、储运工程与回收方法、管道铺设、运输与储存、补充技术等。PA现已成为石油行业勘探、开发方面的全面、权威的信息资源,通过它可以了解世界各国石油行业的专业水平和动态。

二、检索方法

PA检索方法主要包括基本检索和高级检索。

1. 基本检索(Basic Search)

系统默认的检索模式为基本检索(Basic Search),只提供关键词(Key Words)和著者(author)两项检索入口。再利用Check Spelling、Include Related Terms、Limit功能可以非常方便地满足基本的文献资料需要。

Check Spelling 提示用户的拼字有错误。

Include Related Terms 根据输入的字词作为同义词与异体词的相关延展查询。

Limit:可以进一步限制在Full Text(全文)、Latest Update(最近更新)、Publication Year(出版年代)里筛选和查找。

Limit后再点击Additional Limits:还可以进一步限制在Category(分类)、Language(语言)、Patent Country(专利国别)、Publication Type(出版物类型)中筛选和查找。

2. 高级检索(Advanced Search)

高级检索在页面上提供Keyword、Author、Title和Journal四种检索方式(默认检索方式为Keyword)。若要使用其他检索途径,可点击"Search Fields",将检索词限定在其他检索字段,如:"Abstract","Title","Journal Name"等。

Keyword(关键词检索):OVID高级检索页面的默认检索途径为关键词检索。默认在标题、文摘、登记号词和主题词字段中查找。

Author(作者检索):输入时姓前,名后、名用首字母,然后按执行检索。

Title(标题词检索):输入的词或词组在文献的标题中出现。

Journal(期刊检索):输入期刊名称(全部或前半部分),点击检索,在显示期刊名一栏表中选一个或多个期刊,得到这些期刊上的文献记录。

Search Fields(字段检索):在Enter words or phrase框内输入检索词后,选下面表格中的字段,按"Perform Search"键,系统将在所选字段中对输入词进行检索。

Combine(检索词组合检索):用and或or对检索词进行逻辑运算。使用此功能时检索历史栏中至少应有2个检索式。

检索规则如下：

（1）and、or、not 运算：关键词检索可应用 and、or、not 等布尔逻辑运算符。

（2）词组检索：

ADJ：例如 Coral ADJ reef 表示 Coral 与 reef 要相邻且依序出现。

DJn：在二个检索字中间至多可以放进 N 个字，而且前后二个检索字可以互相颠倒。

（3）freq：q 是查询检索词出现的频率状况，其指令语法，X. fd. /freq = n，其中 X 是检索词，fd 是二码的检索字段，N 是出现的频率，例如，library. ti. /freq = 2，在 title 字段 library 检索词至少出现2次以上的所有字段。

（4）截字检索（Truncation）：

无限截字：用在字尾不同变化的同一字根上，通常是用"$"或":"。

有限截字：在字根后输入可接受最大数量字符的数字。

（5）其他字符（Wild Cards）：

"#"：符号"#"可以放在查询字的中间或后面，例如，Wom#n，可查到 woman，women，若用在查询字的后面，如 dog#，则会查到 dogs，但不会查到 dog，有一特别需要注意的地方是在使用"#"时，前面至少要两个字符才可以查询。

"?"：符号"?"可以放在查询字的中间或后面，对于查询英、美用字的不同有很大帮助。

3. 其他专业检索

1）主题标题的比对（Map to Subject Heading），在检索画面中勾选"Map to Subject Heading"，然后在空白字段键入关键词按"Perform Search"，系统会自动从树状结构或索引典（Tree or Thesaurus）找出相关主题标题，让您自行选择适合的检索词。

当系统呈现出您所输入关键词相关的控制词汇在画面上，您可以从中选择一个词汇去了解其 Tree or Thesaurus 的结构。

您可以在所要的词汇旁边的方块作勾选（Select），或者利用下拉式选单选择两个或更多个词汇作布尔逻辑的组合（Combine selections with and、or）。

您也可以勾选 Explode 或 Focus 下方的方块，两者功能说明如下：

延展功能（Explode）：延展功能就是将所有的狭义定义（Narrow Terms）联集起来，也就是说运用 Explode 就可以将完整的 narrow terms 全部都查询，包括主要标题及次要标题，若您需要查询较完整的资料时，建议可选择 Explode 功能。

聚焦功能（Focus）：您若需查询较准确的文献内容时，建议可以选择 Focus 功能。

按"Continue"键显示检索结果，或点选"Main Search Page"放弃，回到检索主画面。

2）范围定义（Scope Note）

Scope Note 是由数据库的制造者所撰写，提供简单的词汇定义及如何应用说明；您可以在 Scope Note 字段下方点选圆形标志，或利用工具列"Tools"，选择"Scope Note"查询。

3）索引典（Thesaurus）

索引典可以让使用者更容易查询同义字或不同形态的文献资料，索引典词汇的定义如下：

（1）替代词（Used For Terms）：同义字，帮助使用者了解该词汇的定义及其范围内容。

（2）广义词（Broader Terms）：指在结构层次中较高层级的词汇或者较没有特定观点的词汇。

（3）狭义词（Narrower Terms）：指在结构层次中较低层级的词汇或者有较特定观点的

词汇。

(4)相关词(Related Terms):与主要词汇横向相关的词汇,列出除了主要词汇之外其他相关的词汇,提供使用者参考。

(5)Use References:提供使用者可以参考相关的词汇,方便找到更多的资料文献。查询索引典,可利用工具列"Tools",选择"Thesaurus"查询。

4)交替索引(Permuted Index)

提供使用者只要输入一个字就可以查到相关索引词汇,使用交替索引功能,可利用工具列"Tools"选择"Permuted Index"查询。

4.检索结果与资料输出

(1)显示检索结果:检索清单显示出符合检索条件的文章,通常一次呈现10篇,点选"Abstract"呈现一般书目资料,包含资料来源及摘要内容,点选"Complete Reference"呈现完整的书目资料,包含书目索引资料及主题标题和摘要。记录的默认显示格式为:作者(author)、标题(title)、文献出处(source)和记录顺序号(record number)。有 Full Text 链接的,可直接链接全文。

(2)检索历史栏:系统会将检索项次在检索清单上方的检索历史栏"#"字段中呈现,检索文献结果在"Result"位置呈现,"Display"是查看检索结果的内容。

(3)注记:在检索清单的小方框勾选想要浏览的文章篇名,以便在书目管理(Citation Manager)功能中做资料储存、打印或邮寄。

(4)资料输出:页面下方书目管理功能 Action 字段提供浏览资料(Display)、预览打印(Print Preview)、Email、存盘(Save)等功能。

第五节　Springer Link 检索系统

一、简介

德国 Springer Link 是世界上著名的科技出版集团,包括全球的科学、技术和医学类图书出版商和顶尖的学术期刊出版商,在全球 20 多个国家或地区设立了 60 余家分支机构,全球员工超过 7000 名。

2008 年,施普林格与中国知网(CNKI)签约合作。施普林格向中国知网(CNKI)免费提供 Springer Link 电子出版物发布平台上各类资源(电子期刊、电子图书、丛书、工具书等)的题录摘要数据。CNKI 利用成熟的关联技术和关键词自动翻译功能,使用户免费看到丰富的施普林格出版物双语题录摘要。

Springer 每年出版期刊超过 2000 种、期刊中 60% 以上被 SCI 和 SSCI 收录,一些期刊在相关学科拥有较高的排名。Springer 每年出版内容涵盖了自然科学、技术、工程、医学、生命科学、社会科学和人文科学等 11 个学科。Springer Link 平台适应各种移动终端、智能手机,速度更快。

二、检索方法

通过 Springer Link 可以免费查阅文摘,但获取全文必须是注册订阅用户和期刊订购用户。用户可以通过登录网址 http://link.springer.com/进入首页(图 5-15)。系统提供基本检索(search)和高级检索(advanced search)两种检索功能。

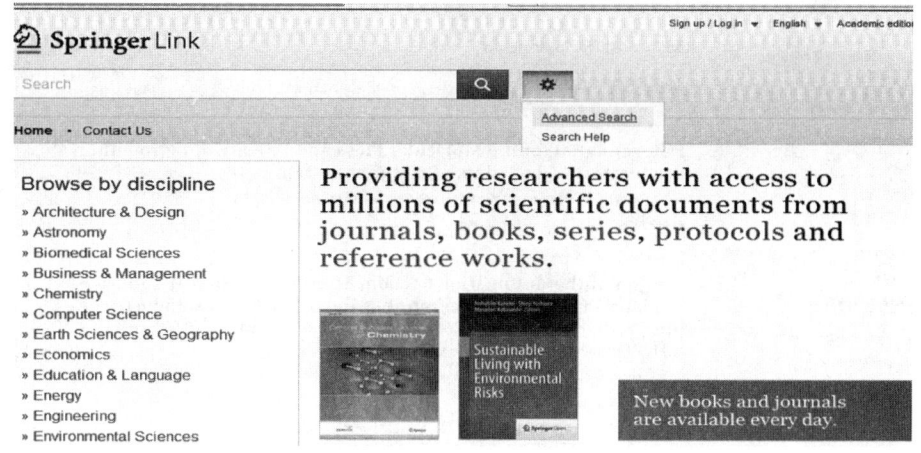

图 5-15　Springer Link 主页

1. 基本检索

Springer Link 主页分成基本检索、浏览和内容三部分,检索时在检索框中输入检索内容系统提供自动建议功能(以 Google 关键字数据为准)即可浏检索结果。

2. 高级检索(Advanced search)

点击 Springer Link 首页的"高级检索"可以进入高级检索界面,给用户更详细的条件以获得更精确的结果(图 5-16)。

高级检索提供的检索途径有全文、标题、作者、编辑、出版年等。

图 5-16　Springer Link 高级检索

3. 检索结果

通过检索得到所需文章的篇名目次题录记录后,检索结果提供排序(默认相关性)、时间设定、RSS 订阅、CSV 格式输出;聚类选项包括全文(或文摘)权限、内容类型、学科、子学科、来源、语种(图 5-17)。

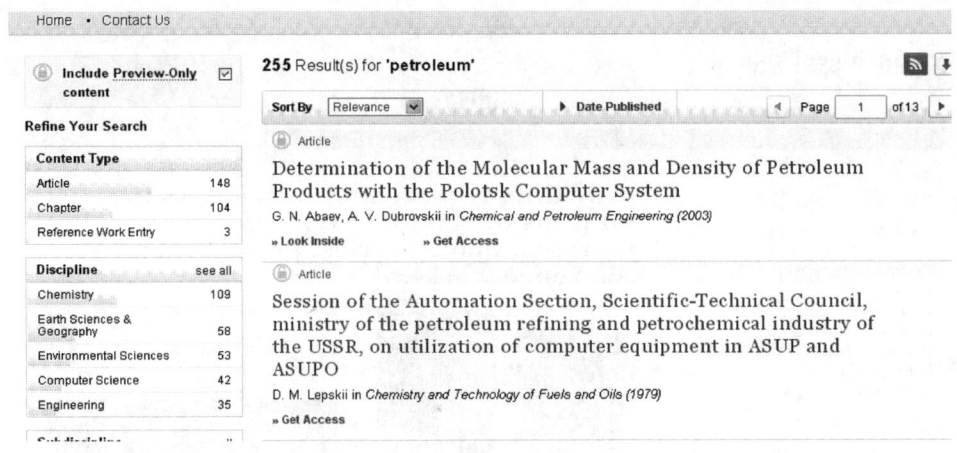

图 5-17　Springer Link 题录型记录

点击某篇文章即可打开其摘要和文章首页预览（图 5-18）。如需下载全文单击"PDF"即可。期刊文摘记录内容具体包括下载 PDF、期刊标题、出版年限、文章标题、作者、摘要、期刊封面、内容查看（预览 Look Inside）、导出参考文献、相关文章、补充材料、参考文献、有关此文章等项著录内容。

图 5-18　Springer Link 摘要型记录

点击刊名进入期刊主页,其著录项目为浏览卷和期、在此期刊内搜索、期刊标题、期刊 ISSN、期刊描述、卷和期的导航、最新文章列表、期刊封面、查看内容等（图 5-19）。

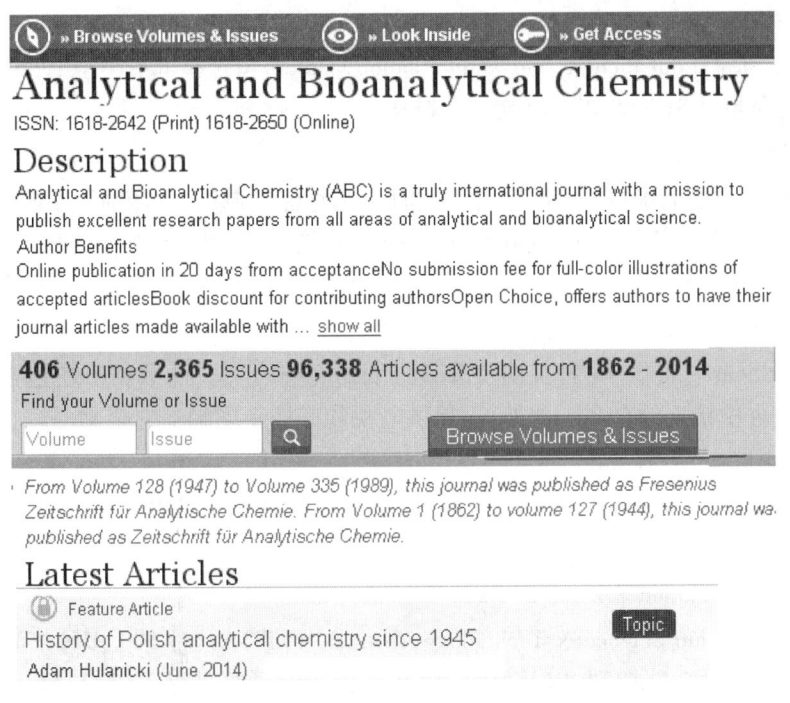

图 5-19 Springer Link 期刊主页

比较 PDF 格式的文章和全文相比,HTML 格式具有以下特点:一是对文章主要作者提供 E-mail 地址链接;二是如果原文标有章节序号,点击相应序号可直接指向该处;三是对文后的部分参考文献提供至其全文的链接,只要用户拥有进入相关数据库的权限,点击相应链接,便可直接打开参考文献的全文。

第六节 EBSCO 检索系统

一、简介

EBSCO 数据库是美国 EBSCO 集团公司出版发行的一套大型全文数据库系统,是多学科综合型数据库之一。

EBSCO 系列数据库说明如下:

1. Business Source Premier

Business Source Premier 是行业中使用最多的商业研究数据库,提供 2300 多种期刊的全文,包括 1100 多种同行评审标题的全文。此数据库提供的全文可追溯至 1886 年,可搜索引文参考可追溯至 1998 年。Business Source Premier 相比同等数据库的优势在于它对所有商业学科(包括市场营销、管理、MIS、POM、会计、金融和经济)都进行了全文收录。此数据库通过 EBSCOhost 每日更新。

2. Academic Source Premier

Academic Source Premier 提供了近 4700 种出版物全文,其中包括 3600 多种同行评审期刊。它为 100 多种期刊提供了可追溯到 1975 年或更早年代的 PDF 回溯资料,并提供了 1000 多个题名的可检索参考文献。此数据库通过 EBSCOhost 每日进行更新。

3. ERIC

ERIC 的全称是 Education Resource Information Center，包含有可追溯至 1966 年的 1300000 多条记录和指向超过 317000 篇全文文档的链接。

4. MEDLINE

MEDLINE 提供了有关医学、护理、牙科、兽医、医疗保健制度、临床前科学及其他方面的权威医学信息。MEDLINE 由 National Library of Medicine 创建，采用了包含树、树层次结构、副标题及激增功能的 MeSH（医学主题词表）索引方法，可从 4800 多种当前生物医学期刊中检索引文。

5. Newspaper Source

Newspaper Source 提供 45 种美国及国际报纸的完整全文。此数据库还包含从 389 种地区性（美国）报告中精选的全文。此外，还提供电视和广播新闻脚本的全文。

6. Regional Business News

Regional Business News 提供综合型地区商务出版物的全文信息。Regional Business News 包含 80 多篇涉及美国所有城市和农村的地区商务报告。

7. Library，Information Science & Technology Abstracts

Library，Information Science & Technology Abstracts（LISTA）对 500 多种核心期刊、500 多种优选期刊和 125 种精选期刊，以及书籍、调查报告及记录等进行了索引。此数据库还包括 240 多种期刊的全文。主题涉及图书馆长的职位资格、分类、目录、书目计量、在线信息检索、信息管理等。数据库中的内容可追溯到 20 世纪 60 年代。

8. GreenFILE

GreenFILE 提供人类对环境所产生的各方面影响的深入研究信息。其学术、政府及关系到公众利益的标题包括全球变暖、绿色建筑、污染、可持续农业、再生能源、资源回收等。本数据库提供近 384000 条记录的索引与摘要及 4700 多条记录的 Open Access 全文。

9. Teacher Reference Center

Teacher Reference Center 提供 280 多本最畅销的教师和管理员期刊和杂志的索引和摘要，旨在为职业教育者提供帮助。

二、检索方法

登陆 EBSCO 主页（图 5-20），选择打开所要检索的数据库。如果只对某一个数据库进行检索，可在数据库列表中直接单击该数据库；若要同时打开多个数据库，则应先在相关数据库名称前的方框内打"√"，然后点击数据库列表最上方的 Continue 按钮。

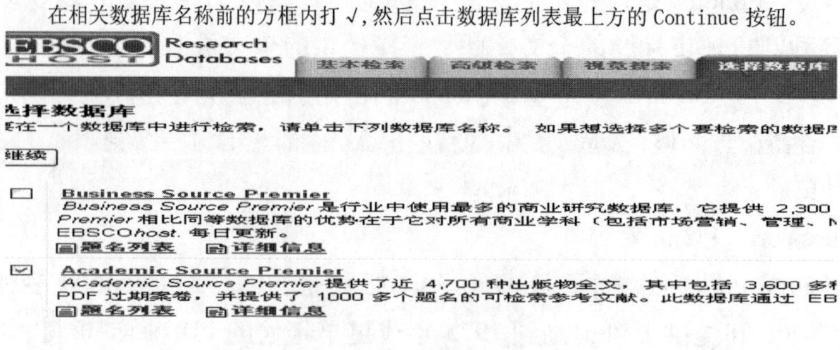

图 5-20 EBSCO 主页

EBSCO 数据库的检索方式分为基本检索(Basic Search)和高级检索(Advanced Search)。

1. 基本检索

基本检索在页面上部检索输入框中直接输入用运算符连接的检索内容,在页面下部限制结果选择区可自由的填写有关内容(图 5-21)。

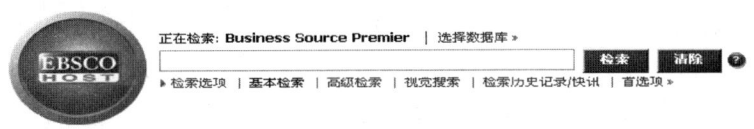

图 5-21 EBSCO 的基本检索

2. 高级检索

高级检索页面上部是检索输入区,下部是限制结果选择区(图 5-22)。高级检索方式在输入区利用下拉菜单将字段标识和逻辑算符以检索提示的方式列举出来,更加方便使用,同时在设定区内增加了多个选项,可使检索结果更加符合要求。高级检索方式还可记录检索历史,再与当前检索进行组配,以简化检索步骤。

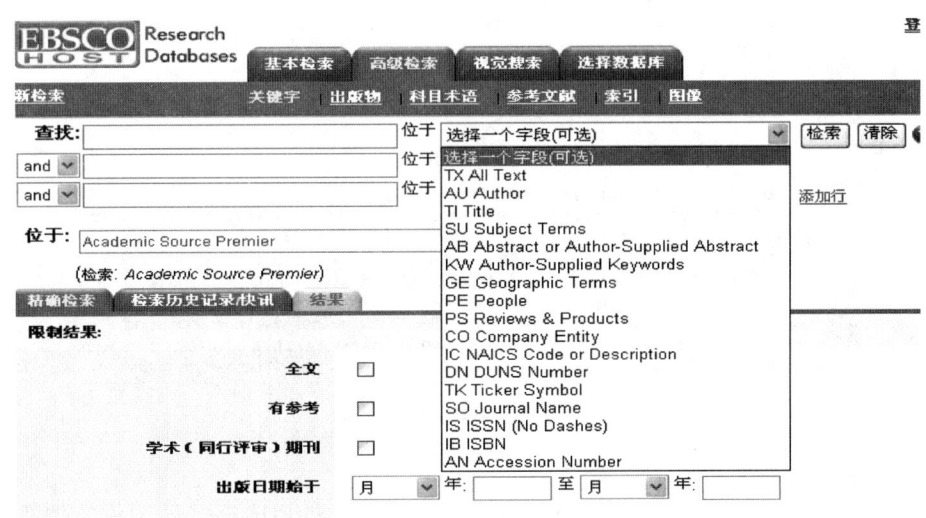

图 5-22 EBSCO 高级检索页面

高级检索有三个输入框可输入三组检索词,可为每组检索词限定检索字段,可指定各组检索词之间的逻辑运算关系。

检索历史记录表:每次在高级检索中点击"Search"按钮进行新的检索,都会在历史记录表中产生一条新的检索历史记录。每一条历史记录有一个编号,可以用这个编号代替检索命令用于构建检索表达式,可以打印和保存历史记录表,以便再次检索时使用。

3. 检索结果

EBSCO 系统执行检索指令后,首先以题录方式显示所有命中的文献(图 5-23),直接点击某篇文献后可以看到其文摘型记录方式(图 5-24)。

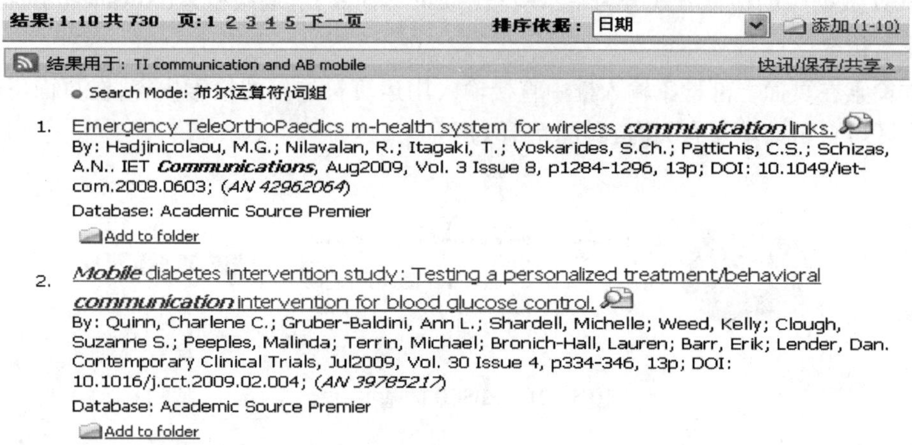

图 5-23 EBSCO 题录页面

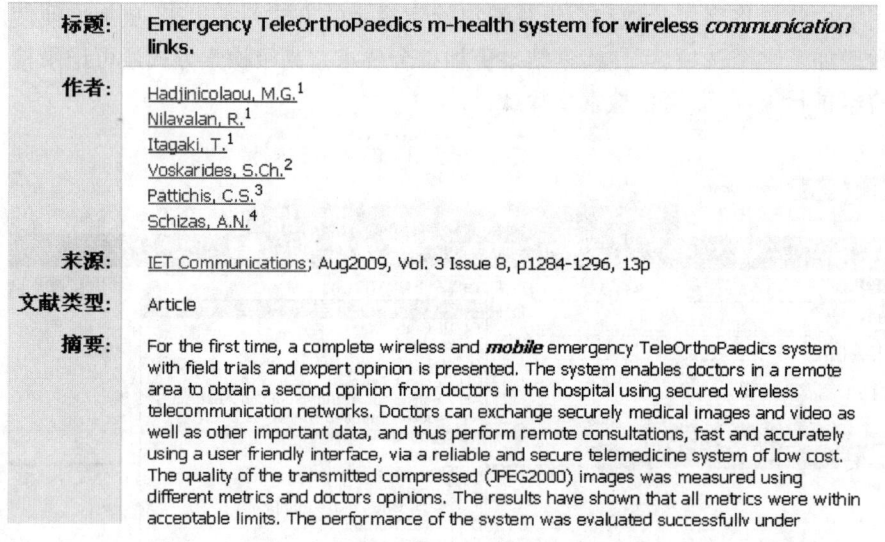

图 5-24 EBSCO 文摘页面

4. 文件格式

EBSCO 数据库中的文献全文有 HTML 格式的文本文件和 PDF 格式的图像文件两种格式供用户选择。对于数据库中没有收录全文的期刊，EBSCO 公司北京代表处在数据库中添加了全国近百所图书馆的馆藏信息，提高了资源的共知性，为进行馆际互借奠定了基础。

5. 保存文件

在文摘页面最上方找到"Print/E-mail/Save"，根据需要点击相应选项，并回答几个具体问题，即可将检索结果打印、通过电子邮件传递或直接存盘（图 5-24）。

第七节　开世览文（CASHL）

一、简介

中国高校人文社会科学文献中心（China Academic Social Sciences and Humanities Library，

CASHL)(网站名为"开世览文")是在教育部的统一领导下,为高校哲学社会科学教学和研究建设的文献保障服务体系,是全国性的唯一的人文社会科学文献收藏和服务中心,其最终目标是成为"国家哲学社会科学资源平台"。

CASHL 于 2004 年 3 月 15 日正式启动并开始提供服务。收藏有近 2 万种国外人文社会科学领域的核心期刊和重要期刊;1956 种电子期刊以及 35 万种电子图书;112 万种外文图书;以及"高校人文社科外文期刊目次库"和"高校人文社科外文图书联合目录"等数据库,提供数据库检索和浏览、书刊馆际互借与原文传递、相关咨询服务等。

CASHL 服务内容主要有以下三方面:

(1)馆际借阅(返还式)。提供"开世览文"收录的高校馆藏外文图书、上海图书馆馆藏外文图书的馆际借阅。借阅方式有平信挂号邮寄和特快专递等。

(2)文献传递(非返还式)。提供"开世览文"收录的高校外文期刊论文、图书部分章节、缩微资料的文献传递。传递方式有 Email、网上文献传递系统(FTP)两种方式。

(3)代查代检。对于"开世览文"收录范围之外的文献,代为查找并向国内、国外文献收藏单位索取。

二、检索方法

在 CASHL 主页上包括最新消息、个性化服务、检索查询等栏目,其中在检索区域中设有简单检索功能,可以对期刊、图书两类信息资源进行检索。检索查询中的文章检索、期刊检索、图书检索、数据库大型特藏文献和特色资源主要功能如下。

1. 文章检索

文章检索中包括简单检索和高级检索两种检索方法。

1)简单检索

可用的检索入口包括全面、篇名、作者、刊名、ISSN。可以检索的期刊类别包括核心期刊、电子期刊(图 5-25)。

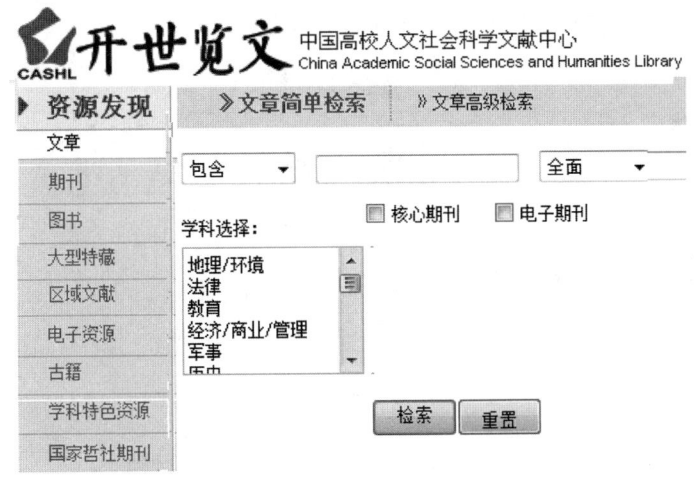

图 5-25 CASHL 文章简单检索界面

2)高级检索

除可用简单检索的检索入口外,还可以使用出版时间、学科类别、馆藏地址、期刊类别等限制条件(图5-26)。

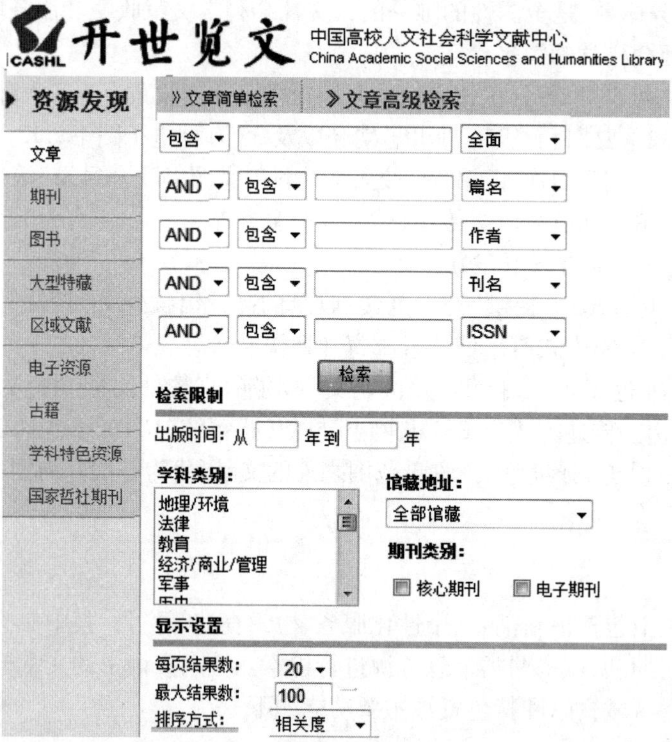

图5-26 CASHL文章高级检索界面

检索结果为题录型记录,将按照刊名、作者、出版年的角度对文章的数量进行排序。检索结果文档上部为检索区,可进行二次检索或重新检索。检索结果上部系统给出检索结果的数量,下部可以查看和导出篇目的详细记录(图5-27)。点击文章的题名,进入到篇目详细信息页面,可以查看文章的篇名、刊名、ISSN、卷、期、出版日期、页码、作者、学科、馆藏地址等字段及属性值。如果需要原文可以点击"发送文献传递请求"。

图5-27 CASHL文章检索结果界面

2. 期刊检索

CASHL收录了近2万种人文社会科学外文期刊,核心期刊4505种,可提供目次的分类浏览和检索查询,以及基于目次的文献原文传递服务。其中带有"核心"标识的期刊为核心期刊。核心期刊指被 SSCI 及 AHCI 收录的人文社会科学外文期刊,有"馆藏"标识的可以提供文献传递服务,有"推荐"标识的可以推荐订购。用户可以使用期刊首字母检索、学科列表检索、期刊检索的检索方式(图 5 - 28)。

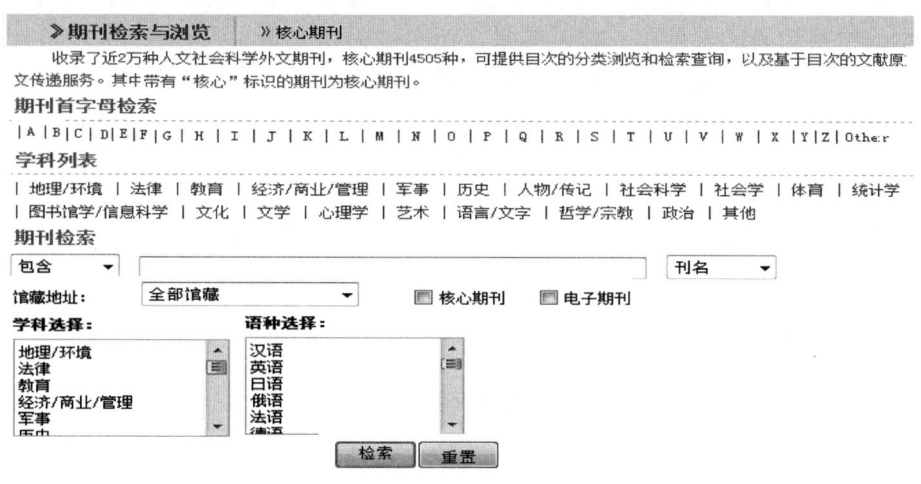

图 5 - 28 CASHL 期刊检索界面

可以按照语种和学科两种角度对检索到的文献进行排序,可以选择感兴趣的期刊进行邮件订阅,在检索结果上部的检索区对期刊进行二次检索和重新检索。检索结果的数量在检索结果文档的上部显示。点击刊名字段进入到该种期刊的目次信息页面,页面显示的是该种期刊按照时间顺序排序的卷期列表,点击某一期代号进入该期的详细目录页面。检索查看方式与文章检索方法相同。

3. 图书检索

CASHL 收录了 112 万种文科专款引进的印本图书和 34 万种电子图书,提供 70 所文科专款院校图书馆的人文社科外文图书联合目录查询。可按照书名进行检索,或按照书名首字母进行排序浏览,还可以按照学科分类进行浏览。题名检索可用的检索入口包括题名、ISBN、馆藏地址、图书类别,如图 5 - 29 所示。

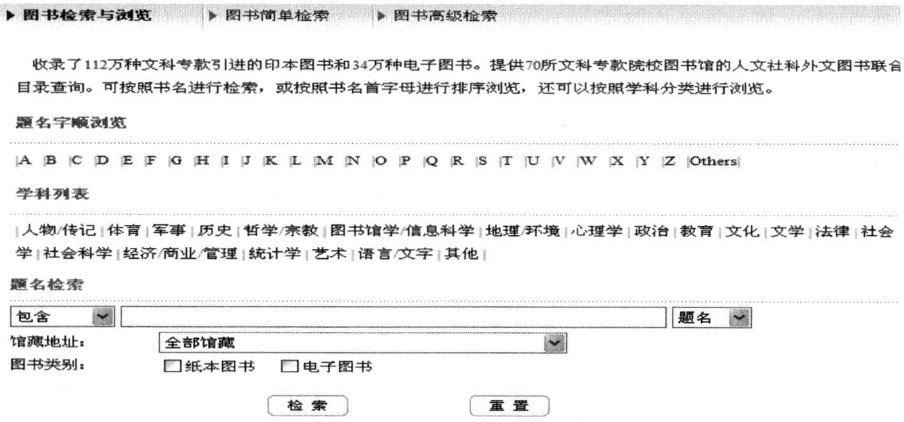

图 5 - 29 CASHL 图书检索界面

— 101 —

1) 简单检索

检索入口包括全面、题名、著者、主题、ISBN、出版机构、图书类别(图5-30)。

2) 高级检索

使用出版时间、学科类别、馆藏地址、图书类别等限制条件。检索结果为题录型记录，可以查看图书的作者、题名、出版机构、出版年，并且按照作者、语种、主题词、出版年的角度对文章的检索结果进行排序。检索结果文档上部为检索区，可进行二次检索或重新检索。检索结果上部系统给出检索结果的数量，下部可以查看和导出图书的详细记录（图5-31）。

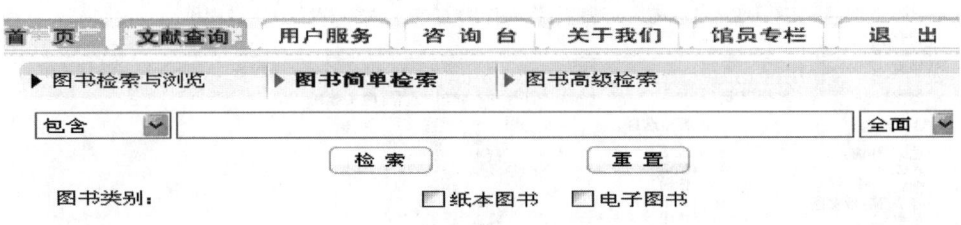

图5-30 CASHL图书简单检索界面

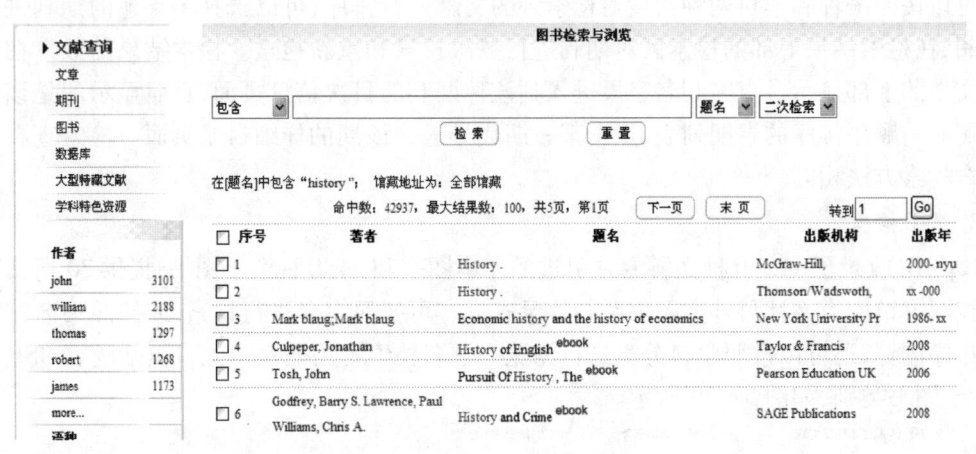

图5-31 CASHL图书检索结果界面

点击选中图书馆的题名进入图书详细内容页面，可以查看图书题名与责任说明、其他题名、出版发行信息、著者、ISBN、主题、页数、馆藏地址字段及属性值，并且可以浏览图书传递费用、索取部分章节。

4. 数据库

自2007年至今，中国高校人文社会科学文献中心（CASHL）陆续引进一系列知名期刊全文数据库，见表5-8。

5. 大型特藏文献

特藏文献被公认为极具科研价值与收藏价值的珍贵文献，但受其价格昂贵的限制，诸多高校图书馆无力购买收藏。为了满足全国人文社科科研人员的研究需求,也为了弥补高校图书馆收藏的空白,CASHL 于 2008 年度开始大批购入特藏文献。首批引进大型特藏文献多为第一手的原始档案资料,

大型特藏文献的检索包括题名字顺浏览和学科列表两种方式,检索方法同文章检索一样。

表 5-8 CASHL 数据库列表

数据库名称	起止时间	主要学科
JSTOR	1665—	政治学、经济学、哲学、历史等
PAO	1802—2000	经济、文学、法律、教育、社会学、心理学及艺术等
ECCO I	1700—1799	历史、地理、法律、文学、语言、参考书等
ECCO II	1700—1799	世界各地图书馆的珍贵典藏
EEBO	1473—1700	历史、英语文学、宗教到音乐、美术、物理学等
MyiLibrary	2004—	涵盖各个学科的电子书平台
EAI	1639—1819	以社会科学为主的美国早期印刷品
Gale LRC	1961—	文学资源中心
PsycARTICLES	1894—	APA 美国心理学会期刊全文数据库

6.特色资源

CASHL 的资源和服务体系由两个全国中心、五个区域中心和十个学科中心构成。这 17 家图书馆都各自拥有丰富的特色资源,其中绝大部分可以提供目录的免费检索,如需深度服务请通过咨询台直接联系收藏馆。

以上各种文献的检索过程在获取全文时大都涉及文献传递,用户通过图书馆主页链接或在浏览器地址栏中直接输入网址均可登录网站直接进行检索。如果使用原文传递服务则需要注册账号。

第八节　CALIS 外文期刊网

一、简介

中国高等教育文献保障系统(China Academic Library & Information System,简称 CALIS)是经国务院批准的我国高等教育"211 工程""九五""十五"总体规划中三个公共服务体系之一。建设以中国高等教育数字图书馆为核心的教育文献联合保障体系,实现信息资源共建、共知、共享,为中国的高等教育服务。

CALIS 外文期刊网是 CALIS 推出的引进数据库子项目,引进数据库子项目主要针对图书馆纸质信息资源的采购和编目工作。

引进数据库子项目即高校图书馆数字资源采购联盟(DRAA)是由中国部分高等学校图书馆共同发起成立的,由成员馆、理事会、秘书处组成。联盟的宗旨为:团结合作开展引进数字资源的采购工作,规范引进资源集团采购行为,通过联盟的努力为成员馆引进数字学术资源,谋求最优价格和最佳服务。高校图书馆、其他图书情报机构自愿参加联盟,自主决定是否参加联盟组织的数字资源集团采购。

数据库网址:http://ccc.calis.edu.cn。

二、检索方法

CALIS 外文期刊网建立了统一检索平台,主要有初级检索和高级检索二种检索方式,详细内容见第四章第五节。

第九节　外文学术资源整合系统（FARS）

一、简介

外文学术资源整合系统(FARS)由重庆古扬科技有限公司于 2012 年 2 月正式推出,主要为学术界提供外文学术资源整合在一起的检索平台,以期解决国内在对外文资源使用过程中所遇到的问题。

FARS 收录国外期刊、博硕论文、会议论文等,FARS 更新最快、部分全文实时推送、高质量辅组翻译、快捷的第三方传递、低成本高效率的外文文献一站式服务系统。

目前整合期刊、博硕士论文和会议论文三种资源:
(1)期刊:全球 29000 余种外文期刊,其中重要外文期刊 8000 余种;
(2)博硕论文:全球 2000 余所知名大学的优秀博硕士论文 40 余万篇;
(3)会议论文:全球重要行业知名会议论文约 92 余万篇。

FARS 采用中文检索界面,提供双语检索能力,大大降低使用门槛,同时提供"参考译文"功能,帮助检索者理解外文文献,提高外刊利用效果。

FARS 通过与国内多个外刊馆藏单位建立第三方原文获取服务机制,联合建立"一站式原文传送服务站",保障外刊原文的传送服务。

二、检索方法

FARS 主页提供快速检索、高级检索、资源导航浏览等功能,检索结果按相关度和时间排序,并提供参考译文,使用户能更快、更准确地查找到所需要的内容。

检索方式有精确检索和前方一致检索。系统默认为精确检索,当用户需要前方一致检索时,在检索方式下拉框中选择"前方一致",然后,输入检索词,点击"检索"按钮即可按前方一致进行检索。

检索入口有作者、刊名、题名、关键词、ISSN、出版年、中文题名、中文刊名、中文关键词、任意字段等。

1. 快速检索

用户可以在首页的快速检索区,先选择所需的资源类型并输入检索词后实现快速检索。首先选择需要的资源类型,在检索输入框中不输入条件,直接检索可以检索到本系统收录的这类资源全部文献。不同文献类型所用的检索字段不同,当同时选择所有资源,检索入口则是各个资源共有的属性作为检索入口。

2. 高级检索

主页中点击进入高级检索页面,不仅可以同时限定多个检索条件,还可以使用出版时间、资源类型、期刊类别、学科限制、等限制条件,如图 5-32 所示。

图 5-32　FARS 高级检索

检索词的约定如下：

（1）为保证检索效率,防止过渡占用系统资源,对检索词的长度做了一定的限制。外文检索词的长度限定在 5 个有效检索单词以内,中文检索词限定在 5 个汉字以内;由系统自动滤除禁用词,然后生成检索词,进行检索。

（2）除 ISSN、出版年检索入口外,其他检索入口的检索词中,不允许有"-"符号;

（3）在输入检索词的时候,请将 high-density 中间的"-"号改为" "再检索;否则,检索结果,可能与预期的有出入。

（4）出版年检索入口可以输入某年,也可以起、止年,表示在某几年中检索。如"2008—2010",可以检索 2008—2010 年的文献。

复习思考题

1. 美国《工程索引》是一种什么样类型的检索工具?
2. Elsevier ScienceDirect 可以检索到哪些主要学科的文献?
3. SPE 检索的文献类型和学科专业是什么?
4. Springer Link 检索系统收录了哪些文献类型?
5. EBSCO 检索系统主要收录的学科是什么?
6. CASHL 收录的学科是什么?
7. CALIS 外文期刊网是由什么机构牵头建设的,其目的是什么?
8. FARS 服务对象和宗旨是什么?

第六章 特种文献检索

特种文献是专利文献、标准文献、学位论文、会议文献和科技报告的总称。它们发行渠道特殊、形式各异,具有特殊的、其他文献所不能取代的价值,在信息检索方法方面也稍有别于图书报刊的检索工具,它们在传递科技信息方面发挥的作用往往比常规文献还要大。

第一节 专利文献及其检索

一、专利及专利文献简介

1. 专利

1)专利的定义

专利(Patent)是指在建立了专利制度的国家,某一发明创造由发明人或设计人向专利主管部门提出申请,经审查批准授予在一定年限内享有独占该发明创造的权利,并在法律上受到保护,任何人不得侵犯。

广义的专利具有三个方面的含义,即专利权、专利技术、专利文献。专利权(Patent Right)以法律的形式保护发明人在一定期限内享有对其发明的专有权;专利技术(Patent Technology)是指专利说明书中所披露的专利技术;专利文献(Patent Document、Patent Literature)是包含已经申请或被确认为发现专利、发明专利、实用新型专利和工业品外观设计专利的研究、设计、开发和试验成果的有关资料,以及保护发明人、专利所有人及工业品外观设计和实用新型注册证书持有人权利的有关资料的已出版或未出版的文件(或其摘要)的总称。

2)专利的类型

根据发明创造的性质,通常将专利分为发明专利、实用新型专利和外观设计专利三类。

(1)发明专利是指对产品、方法及其改进所提出的新的技术方案,一般是指通过利用自然规律对特定技术问题的解决方案。

(2)实用新型专利是指对产品的形状、构造及其结合所提出的适于使用的新技术方案。实用新型专利与发明专利的区别在于,前者只保护具有一定形状的产品发明,方法发明不属于实用新型专利保护的范围。另外,实用新型专利的技术水平和创造性要低于发明专利。实用新型专利的授予不需要经过实质性审查,专利权保护期限也较短。

(3)外观设计专利是指对产品的形状、图案、色彩或其结合所做出的富有美感并适于工业上应用的新设计。这种设计是产品的装饰性和艺术性的代表。一件外观设计专利只保护所申请的产品。如果有人将其用于其他产品上,不视为侵犯外观设计专利权。

3)授予专利权的条件

《中华人民共和国专利法》规定,一项发明创造要想获得专利权,必须具备新颖性、创造性、实用性。

(1)新颖性是指专利所反映的发明创造是前所未有的。有三种不同的新颖性:一是世界新颖性或称绝对新颖性,即发明在申请日以前在世界范围内未在出版物上公开发表或以其他方式未被公众所知,也未被人们公开使用;二是本国新颖性或称相对新颖性,即发明在本国范围内未公开发表和公开使用;三是混合新颖性,即在世界范围内未公开发表,在本国内未公开使用的发明都具有的新颖性。我国《专利法》采用的就是最后这种新颖性。

(2)创造性是指专利发明的技术水平超出现有水平,居于领先地位。

(3)实用性是指该发明创造能够实施应用,并且能够产生积极效果。

4)专利的特点

专利是一种无形的财产,具有与其他财产不同的特点。

(1)独占性。独占性也称排他性或专有性。它是指同一发明在一定的区域范围内,只有专利权人才能在一定期限内享有对其的制造权、使用权和销售权。其他任何人未经许可都不能对其进行制造、使用和销售,否则属于侵权行为。

(2)区域性。区域性是指专利权是一种有区域范围限制的权利,它只有在法律管辖区域内有效。除了在有些情况下,依据保护知识产权的国际公约,以及个别国家承认另一国批准的专利权有效以外,技术发明在哪个国家申请专利,就由哪个国家授予专利权,而且只在专利授予国的范围内有效,而对其他国家则不具有法律的约束力,其他国家不承担任何保护义务。但是,同一发明可以同时在两个或两个以上的国家申请专利,获得批准后其发明便可以在所有申请国获得法律保护。

(3)时间性。时间性是指专利只有在法律规定的期限内才有效。专利权的有效保护期限结束以后,专利权人所享有的专利权便自动丧失,一般不能,发明便随着保护期限的结束而成为社会公有的财富,其他人便可以自由地使用该发明来创造产品。专利受法律保护的期限的长短由有关国家的专利法或有关国际公约规定。目前,世界各国的专利法对专利的保护期限规定不一。知识产权协定第三十三条规定专利"保护的有效期应不少于自提交申请之日起的第二十年年终"。

(4)实施性。除美国等少数几个国家外,绝大多数国家都要求专利权人必须在一定期限内,在给予保护的国家内实施其专利权,即利用专利技术制造产品或转让其专利。

2. 专利文献

1)专利文献的定义

专利文献是实行专利制度的国家及国际性专利组织在审批专利过程中产生的官方文件及其出版物的总称。广义的专利文献包括申请说明书、专利说明书、专利局公报、专利文摘、专利分类表、专利主题词表,以及申请专利时提交的各种文件(如请求书、权利要求书、有关证书等)、法律性文件和诉讼资料等。狭义的专利文献就是专利说明书。因为专利技术通过发明说明书加以公开,是专利文献的主体,因而也是专利检索的主要对象。

2)专利文献的特点

专利文献既是技术文献,又是法律文献,内容性质集技术、法律和经济信息于一体;主要内容可靠性强、质量高;涉及的技术领域非常广泛,从日常生活到尖端科技都有。专利文献是一个重要的信息资源。

由于专利文献的撰写要求严格,在阐述发明的准确性方面超过一般科技文章。专利文献出版迅速,传递信息快,重复出版现象较多。由于专利是公开的,不存在保密问题,易于获得和应用。专利文献著录规范化,有统一的专利分类表、统一的著录项目代码和相近的说明书格式,便于检索、阅读和计算机处理。

3)专利文献的作用

（1）可掌握科技发展的水平和动向，确定新的研究方向。

（2）在专利申请和审查过程中，可通过专利文献的检索，证实"新发明"的新颖性、创造性和实用性。

（3）在进行国际贸易、产品经营和市场预测时，可通过对专利文献的比较、分析、研究，掌握进出口技术和产品的技术水平和先进程度，提高自身的市场竞争能力，避免蒙受不必要的经济损失。

3. 专利说明书的结构形式

专利文献是专利制度的基础，专利说明书则是专利文献的主体。每个国家出版的专利说明书不仅是记述每一项申请专利的发明创造详细内容的技术文件，同时也是体现申请案的专利权种类及其法律状况的法律文件。专利说明书由扉页、正文和附图三部分组成。扉页上记录技术、法律和经济方面的信息；正文包括序言、发明技术详述和权力要求；附图是对发明技术作进一步解释或为某一技术部分的原理图。

（1）扉页。主要内容是与一件发明及法律有关的各种著录项目，每个著录项目前标有国际标准化的两位数字组成的代码标志，以便人们鉴别其内容和计算机处理。主要著录项目及代号有：

11　文献号（专利号）
19　公布文献的国家或机构
21　专利申请号
22　申请日期
24　专利权生效日期
30　国际优先案项目
51　国际专利分类号
54　发明名称或题目
57　发明摘要或权利要求
71　申请人姓名（或公司名称）
72　发明人姓名
73　受让人姓名（或公司名称）
74　专利律师或代理人姓名
75　既是申请人也是发明人的姓名
81　专利合作条约的指定国
86　国际专利申请号、出版文种

（2）正文部分。主要对申请专利的发明创造作出清楚完整的说明。正文部分包括发明创造名称、所属技术领域、现有技术水平、发明的目的、发明细节描述、发明创造的效果、附图说明、最佳实施方案和权利要求书。权利要求书提供该专利申请或专利请求保护的技术特征范围，是确定专利权范围及判定侵权的依据。

（3）附图。主要用于补充说明书的文字部分。

4. 国际专利分类表（IPC）

目前，世界上主要的专利分类体系可归纳为以下几种：《国际专利分类表》、《美国专利分类表》、《英国专利分类表》和英国德温特出版公司编制的分类体系。如今，普遍采用的分类表是《国际专利分类表》。

国际专利分类表(International Patent Classification,简称 IPC)于 1968 年 9 月诞生,以后约每 5 年修订一次,现用的 IPC 第 9 版于 2011 年 1 月 1 日开始使用。全球有 100 多个国家的工业产权局、4 个地区局和 WIPO 的 PCT 有关部门均使用 IPC。我国 1985 年 4 月 1 日开始采用了 IPC。由于 IPC 各版本之间的变化比较大,要注意查找哪一年段的专利,应使用相应时间段的 IPC 分类表。例如:要查找 1995—1999 年的专利,应使用第 6 版的 IPC。

1)IPC 的组成

国际专利分类表由 8 部分册及 1 部《国际专利分类表使用指南》组成,分别为:

A 部　人类生活必需品(Human Necessities)

B 部　作业、运输(Performing Operation Transporting)

C 部　化学、冶金(Chemistry and Metallurgy)

D 部　纺织、造纸(Textiles and Paper)

E 部　固定建筑(Fixed Construction)

F 部　机械工程、照明、热工、武器、爆破(Mechanical Engineering、lighting、heating、weapons、blasting)

G 部　物理(Physical)

H 部　电学(Electricity)

部下设有大类、小类、大组、小组,细分类目顺序依次排列。

专利分类号格式:部号 + 大类号 + 小类号 + 主组号 + 小组号

例如:B64C25/10

　　　B 作业、运输……………………………………………………………… 部号
　　　B64 飞行器、航空、宇宙飞船 …………………………………………… 大类号
　　　B64C 飞机、直升机 ………………………………………………………… 小类号
　　　B64C25/00　起落装置 …………………………………………………… 主组号
　　　25/02.起落架 ……………………………………………………………… 小组号
　　　25/08.非固定的,如:可抛弃的 …………………………………………… 小组号
　　　25/10.可快放的,可折叠的或其他的 …………………………………… 小组号

《国际专利分类表使用指南》是 IPC 的大类、小类和大组的索引。此外,它对 IPC 的编排、分类法和分类原则都作了解释和说明,可以帮助正确使用国际专利分类表。世界知识产权组织(WIPO)在其网站发布了用于检索和查询所有技术领域专利信息的国际专利分类体系最新版本——《国际专利分类表》(IPC)第九版。新版 IPC 旨在使 IPC 适应电子环境,从而提高专利信息检索效率,并便于各工业产权局和公众使用。从 2011 年初开始,所有公布的专利文献均将根据新版 IPC 分类。

IPC 第九版全文可在因特网上查阅,网址为:www.wipo.int/classifications/ipc。

确定某一概念的国际专利分类号一般可以使用三种方法:一是直接查《国际专利分类表》,根据检索范畴,从部开始逐级查找;二是使用《国际专利分类号技术用语索引》,该表通过关键词对应相宜的国际专利分类号;三是可以通过已获得的切题专利所使用的国际专利分类号,间接地获得所需分类号。

2)IPC 的作用

分类表是使各国专利文献获得统一分类的一种工具。它的基本目的是作为各专利局以及

其他使用者在确定专利申请的新颖性、创造性(包括对技术先进性和实用价值作出评价)而进行的专利文献检索时的一种有效检索工具。此外,分类表还有四点重要服务作用。

(1)利用本分类表编排专利文献,使用者可方便地从中获得技术上和法律上的情报;

(2)作为对所有专利情报使用者进行选择性报导的基础;

(3)作为对某一个技术领域进行现有技术水平调研的基础;

(4)作为进行工业产权统计工作的基础,从而对各个领域的技术发展状况作出评价。

二、专利文献检索

这里分别介绍国内和国外主要专利文献的检索方法。

1. 中国专利文献检索

中国专利文献可以通过不同网站获得,常用的检索系统由中主要平台:一种是 CNKI、万方、NSTL 等检索系统包括的专利数据库进行检索;另一种是通过中国国家知识产权局的专利检索与服务系统(http://www.sipo.gov.cn)来进行检索。中国专利官方网站可检索 1985 年以来的发明专利、外观设计专利和实用新型专利及其法律状态,包括专利申请和专利授权。提供标题、摘要、权利要求等检索途径。有分页模式的图像全文,部分 PDF 格式全文可通过药物在线或欧专局网站下载。从中国知网与万方数据资源系统专利数据库,可看到专利的题录信息。也有其他免费工具,如中国专利信息中心、Soopat、5ipatent 等。

下面以中国国家知识产权局的专利检索与服务系统为例,说明专利文献检索方法。

中国最高的专利机构是国家知识产权局,由中国国家知识产权局主办,提供与专利有关的各种信息、专利的网上咨询、专利基本知识介绍、专利检索服务等,其专利检索系统收录 1985 年以来公布的所有中国专利文摘及图片形式全文,并免费提供检索服务。

专利检索与服务系统主要的检索方式分为常规检索(初级检索)、表格检索(高级检索、专业检索)、多功能查询器等。

1)常规检索(初级检索)

专利常规检索相当于一般检索系统的初级检索(图 6-1)。可以直接通过输入检索词分别限定在检索要素、申请号、公开(公告)号、申请(专利权)人、发明人、发明名称中进行检索。这种检索方法简单,对初学者没有难度,使用比较普遍。

图 6-1 专利初级检索

检索选项要求输入说明如下:

(1)"检索要素"系统将在摘要、关键词、权利要求和分类号中同时检索;

(2)用户输入多个关键词,中间用空格分隔,系统按照多个关键词是"or"的关系进行检索;

(3)用户输入一个中间带空格词组,则需要在词组两边加英文的双引号,系统会检索包含该词组的文献信息;

(4)用户输入保留关键字,则需要在保留关键字两边加英文的双引号;

(5)支持逻辑运算符(and、or、not);

(6)支持截词符(#、+、?);

(7)申请号格式:文献的申请国+申请流水号;

(8)公开(公告)号格式:文献的公开国+公开流水号+公布级别。

2)表格检索(高级检索)

表格检索相当于高级检索页面,上半部分系统提供了14个检索输入框按照表格形式输入检索内容,检索项可以分别限定在申请号、公开(公告)日、申请(专利权)人、优先权日、说明书、申请日、发明名称、发明人、摘要、关键词、公开(公告)号、IPC分类号、优先权号、权利要求中,并且检索项之间可以组成逻辑与运算。

表格检索页面下半部分就是专业检索方式,专业检索只有一个检索输入框,要求输入检索表达式,这种方式要求检索者具有很熟练的检索技术。

在表格检索页面,用户根据需要依次输入相应的检索信息,使用"生成检索式"功能,系统会根据用户输入的表格项信息,在命令编辑区生成对应的检索式(图6-2)。

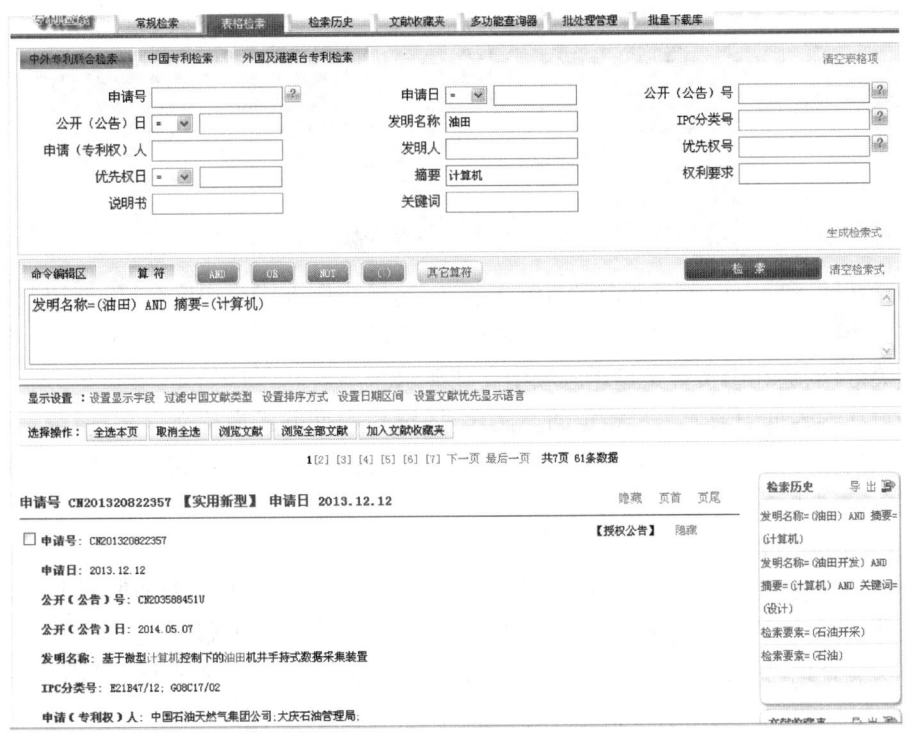

图6-2 专利高级检索

用户在命令编辑区可以手动编写检索式,可以使用鼠标点击检索表格项/算符来快速输入检索表格项名称/算符,输入检索表达式。

3)多功能查询器

多功能查询器包括IPC分类号查询、国别代码查询、分类号关联查询等检索功能。

(1)IPC 分类号查询。

选择多功能查询器中的 IPC 分类号查询功能,IPC 分类号检索主要用于查询指定分类体系的分类号在其他分类体系中的表现形式和含义以及该分类号的中英文含义。用户可以通过输入分类号、中文含义或英文含义进行分类号查询。

①用户在输入框中输入一个指定的 IPC 分类号,选择查询方式为分类号,使用查询功能,系统将按照指定分类体系的上下级关系将查询结果以树形列表的形式展示出来(图 6-3)。

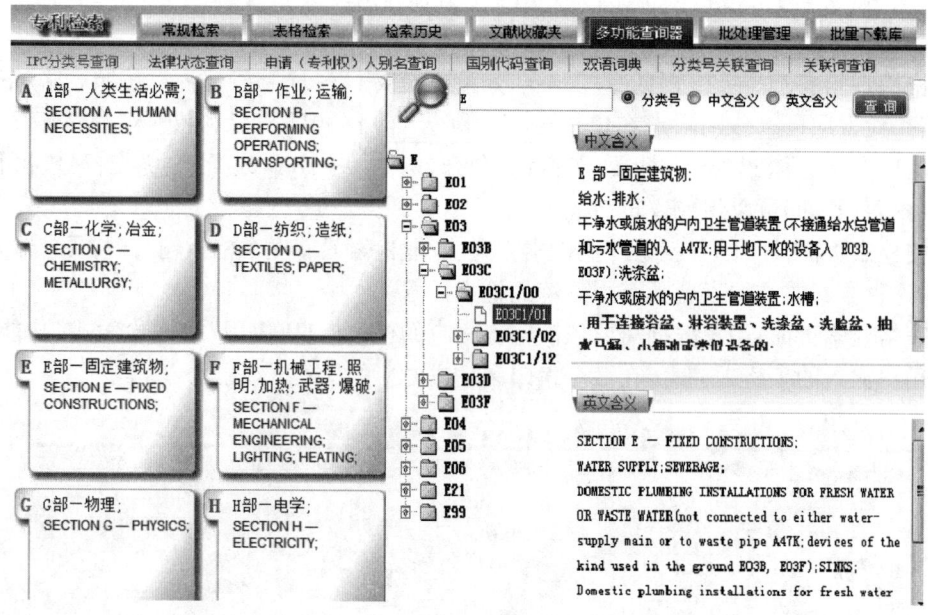

图 6-3 IPC 分类检索

②用户在输入框中输入一个指定的中文含义,选择查询方式为中文含义,使用查询功能,系统将按照指定分类体系的上下级关系将查询结果以树形列表的形式展示出来,并且用户输入的查询关键词,会在中文含义显示区域中高亮显示。

③用户在输入框中输入一个指定的英文含义,选择查询方式为英文含义,使用查询功能,系统将按照指定分类体系的上下级关系将查询结果以树形列表的形式展示出来,并且用户输入的查询关键词,会在英文含义显示区域中高亮显示。

(2)国别代码查询。

国别代码查询主要用于浏览和查询国家/地区/组织代码及名称信息,通过国别代码查询中提供的功能,可以帮助用户快速查找到所需要的国家/地区/组织代码信息。

在多功能查询器页面中,选择国别代码查询,系统显示"国别代码查询"页面上默认显示所有国家/地区/组织代码及名称信息,用户也可根据需要查询(图 6-4)。

(3)分类号关联查询。

分类号关联查询主要用于查询指定分类体系的分类号在其他分类体系中的表现形式和含义以及该分类号的中英文含义。选择多功能查询器中的分类号关联查询功能,系统进入分类号关联查询页面;用户输入 IPC8 分类号,然后选择与 IPC8 关联分类体系,此分类体系用户有以下四项可以选择 ECLA\UC\FI\FT。然后使用查询功能,系统将使用用户所输入的 IPC8 分类号信息到相应用户所选的分类体系中去进行查询,并将查询后的关联关系分类号结果信息全部显示在下面的列表中使用查询功能，系统将使用用户所输入的 IPC8 分类号信息到相应用户所选的分类体系中去进行查询，并将查询后的关联关系分类号信息全部显示在下面的列表中：用户可以选择任意一个分类号，查看该分类号的中英文含义（图 6－5）。

国家/地区/组织代码	国家/地区/组织名称	国家/地区/组织代码	国家/地区/组织名称
CN	中国	US	美国
JP	日本	KR	韩国
RU	俄罗斯联邦	EP	欧洲专利局
WO	世界知识产权组织	AD	安道尔
AE	阿拉伯联合酋长国	AF	阿富汗
AG	安提瓜和巴布达	AI	安圭拉
AL	阿尔巴尼亚	AM	亚美尼亚
AO	安哥拉	AP	非洲地区工业产权组织（ARIPO）
AR	阿根廷	AS	美属萨摩亚
AT	奥地利	AU	澳大利亚

图 6－4　国别代码查询

IPC8分类号	关联分类号
B64C	B64C
B64C1/00	B64C1/00
B64C1/00	B64C1/00A
B64C1/06	B64C1/06
B64C1/06	B64C1/06F
B64C1/06	B64C1/06F2
B64C1/06	B64C1/06F4
B64C1/06	B64C1/06G
B64C1/06	B64C1/06L
B64C1/06	B64C1/06R

图 6－5　分类号关联查询

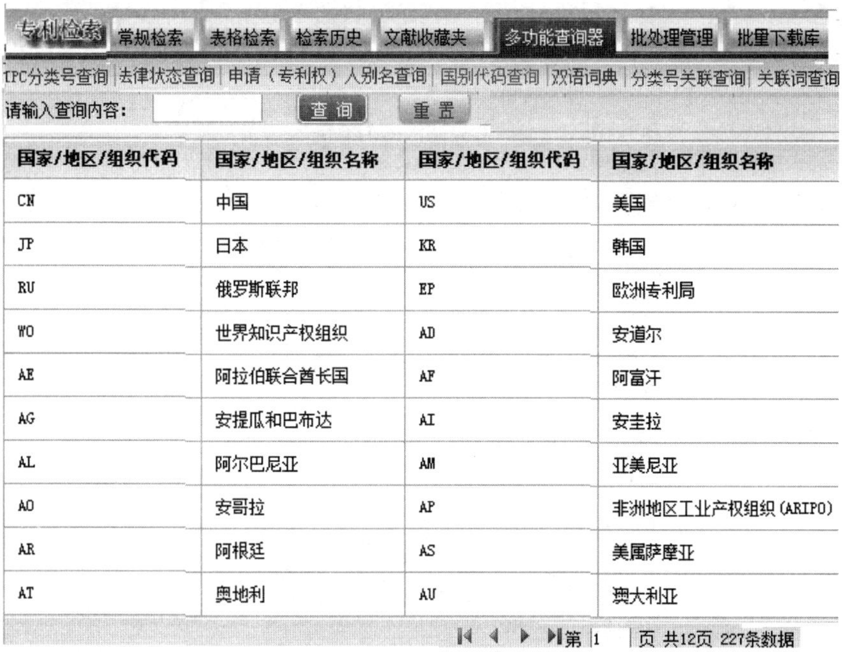

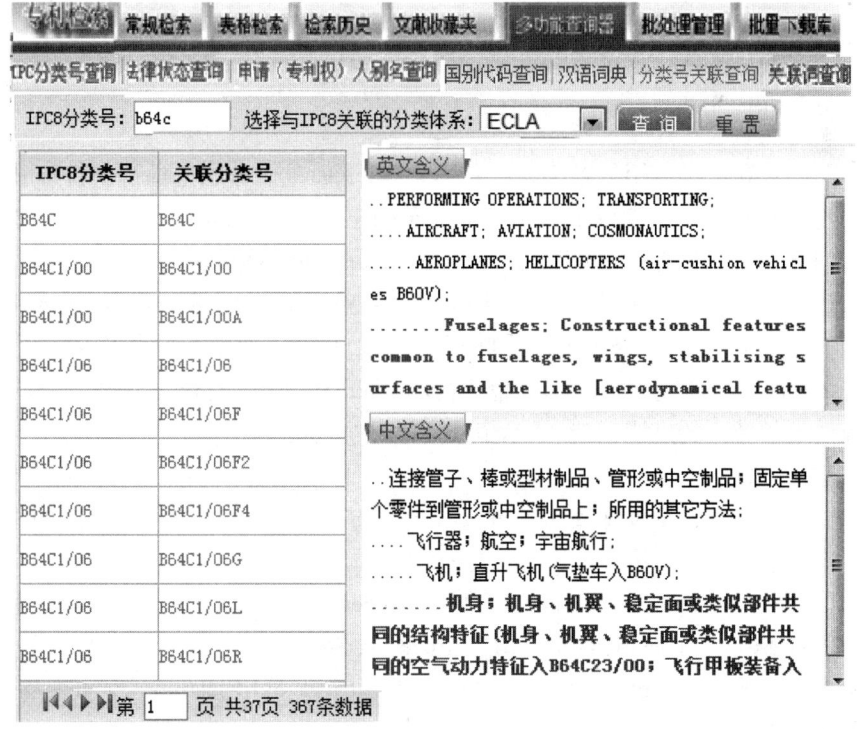

4) 检索结果

在当前检索结果列表页面存在已选择的记录时,可以进入浏览文献页面(图6-6)。在此基础上,可以进一步浏览全文,包括摘要、权利要求、附图等内容。

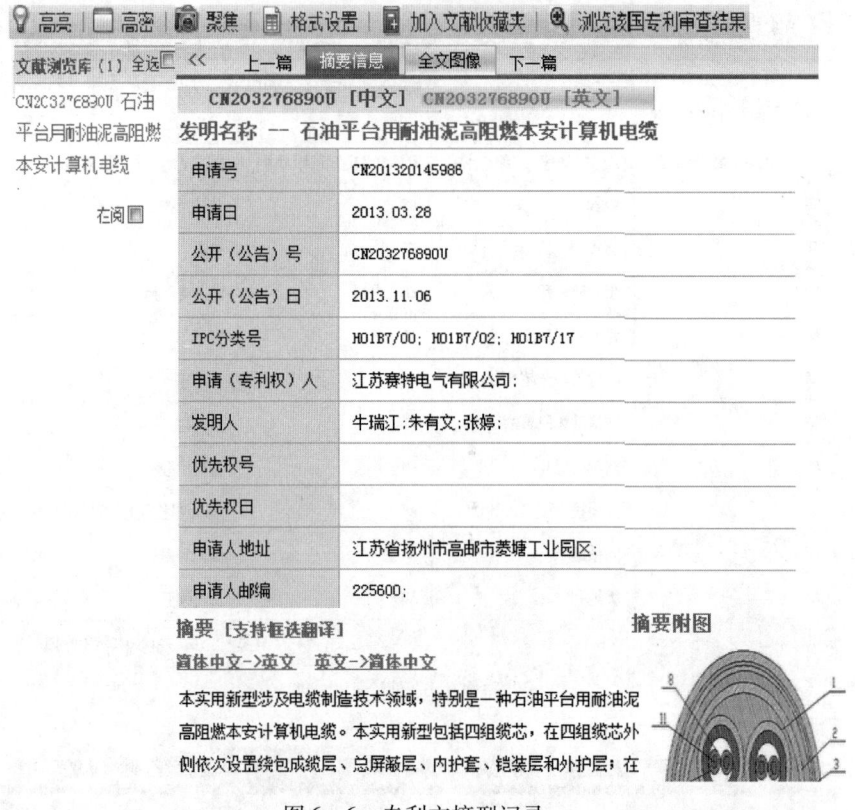

图6-6 专利文摘型记录

2. 国外主要专利文献检索方法

国外不同国家和地区所用的检索系统各不相同,下面重点介绍德温特创新索引数据库。

1) 德温特创新索引数据库(http://webofknowledge.com/diidw)

德温特创新索引数据库(Derwent Innovations Index,DII)将世界专利索引(WPIG)和专利引文索引(PCI)的内容整合在一起,目前由美国汤森路透公司出版。采用 ISI Web of Knowledge 的界面,通过学术论文和技术专利之间相互引证的关系,建立了专利与文献之间的链接。ISI Web of Knowledge 提供了来自各个学科的核心期刊的文献,反映了基础研究的进展。DII 汇集了工程技术领域内的发明创造,揭示了技术领域内的创新。

DII 检索方法说明如下:

进入主页后,它提供全面检索(Full Search)的检索方式。这一检索提供了较全面的检索功能。

(1)数据库选择。有以下3个专辑可供选择:

化学分册:Derwent Innovations Index (Chemical Section);

工程分册:Derwent Innovations Index (Engineering Section);

电力与电子分册:Derwent Innovations Index (Electrical and Electronic Section)。

(2)时间范围选择。

Latest:提供最新更新的(Latest Update)、最近两周更新的(Latest 2 Update)、最近四周更新

的(Latest 4 Update)数据3个选项。

出版年份:从1966年至今,可以任选。

(3)检索类型。在"FullSearch"中包括快速检索(Quick Search)、普通检索(Form Search)和引用专利检索(Cited Patent Search)、高级检索(Expert Search)、打开检索策略(Open Histories)4种方式。

①快速检索(Quick Search)有四个选项可供选择:谁(Who)发明了什么(What)？发明的来源(Source)是什么公司(Compound Name)？

②普通检索(Form Search)。通过主题、专利权人、发明人、专利号、国际专利分类号、德温特分类号、德温特手工代码、德温特入藏号进行检索。

a. 主题途径(Topic):输入描述专利主题的单词或短语,在专利名称、专利说明书等字段进行检索,可使用 and、or、not 和截词符"＊""?"组成检索式,也可以只从题名中去查找。点选 Title Only 前的复选框。

b. 专利权代理人检索(Assignee):输入专利权人全称或者专利权人代码。可同时选择检索专利权人的代码和名称,或只选择检索专利权人的名称或代码。

c. 发明人检索(Inventor):输入专利发明人姓名。姓在前、名在后,中间是一个空格。

d. 专利号检索(Patent umber):输入专利号进行检索。

e. 国际专利分类号检索(International Patent Classification):输入国际专利分类号检索。

f. 德温特分类号检索(Derwent Class Code):输入德温特分类号检索。德温特分类号共有20组,分为3个部分:其中包括化学部分(A-M)、工程部分(P-Q)、电力与电子部分(SX)。利用德温特分类号进行检索,可以提高读者检索的速度及准确性。

获取德温特分类号的方法:点击德温特分类号检索框右侧的 List of class codes,即可获得按主题顺序排列的详细的德温特分类号。

g. 德温特手工代码检索(Derwent Manual Code):输入德温特手工代码检索。手工代码是由德温特的专业人员为专利标引的代码,此代码可用于显示一个发明中的新颖技术特点及其应用。利用德温特手工代码检索字段进行二次检索。

h. 德温特最先入藏号检索(Derwent Primary Accession Number):输入德温特入藏号检索。

可以用布尔逻辑算符将各字段组配,布尔逻辑算符采用 and(与)、or(或)、not(非)。不同的检索字段之间系统自动进行 and 组配。

通配符:通配符可以用在任何一个检索字段中。通配符不能用在检索词最前面。"?"代表一个字符,"＊"代表一个字符串。

③引用专利检索(Cited Patent Search)。可通过被引专利号(Cited Patent Number)、被引专利权人(Cited Assignee)、被引专利发明人(Cited Inventor)、被引专利德温特入藏号(Cited Derwent Primary Accession Number)进行检索。

在引用专利检索时,可以找到与检索请求匹配的、被引专利的记录。如果利用引用专利检索"施乐公司",会找到所有施乐公司的被引专利记录。

在检索字段中输入检索词。不同的检索字段之间系统自动进行布尔逻辑算符 and(与)组配。通配符采用"＊"、"?",固定词组需要加括号。

④专家检索(Expert Search)。在专家检索中,可以使用普通检索和引用专利检索,又可以使用检索条件组合检索专利。这类检索适用于专业用户的复杂检索。

专家检索界面提供了可供选择并组配应用的检索字段和一个检索条件输入框。在检索条件输入框中,输入的检索式必须是两个字符的字段名加检索词或者包含布尔逻辑算符的检索字段的组合。通配符采用"*"、"?",固定词组需要加括号。

2)欧专局专利检索系统(http://worldwide.espacenet.com)

欧专局专利检索系统包括题录数据、文摘、文本式的说明书及权利要求,扫描图像存储的专利说明书的首页、附图、权利要求及全文;专利数据覆盖98个国家、地区和组织;法律状态数据覆盖57个国家、地区和组织。可查同族专利。

3)美国专利商标局(http://www.uspto.gov/)

美国专利与商标局(The United States Patent and Trademark Office,USPTO)已将1970年以来的美国各种专利数据库在政府网站上公开免费提供全文和图像,针对不同需求的用户设置了不同的检索库,主要的专利数据库分为《专利授权数据库》(Patent Full-text Database,PatFT)和《专利申请数据库》(Application Full-text Database,AppFT)两部分。PatFT可以检索1790年至今各类授权的美国专利,其中1790年至1975年的数据只有全文图像页,只能通过专利号和美国专利分类号检索,1976年以后的数据除了全文图像页外,还包括可检索的授权专利基本著录项目、文摘和专利全文(full text)数据(包括说明书和权利要求)。AppFT则可检索2001年3月至今的申请说明书的文本和图像记录。数据库提供了多种类型的专利文献,如:Utility、Design、Plant、Reissue、Defensive Pub、SIR(Statutory Invention Registration)。其中Utility是被检索最多的一类,相当于中国专利中的发明专利和实用新型。数据库每周更新一次。

数据库检索网址:http://patft.uspto.gov/。

PatFT和AppFT数据库提供了快速检索、高级检索和专利号检索3种检索方式,如图6-7所示。

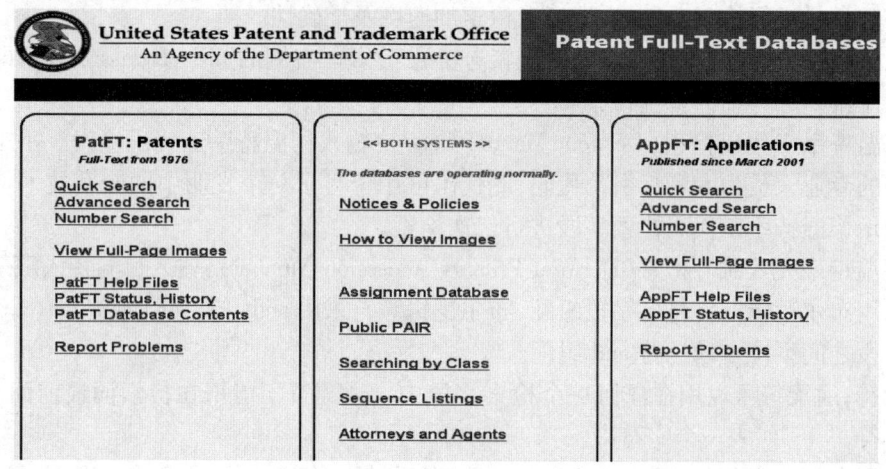

图6-7 USTPO检索数据库

快速检索方式仅允许两个检索字段之间进行逻辑组配检索,涉及了专利名称、摘要、专利号等四十多个检索字段。

高级检索方式允许用户使用布尔逻辑算符、截词算符、词组检索、时间限制检索方式以及规定的字段代码将检索词组织成为一个检索表达式进行检索。高级检索方式可以满足更多的检索条件。数据库提供了全文显示为PDF图像格式,图像格式的说明书是单页显示,可以下载或直接打印。

4)世界知识产权组织(http://www.wipo.int/)

世界知识产权组织(World Intellectual Property Organization,简称WIPO)是一个致力于促

进使用和保护人类智力作品的国际组织。总部设在瑞士日内瓦的世界知识产权组织,是联合国组织系统中的16个专门机构之一。至今成员国已达185个国家。可查阅PCT著录信息、提供相关文件的在线阅读和下载。

5)日本专利特许厅(http://www.ipdl.inpit.go.jp/)

可检索1885年以来日本公布的发明专利、实用新型专利和外观设计专利。日本专利英文摘要数据库(PAJ),提供日本专利的英文检索。

第二节 标准文献及其检索

一、标准文献简介

1. 标准和标准化的定义

(1)标准是指为在一定的范围内获得最佳秩序,对活动或其结果规定共同的和重复使用的规则、导则或特性的文件。该文件经协商一致制定并经一个公认机构的批准。标准应以科学、技术和经验的综合成果为基础,以促进最佳社会效益为目的。

(2)标准化是指为在一定的范围内获得最佳秩序,对实际的或潜在的问题制定共同的和重复使用的规则的活动。它包括制定、发布及实施标准的过程。标准化的重要意义是改进产品、过程和服务的适用性,防止贸易壁垒,促进技术合作。

标准化的实质是通过制定、发布和实施标准,达到统一。标准化的目的是获得最佳秩序和社会效益。

标准化的对象是在国民经济的各个领域中,凡具有多次重复使用和需要制定标准的具体产品,以及各种定额、规划、要求、方法、概念等内容。标准化对象一般可分为两大类:一类是标准化的具体对象,即需要制定标准的具体事物;另一类是标准化总体对象,即各种具体对象的总和所构成的整体,通过它可以研究各种具体对象的共同属性、本质和普遍规律。

标准化的基本特性主要包括抽象性、技术性、经济性、连续性(亦称继承性)、约束性、政策性。

2. 标准文献的特点

(1)标准文献描述详尽、可靠,具有法律效力。

(2)标准文献单独出版,自成体系。

(3)标准文献时效性强。

(4)标准文献交叉重复,相互引用。

(5)更新迅速,修订频繁。

(6)制定、审批有一定程序。

3. 标准的分类

分类是标准化工作的基础,是统一和交流的前提。世界各国对标准文献的分类都十分重视,几乎所有先进的工业国家都有自己的分类法,经常接触到的标准文献是中国标准和国际标准化组织颁布的标准。

1)中国标准文献分类法(CCS)

我国于1983年编制了一部"中国标准文献分类法"(Chinese Classification for Standards,CCS)。CCS的类目设置以专业划分为主,适当结合科学分类。序列采取从总到分,从一般到具体的逻辑系统。本分类法采用二级分类,一级主类的设置主要以专业划分为主,二级类目的设置采取非严格等级制的列类方法;一级分类由 24 个大类组成,每个大类有 100 个二级类目;一级分类由单个拉丁字母组成,二类分类由双数字组成,见表 6-1。

表 6-1 中国标准文献分类法

代码	名称	代码	名称
A	综合	N	仪器、仪表
B	农业、林业	P	土木、建筑
C	医药、卫生、劳动保护	Q	建材
D	矿业	R	公路、水路运输
E	石油	S	铁路
F	能源、核技术	T	车辆
G	化工	U	船舶
H	冶金	V	航空、航天
J	机械	W	纺织
K	电工	X	食品
L	电子元器件与信息技术	Y	轻工、文化与生活用品
M	通信、广播	Z	环境保护

2)国际标准分类法(ICS)

随着标准化事业的发展,统一标准分类法对于国际交流与合作就显得越来重要。1991 年 ISO 组织完成了国际标准分类法(ICS)的制定工作,ISO 于 1994 年在其颁布的标准中采用 ICS 分类号,德国紧随其后,也于 1994 年在其颁布的标准中采用了 ICS 分类号。为此,国家技术监督局于 1995 年 6 月成立国际标准分类法应用课题研究组,并于 1996 年 4 月 1 日通过了由国家技术监督局组织的专家鉴定。我国国家技术监督局宣布自 1997 年开始在全国范围内采用 ICS。明确了国际标准分类法的应用范围、特点、体系结构及分类原则。

(1)应用范围。

ICS 作为国际、区域性和国家标准以及其他标准文献的目录结构,并作为国际、区域性和国家标准的长期订单系统的基础,也可以用于数据库和图书馆中标准及标准文献的分类,以及信息数据的排序工具,如目录、选择清单、参考文献、磁介质和光介质上的数据库等。

(2)特点。

ICS 采用的是数字分类法(如 DIN),数字分类法与字母分类法(如 ASTM)和字母与数字混合分类法(如 JIS、GB)相比,具有扩充方便、计算机管理方便等优点,而且没有文种障碍,有利于交流与推广。

ICS 类目设置有以下特点:

①有些类目设置比较新颖,如 37 成像技术(包括复印技术和印刷技术)。

②受欧洲传统分类思想影响较大,由于 ICS 与 DIN 的渊源关系,因此 ICS 中某些类目的设置主要是围绕德国分类法思想来进行的。如 39 精密机械,珠宝此类目下只有手表和珠宝,其他仪表、仪器没法入类,所以不合理。

③有些类分得过细;有些类目界定不明显;有些类目设置比较陈旧,难以入类等。

(3)体系结构

ICS 采用层累制分类法,由三级类目构成。第一级 41 个大类,每个大类以两位数字表示。全部一级类目再分为 387 个二级类目;二级类目的类号由一级类目的类号和被一个圆点隔开的三位数组成,例如 43 道路车辆工程、43.040 道路车辆装置;二级类目下又再细分为三级类目,共有789个,三级类目的类号由一、二级类目的类号和被一个圆点隔开的两位数组成,例如43.040.50传动装置、悬挂装置。

(4)分类原则。

①按标准文献主题内容所属学科、专业归类,总的分第一级,较具体的分第二级,再具体的分第三级。

②术语标准和图形符号标准可先分入术语和图形符号类,再按标准化对象所属专业分入专业类。

③第一级标准可根据其主题或主题侧面分入多个二级类或三级类中。

④第一级标准所涉及的主题范围包括了一个二级类以下的全部三级类目,则标准应分入此二级类。

⑤为便于计算机检索,涉及某二级类全部主题的标准,可标为"××.×××.00",这样在检索时用"××.×××.00"提问,将得到"××.×××"下的综合标准;而用"××.×××"提问将得到"××.×××"下以及"××.×××.01~××.×××.99"各类下的全部标准。

⑥用户可自行扩类,多个分类号以分号相隔。

二、标准文献检索

由于标准文献的类型不同,颁布标准的国家机构和部分也不相同,因此,检索标准文献的网站和方法也不完全相同。这里分别介绍国内外主要的标准文献检索方法。

1. 国内标准文献的检索

1)中国标准文献的表示方法

中国标准文献的表示方法为:代号+顺序号+制(修)定年代。

强制性国家标准的代号是"GB",推荐性国家标准的代号是"GB/T";不同行业标准代号各不相同。

2)检索方法

中国标准可检索国家标准、行业标准、建设标准、建材标准、台湾省标准等。检索途径可从标准名称、标准号、主题词等途径检索,而且可以进行逻辑组配。具体检索方法如下:

(1)通过标准文献的标准号。通过每个标准唯一的标准号就可以到国家标准汇编中直接查找。

(2)借助标准目录。当要查某一个标准而不知道所查标准的标准号时,必须借助"标准目录"才能查找到标准原文。

(3)根据分类体系检索。如果想知道某一专业或某一学科有什么样的标准,就要按分类体系来检索。

3)常用的国内标准网站

(1)万方标准数据库,网址为:http://www.wanfangdata.com.cn。在万方数据库的子数据库科技信息子系统中可检索到中国标准。

(2)国家标准文献共享服务平台,网址为:http://www.cssn.net.cn。该平台是专门从事标准信息的收集、加工研究和服务的国家及机构,可提供国内标准、标准出版物、中国地方标准等的查询服务,同时还提供ISO、IEC、BSI等国外标准及标准化组织机构的链接服务。

(3)国家标准化管理委员会,网址为:http://www.sac.gov.cn。可检索国家标准目录,获得标准的题录信息,并了解标准化动态、国家标准制订计划、国标修改通知等信息。

(4)中国标准化研究院,网址为:http://www.cnis.gov.cn。中国标准化研究院标准馆是国家级标准文献服务中心,其标准文献收藏量为全国之最。它藏有60多个国家、70多个国际和区域性标准化组织、450多个专业协(学)会的成套标准以及全部中国国家标准和行业标准,收集了160多种国内外标准化期刊和7000多册标准化专著,并提供代查代索、咨询、标准查新等多项服务。

(5)标准网,网址为:http://www.standardcn.com。可免费检索ISO、IEC、主要国家标准、欧洲标准、中国行业标准等,并提供标准动态信息和标准公告信息。

(6)中国环境标准网,网址为:http://www.es.org.cn/cn/index.html。免费查询下载国家环境标准、环境保护标准的全文,包括水环境标准、大气环境标准、固废污染控制标准、移动源排放标准、环境噪声标准、土壤环境标准、放射性环境标准、生态保护标准、环境基础标准、其他环境标准。

2. 国外标准文献的检索

国际上著名的国际标准化组织有国际标准化组织(ISO)和国际电工委员会(IEC)等,不同的国家拥有自己的标准颁布的机构和部门,因此,检索不同标准要用不同的网站。

1)国际标准化组织

国际标准化组织(International Organization for Standardization,ISO)是世界上最主要的国际标准化机构。ISO成立于1947年2月23日,是由多个国家联合组成的、世界最大的非政府性国际标准化机构。它的成员国逐渐增多,现有约140个国家,我国于1978年加入ISO。每一个成员国均有一个国际化机构与ISO相对应。

ISO的目的和宗旨是在世界范围内促进标准化工作的开展,以利于国际商品和服务的交流和互助,并扩大各国在知识、科学、技术和经济领域间的合作。

ISO现有标准1万多个,标准的范围涉及除电工与电子工程以外的所有领域,其中电子工程标准由国际电工委员会(IEC)负责修订,信息技术标准化工作由ISO和IEC共同负责。

ISO标准的编号表示方法为:代号+顺序号+制(修)定年代。例:ISO 9001—2000。

ISO的网址:http://www.iso.ch。该网站提供ISO介绍、ISO技术委员会、结构会议预告、ISO国成员、ISO分类、ISO 9000新闻服务、新闻动态和其他提供标准信息的Web服务等。

ISO主页右上方提供的检索途径主要有基本检索(Search)和高级检索(Extended Search)两种途径。

(1)基本检索。在检索框中直接输入检索词,查找用户想要查询的标准信息。检索方式有All、Standards、Other Published、Site四种。

(2)高级检索。点击高级检索,进入高级检索界面,可以在对应字段中输入相应的检索项。高级检索可供选择的检索项有:在提名、文摘、全文中输入关键词和短语;输入ISO号和部分ISO号;在提示列表中选择文献类型;ICS号等项内容,每项选择内容都有正确示例可供参考。

(3)检索结果处理。在上述各种检索点击"Search"按钮进行检索后,系统首先给出了包含命中结果的标准号和标准名称的列表。在浏览标准标题的基础上,可对所需要的标准结果进行选择,点击所选中的标准号。这样便可进一步浏览标准的详细信息,系统显示命中标准的具体情况,用户可根据需要对命中结果进行存盘和打印和购买。

2)国际电工委员会

国际电工委员会(International Electro Technical Commission,IEC)是电工技术的国际标准

与合格评审委员会,正式成立于1906年,是世界上成立最早的国际标准化机构,负责有关电气工程和电子工程领域国际标准化工作。我国于1957年加入该组织。

IEC现有技术委员会(TC)92个、100余个分技术委员会(SC)和若干工作组(WC)。每一个技术委员会负责一个专业技术标准编制工作。IEC标准的权威性和ISO一样是世界公认的,IEC标准在迅速增加,1963年只有120个标准,截至2000年12月底,已制定了4885个标准。

IEC标准的编号方法:IEC+顺序号+制(修)定年份。例:IEC3925—2000。

IEC在网上检索的网址为:http://www.iec.ch。检索方法同ISO类似。

3)国际电信联盟

国际电信联盟(International Telecommunication Union,ITU)的网址为:http://www.itu.int/,于1865年5月在巴黎成立,主要是为了全球各成员国或地区之间进行电信事业发展和通信合理使用的合作。1947年成为联合国的专门机构,是世界各国政府的电信主管部门之间协调电信事务的一个国际组织,它研究制定有关电信业务的规章制度,通过决议提出推荐标准。通过其网站可以检索ITU制定的相关标准。可在"Online Store"中按建筑与工程、电子、能源、环境、信息技术/电信等主题浏览相关标准目录,并在线订购原文。可以及时获得电信相关标准更新和变化的最新信息。

4)开放标准网

开放标准网的网址为:http://www.open-std.org/。目前主要包括了ISO(国际标准化组织)和IEC(国际电工委员会)的JTC1(联合技术委员会)发布的信息技术相关标准(ISO/IEC JTC 1)全文,内容涉及编码字符集、编程语言、操作系统、用户界面等。

5)全球标准化资料库

全球标准化资料库的网址为:http://www.nssn.org/。在线免费查询全球600多家标准组织与专业协会制订的225000多条标准的目录,提供获取全文的途径,如联系电话或标准化组织的网站。

6)美国国家标准化组织(ANSI)

美国国家标准化组织的网址为:http://webstore.ansi.org/。包括可检索的ANSI、ISO和IEC标准数据库,可在线订购全文。美国国家标准由ANSI负责制定、审定、颁发。

由ANSI制定的标准编号为:ANSI+分类代码+顺序号+制定年份。

美国标准由美国标准学会提供,该学会已成为美国国家标准化中心,它是一个非营利性质的民间标准化团体,它协调并指导美国的标准化活动,给标准制定、研究和使用单位以帮助,提供国内外标准化情报。

7)美国国家标准与技术研究院

美国国家标准与技术研究院(NIST)的网址为:http://www.nist.gov。选择"NIST Products and Services"栏目下的"NIST Research Library"进入,可以检索并在线订购相关标准。

8)美国材料试验协会

美国材料试验协会(ASTM)的网址为:http://www.astm.org。通过"ASTM Store"检索、订购美国材料试验协会的标准。

9)日本标准

日本标准的网址为:http://www.jisc.go.jp。日本标准是由"Japanese Industrial Committee (JISC)"制订的,日本的国家标准称为"Japanese Industrial Standard(JIS)"。

日本标准的编号为:JIS+分类号+顺序号+制(修)订年份。其中,分类号来自自己的专用分类体系,共分 17 大类,大类号用英文字母表示,大类下再分小类,小类号用两位数字 00—99 表示。例:JIS Z8144—2000。

10)英国标准

英国的国家标准是由 British Standard Institution(BSI)制订的,英国标准称作"British Standard(BS)",BSI 的前身是 1901 年的"英国工程标准委员会"和"英国工程标准协会",1931 年改为现名。

英国标准的编号为:BS(+专业代号)+顺序号+制(修)订年份。

11)通标网

通标网的网址为:http://www.ptsn.net.cn/。通标网是通信标准化推进中组建的,其目的是为了更好地开展通信标准的普及推广工作,对企业标准化工作进行指导和管理,是为广大通信企事业单位提供多方位通信标准信息服务的专业服务机构。中国通信标准化协会成立后,通信标准化推进中心成为中国通信标准化协会全面负责通信标准化推进工作的专职部门。

第三节 学位论文及其检索

一、学位论文简介

学位论文是高等学校或研究机构的学生为获得学位,在导师指导下撰写完成的科学论文。其中,硕士和博士学位论文因具有专业性强、学科广泛、内容新颖、有一定的研究深度等特点,而成为一类重要的学术信息资源。一般国内外硕士和博士论文有数据库可查,而学士学位论文没有建立起统一的数据库。

学位论文的主要特点如下:

(1)出版形式特殊,一般都未正式出版,只是存放在特定的收藏单位;

(2)内容具有一定的独创性;

(3)数量巨大,培养单位分散,难以系统地收集和管理。

纸本学位论文除了收藏于学位授予单位外,还要提交复本给国家指定的其他收藏单位。如中国国家图书馆主要收藏全国的博士论文,兼收部分硕士论文;中国科学技术信息研究所主要收藏全国的自然科学、工程技术类学位论文;中国社会科学院文献信息中心主要收藏全国的人文社科类学位论文。除少数以期刊论文和专著等方式出版外,博硕士学位论文大多数不公开出版,读者只能通过到图书馆阅览和文献传递服务等有限的途径获取。

中国高等教育文献保障系统(CALIS)、国家科技图书文献中心(NSTL)依托各自的成员单位,建立起学位论文联合数据库;中国知网、万方数据等数据库商也纷纷通过各种途径收集学位论文,建立商业性的学位论文全文数据库。

二、学位论文检索

1. 国内学位论文数据库

1)CNKI 博硕士学位论文数据库

该数据库收录从 1984 年至今的博硕士学位论文,是目前国内相关资源最完备、高质量、连续动态更新的中国优秀博硕士学位论文全文数据库。到 2014 年 5 月累计收录博硕士学位论文全文文献 210 多万篇,覆盖基础科学、工程技术、农业、医学、哲学、人文、社会科学等各个领域。全国416家培养单位的博士学位论文和645家硕士培养单位的优秀硕士学位论文。

产品分为基础科学、工程科技Ⅰ、工程科技Ⅱ、农业科技、医药卫生科技、哲学与人文科学、社会科学Ⅰ、社会科学Ⅱ、信息科技、经济与管理科学十大专辑。十大专辑下分为168个专题。

2）CALIS高校学位论文数据库

CALIS高校学位论文数据库面向全国高校读者提供中外文学位论文检索和获取服务。中文学位论文部分收录了1980年至今CALIS各成员馆的博硕士学位论文的题录、文摘信息和章节试读，内容涵盖自然科学、人文社会科学、医学的各个学科领域，全文需通过CALIS的馆际互借系统获取。

外文学位论文部分包括《ProQuest博硕士论文全文数据库》和《NDLTD学位论文数据库》的题录信息，全文需通过原数据库获得。

数据库网址：http://etd.calis.edu.cn/。

检索方法主要有简单检索、复杂检索和导航浏览。

（1）简单检索只提供一个检索框，可以选择检索范围和检索字段。

（2）复杂检索允许输入三个检索条件，可以选择检索字段，检索框之间的逻辑组配关系为"与"。复杂检索也可以对检索范围、出版年、语种、论文来源以及检索结果的排序方式进行限定。

（3）导航浏览可按学科类别、答辩年份和作者单位浏览学位论文。

字段检索可对中英文题名、关键词、摘要、作者、导师、学科、作者单位、全面等字段进行检索。

检索结果可按答辩年、语种、学位类型、学科、作者单位、数据来源、关键词等多种途径进行分面筛选。默认按相关度排序，还可选择按题名首字母或答辩年排序。单击"文献传递"链接可以进入CALIS馆际互借系统发送获取全文请求。

3）万方中国学位论文数据库

该数据库由北京万方数据股份有限公司开发，通过万方数据知识服务平台提供服务。该数据库收录自1980年以来我国各高等院校、研究生院以及研究所的硕士、博士以及博士后论文。学科范围涉及哲学、经济学、法学、教育学、文学、历史学、理学、工学、农学、医学、军事学、管理学等学科，每年增加约30万篇。

检索方法有简单检索、高级检索和浏览三种，可按学科、专业目录或学校所在地分别进行浏览。

数据库网址：http://www.wanfangdata.com.cn/。

2. 国外学位论文数据库

1）ProQuest博硕士论文数据库

《ProQuest博硕士论文数据库》（ProQuest Dissertations&Theses，PQDT）是美国ProQuest公司出版的博硕士论文题录及文摘数据库，收录的学位论文时间跨度为1861年至今，收录有欧美2000余所大学学位论文的文摘信息，涵盖文、理、工、农、医等各个学科领域，每年新增论文条目约7万多篇，数据每周更新。PQDT是目前世界上最大和使用最广泛的学位论文数据库，是学术研究中十分重要的参考信息源。

PQDT的主要特点如下：

（1）学位论文出版合作单位数量多；

（2）收录年代长；

(3)更新频率快;

(4)提供的信息丰富。

PQDT数据库有完全版(PQDT C)和分册版,分册版分为人文社科版(PQDT A)和科学及工程版(PQDT B)。

数据库网址:http://search.proquest.com/。

PQDT提供完善的学位论文全文获取服务。如果读者需要完整的学位论文,可以直接在PQDT的网站通过信用卡支付的方式购买,也可以通过读者所属机构图书馆的馆际互借与文献传递服务订购全文。

2)外文博硕士论文服务系统(FDTS)

外文博硕士论文服务系统(Foreign Dissertation & Theses Service System,FDTS)是由聚合科技公司研发,收录自2000年以来,欧美一流高校40万余本重要论文。

系统提供快速检索、高级检索、二次检索、模糊检索、导航检索等功能。字段检索可对中英文标题、摘要、作者、导师、学位、学科、学校名、任意字段和年份等字段进行检索。并对检索结果进行优化处理,使用户更快、更准确地查找到所需要的内容。提供中文检索界面、支持双语检索功能、提供一站式原文服务及2小时及时推送服务。

数据库网址:http://fdts.ideahome.com.cn/。

第四节 会议文献及其检索

一、会议文献简介

会议文献(Conference Literature)是指在各类学术会议上形成的资料和出版物,包括会议论文、会议文件、会议报告、讨论稿等。其中,会议论文是最主要的会议文献,是会议文献检索的主要对象。会议文献按出版时间主要分为会前文献和会后文献。会前文献主要有会议论文预印本(Preprint)、会议论文摘要或目录等。会后文献是经过整理出版的文献,如会议录(Proceeding)、会议论文集(Symposium,Papers)、会议论文汇编(Transaction)、报告集(Reports)、会议记录(Records)等。

会议文献是科技情报的一个重要来源。会议文献具有来源广泛、内容新颖、报导迅速、质量可靠等特点。具有特色的会议文献检索工具有《世界会议》、《会议论文索引》和《科技会议录索引》等。

会议文献具有专深性、连续性和新颖性等特点。

二、会议文献检索

国内外有关会议文献的检索工具和检索方法各不相同,下面主要介绍国内外主要会议文献的数据库和网站。

1.国内主要全文会议文献检索数据库

1)CNKI重要会议论文全文数据库

CNKI重要会议论文全文数据库收录自1953年至今的会议论文集。国内外重要会议论文全文数据库的文献是由国内外会议主办单位或论文汇编单位书面授权并推荐出版的重要会议论文。由中国学术期刊(光盘版)电子杂志社编辑出版的国家级连续电子出版物专辑。重点收录1999年以来,中国科协系统及国家二级以上的学会、协会、高校、科研院所、政府机关举办的重要会议以及在国内召开的国际会议上发表的文献。其中,国际会议文献占全部文献的20%以上,全国性会议文献超过总量的70%,部分重点会议文献回溯至1953年。

2)万方中国学术会议论文全文数据库

万方中国学术会议文献数据库由中文全文数据库和西文全文数据库两部分构成,内容涵盖人文社会、自然、农林、医药、工程技术等各学科领域,是目前国内收集学科和数量齐全的会议论文数据库,是了解国内学术动态的主要数据库之一。

该数据库收录内容以国家级学会、协会、研究会组织、部委、高校召开的全国性学术会议论文为主,每年涉及近3000个重要的学术会议。"中文版"所收会议论文内容是中文;"英文版"主要收录在中国召开的国际会议的论文,论文内容多为西文。收录了自1983年至今中文会议,每年增加约20万篇全文,每月更新。

数据库资源标引采用受控语言进行主题标引,以《汉语主题词表》为叙词表,按照《中国图书资料分类法》分类。

2. 国外主要会议文献检索数据库

国际上最著名的会议文献数据库是《会议录引文索引数据库》(Conference Proceedings Citation Index,CPCI),CPCI由美国汤森路透公司出版。该公司基于ISI Web of Knowledge检索平台将ISTP和ISSHP两大会议录索引集成为ISI Proceedings,提供会议论文的文摘索引信息。Science & Technology,即ISTP(Index to Scientific & Technical Proceedings,科技会议录索引);Social Sciences & Humanities,即ISSHP(Index to Social Sciences & Humanities Proceedings,社会科学及人文科学会议录索引)。集成之后分为文科和理科两种检索,分别是CPCI-SSH和CPCI-S,也称为CPCI。

CPCI-S是一种综合性的科技会议文献检索刊物,前身是由美国科学情报研究所(Institute for Scientific Information,ISI)于1978年开始编辑出版的,收录生命科学、物理化学、农业生物和环境科学、工程技术、管理信息、教育发展、社科人文和应用科学等学科的会议文献;CPCI-SSH创刊于1979年,数据涵盖了社会科学、艺术与人文科学领域的会议文献,包括一般性会议、座谈会、研究会、讨论会、发表会等。这些学科包括哲学、心理学、社会学、经济学、管理学、艺术、文学、历史学、公共卫生等领域。其中,工程技术与应用科学类文献约占35%,其他专业学科约占65%。CPCI是全球三大检索之一,该刊报道的学科范围广,收录会议文献齐全,且检索途径多、速度快,是一种详尽收集会后发表的会议文献的检索工具。其声誉已盖过其他同类检索工具而成为检索正式出版的会议文献的主要工具。

ISI Proceedings检索时应在"引文数据库"复选框中勾选"Conference Proceedings Citation Index"选项。系统提供Full Search和Easy Search两种检索界面。Full Search提供较全面的检索功能,通过主题词、作者名、期刊名、会议或作者单位等途径检索,可限定检索结果的语种、文献类型、排序方式,可存储/运行检索策略。Easy Search的检索功能相对简单,可以对感兴趣的特定主题、人物、地点进行检索。

国内外协会、学会数据库或网站。

学术团体是会议文献的重要来源,许多专业协会、学会拥有自己的数据库和网站,如IEEE、ACM、ASME等。世界上一些著名的专业协会、学会如下:

ACM:美国计算机学会 http://www.acm.org;

ACS:美国化学学会 http://portal.acs.org;

AIP:美国物理研究所 http://www.aip.org;

API:美国石油存会 http://www.api.org;
APS:美国物理学会 http://www.aps.org;
ASCE:美国土木工程师学会,http://www.asce.org;
ASME:美国机械工程师协会 http://www.asme.org;
ASTM:美国试验与材料协会 http://www.astm.org;
IEE:英国电子电气工程师学会 http://www.theiet.org;
IEEE:美国电子电气工程师学会 http://www.ieee.org;
ISRM:国际岩石力学学会 http://www.isrm.net;
SAE:美国机动车工程师协会 http://www.sae.org;
SPE:美国石油工程师协会 http://www.spe.org;
SPIE:国际光学工程学会 http://www.spie.org;
会议消息网站:可以了解将来要召开的会议及会议日程安排;
中国会议网:http://www.chinameeting.com;
中国学术会议在线:http://211.68.23.76;
中国科技信息:http://www.chinainfo.gov.cn;
Atlas Conference:http://atlas-conferences.com;
Calendar of Upcoming Technical Conferences:http://www.techexpo.com/events;
Internet Conference Calendar:http://www.mojam.com;
Europe Research Conferences:http://www.esf.org/euresco;
WebRef:http://www.webreference.com/internet/conferences.html。

第五节 科技报告及其检索

一、科技报告简介

科技报告记录了某一课题的科学的技术研究成果,是科研工作成果的正式文件,又称研究报告、报告文献。许多新的研究课题最新探索的成果和一些重大技术改革成果往往首先在科技报告这类文献之中,科研人员在其研究过程中,需要了解内容详尽及推理、实验数据比较完整的专题参考资料,以便知晓和掌握一个国家或一个专业领域研究的详尽情况。

科技报告作为一种传递科技情报的特定类型的文献,其历史只能追溯到20世纪初。当时只是研究或设计单位向提供经费的机构提交的关于研究或设计任务完成情况及财物消耗情况的报告。第二次世界大战期间,西方国家的科研活动,特别是那些与战争关系密切的领域的研究活动加强,由于保密的需要和纸张短缺,大量研究成果以内部报告的形式出现。当时美国的许多大学实验室和工业公司也与政府机构签订合同进行科学研究,并向主办机构提供科研进展报告。大战结束时,美国、英国等国派往德国、日本等国的专家组获取了大量科技资料,然后整理成科技报告。战后,科技报告数量迅速增长,据估计,1945—1950年间科技报告的年产量在7500万~10万件之间,至20世纪70年代增至每年5万~50万件,到80年代每年约达70万件,其中美国约占半数以上。世界上较著名的科技报告系列有美国政府的四大报告(PB报告、AD报告、NASA报告、AEC/ERDA/DOE报告)、英国航空委员会(ARC)报告、英国原子能局(UKAEA)报告、法国原子能委员会(CEA)报告、联邦德国航空研究所(DVR)报告,日本的原子能研究所报告、东京大学原子核研究所报告、三菱技术通报、苏联的科学技术总结和中国的"科学技术研究成果报告"等。

科技报告的特点如下：

(1) 反映新的科研成果；

(2) 内容多样化；

(3) 保密性；

(4) 报告质量参差不齐；

(5) 每份报告自成一册，装订简单，一般都有连续编号。

科技报告的类型按其反映的研究阶段，大致可分为两大类：一类是研究过程中的报告，如现状报告、预备报告、中间报告、进展报告、非正式报告；另一类是研究工作结束时的报告，如总结报告、终结报告、试验结果报告、竣工报告、正式报告、公开报告等。

按报告的文献形式可分为：技术报告(Technical Report)，是一种比较正式的文件；技术札记(Technical Notes)，研究中的临时记录或小结；技术论文(Technical Paper)，准备在学术会议上或期刊上发表的报告；技术备忘录(Technical Memorandum)，供同一专业或同一机构中的少数人沟通信息用的资料；技术通报(Technical Bulletin)，对外公布的、内容较为成熟的摘要性文件；技术译文(Technical Translations)。

按报告的使用范围可划分为绝密报告、机密报告、秘密报告、非密限制发行报告、非密报告、解密报告等。

二、科技报告检索

1. 国内相关科技报告网站

1) 国家科技成果网

国家科技成果网(简称 NAST, http://www.tech110.net)是由国家科技部于 1999 年创建的国家级科技成果创新服务平台，2006 年由国家科学技术奖励工作办公室管理。旨在促进科研单位、科研人员、技术需求方的交流、沟通，加快全国科技成果进入市场的步伐，促进科技成果的应用与转化。国家科技成果数据库是国家科技成果网的重要组成部分，提供全国科技成果查询服务，其内容丰富、权威性高，已收录全国各地区、各行业经省、市、部委认定的科技成果 30 余万项，库容量以每年 3 万~5 万项的数量增加，充分保证了成果的时效性，可免费查询。

国家科技成果网包括的数据库有重大成果库、奖励成果库、最新成果库、登记成果库、可转让成果库、成熟技术成果库、已转让成果库、鉴定成果库、计划成果库。

数据库检索方法主要有简单检索、高级检索和分类浏览三种。

(1) 简单检索。在国家科技成果数据库首页，可进行科技成果项目的简单检索和分类浏览。简单检索字段包括项目名称、关键词和完成单位，并可按分类、项目年份、成果水平、采集渠道、计划类别和所属阶段等设置限制条件。

(2) 高级检索。检索字段固定，不能选择。可根据成果名称、关键词、完成单位、完成人、成果年份、成果地区、国科网分类、中图分类、行业分类、成果水平等字段进行检索。检索框之间是逻辑"与"的关系。

(3) 分类浏览。分为国科网分类、中图法分类、学科分类和高新技术领域四种。还可按项目所处的阶段、项目的成果水平、采集渠道和计划类别分别进行浏览。

2) 中国科技项目创新成果鉴定意见数据库（知网版）

该数据库收录从 1970 年至今的科技成果，部分成果回溯至 1920 年，主要收录正式登记的中国科技成果，按行业、成果级别、学科领域分类。每条成果信息包含成果概况、立项、评价，知识产权状况及成果应用，成果完成单位、完成人等基本信息。核心数据为登记成果数据，具备正规的政府采集渠道，权威、准确。

中国科技项目创新成果鉴定意见数据库是唯一收录专家组对该项成果的推广应用前景与措施、主要技术文件目录及来源、测试报告和鉴定意见等内容的数据库。与通常的科技成果数据库相比，中国科技项目创新成果鉴定意见数据库（知网版）每项成果的知网节集成了与该成果相关的最新文献、科技成果、标准等信息，可以完整地展现该成果产生的背景、最新发展动态、相关领域的发展趋势，可以浏览成果完成人和成果完成机构更多的论述以及在各种出版物上发表的文献。

2. 国外科技报告网站

国际上著名的科技报告是美国四大报告即 PB 报告、AD 报告、DOE 报告和 NASA 报告。

1) PB 报告

PB 报告是美国科技报告中发行最早的一种。第二次世界大战后，美国政府为了系统整理和利用从战败国获得的战利品，于 1946 年成立了"商务部出版局"（Office of the Publication Board，U. S. Department of commerce），由该局负责收集、整理和报道从德国、日本、意大利等国掠得的大量保密性科技资料。出版局对每份资料都依次编上它自己的序号，并在序号前冠上该局（Publication Board）缩写字头"PB"二字，所以这类报告就被称之为 PB 报告。PB 报告的出版发行机构，虽曾几经改组，文献内容也从整理战利品转向报道美国本国科研成果，但代号仍沿用 PB 号。

目前负责收集、整理和报道 PB 报告的机构为美国商务部国家技术情报服务处（National Technical Information Services，U. S. Department of Commerce），简称 NTIS。

2) AD 报告

AD 是"ASTIA Document"的缩写。ASTIA 是美国武装部队技术情报局（Armed Services Technical Information Agency）的简称。AD 报告是为军事系统服务的报告。AD 报告分两部分，一部分是保密的，不对外报导；一部分是公开的或从保密文献中解密出来的报告，交由 NTIS 公开发行。早期 NTIS 收到 AD 报告都在原报告上加编一个 PB 号再公布。1960 年以后直接用 AD 号颁布，不再加编 PB 号。

3) DOE 报告

DOE 是"Department OF Energy"的缩写。DOE 报告即能源部所属单位或合同户所提供的报告，它的前身是 AEC 报告和 ERDA 报告。AEC 是"Atomic Energy Commission（USA）"的缩写。ERDA 是"Energy Research and Development Administration"（能源研究与发展总署）的缩写。AEC 于 1974 年 10 月撤销，于 1975 年 1 月成立 ERDA，后者又于 1977 年 10 月改组为 DOE。由 DOE 负责出版的科技报告代号一般在编号前冠以 DE 二字，但一部分仍沿用早年 AEC 所采用的各种代号。AEC 报告代号不像 PB 报告和 AD 报告那样单一，编号前冠 AEC 三字的并不多，大多数都以提供报告的单位缩写名或根据文献性质编制的。由于这类报告由 DOE 整理、报道，故称它们为 DOE 报告。

4) NASA 报告

NASA 是"National Aeronautics and Space Administration"（美国国家航空与宇宙航行局）的

简称。该局出版的科技报告编号前都冠有 NASA 四字,故称 NASA 报告。

许多国家都相应地出版有检索本国科技报告的检索工具。其中最典型的有美国《政府报告通报及索引》。

5)美国《政府报告通报及索引》

美国《政府报告通报及索引》(Government Reports Announcements & Index,GRA&I)是由美国"国家技术情报服务处"编辑出版的。它自从 1946 年创刊以来,曾六次改名。现在的名称是 1977 年第 77 卷开始使用的。

"通报"和"索引"实际上是一期文本中文摘和索引前后两个部分。由于它出版有年度累积索引,我国各收藏部门在装订时大都把后一部分"索引"删去,只留《政府报告通报》部分,因而简称《GRA》。

《GRA》主要以摘要形式报导美国政府机构及其合同户提供的研究报告,同时也报导各部门出版的科技译文和少量其他国家的科技文献。具体地说,它报导全部 PB 报告,所有非密级的、解密的 AD 报告和部分 NASA 报告、DOE 报告及其他类型的报告,还有部分美国专利申请说明书的摘要。年报导量约 7 万件。

《GRA》报道范围较广,几乎涉及现代科学的所有学科。它共分 22 大类(Category),178 个小类(Subcategory)。大类内容为:(1)航空学;(2)农业;(3)天文学与天文物理;(4)大气科学;(5)行为与社会科学;(6)生物与医学科学;(7)化学;(8)地球科学与海洋研究;(9)电子学与电工;(10)能量转换;(11)材料;(12)数学科学;(13)机械工程、工业工程、土木工程及造船工程;(14)方法与设备;(15)军事科学;(16)导弹技术;(17)导航、通信、检测及反雷达;(18)核子科学与技术;(19)军械;(20)物理学;(21)推进与燃料;(22)空间技术。

《GRA》除文摘部分以外,有五种期索引和年度累积索引。文摘款目的著录内容有报告号、价格、团体著者及其地址、报告题目、报告类型和课题研究起止时间、个人著者姓名及报告完成时间、报告页数、报告代号、合同号、文摘及文摘来源等。

索引包括以下五种:

(1)关键词索引(Keyword Index):按关键词字母顺序排列。关键词下列有题目、报告号及文摘所在页码,供用户从主题途径检索之用。

(2)个人著者索引(Personal Author Index):按著者姓名字顺排列。著录事项有著者姓名、题目、报告号及文摘所在页码,供用户从已知著者途径检索之用。

(3)团体著者索引(Corporate Author Index):按提供报告的单位名称的字顺排列。著录事项基本同"个人著者索引",但题目前多一项报告号,便于用户从已知机构名称检索,以了解某机构的技术发展情况。

(4)合同号/资助号索引(Contract/Grant Number Index):按报告的合同号和资助号顺序排检。著录事项与上述索引不同的地方是,题目代之以参加合同单位或资助单位的名称。

(5)NTIS 订购号/报告号索引(NTIS Order/Report Number Index):按 NTIS 订购号和原文献报告号的顺序编排。其著录事项中列有印刷品胶卷的售价。以上各索引的年度累积索引著录事项中还给出卷号和期号。

网上科技报告还有如下免费站点:

(1)GrayLIT NetWork:可以检索并浏览 DTIC、NASA、DOE、EPA 等美国政府报告,有全文。

(2)NASA Technical Reports Server (NTRS):提供有关航空航天方面的科技报告,可以检索并浏览,部分有全文。

（3）NASA Scientific and Technical Information Program：提供有关航空航天方面丰富的科技报告全文。

（4）FedWorld：可免费检索美国政府科技报告（NTIS）的文摘题录，全文需订购。

（5）STINET：美国国防技术情报中心报告数据库，可检索和浏览文摘信息，可下载全文。

（6）Networked Computer Science Technical Reports Library（NCSTRL）：汇集了世界上许多大学以及研究实验室有关计算机学科的科技报告，可以浏览或检索，可免费得到全文。

（7）The Congressional Research Service Reports：这是 Committee for the National Institute for the Environment 的站点，提供了许多环境方面的报告全文。

（8）Search for California Environmental Documents：美国加州大学环境科学方面的科技报告全文。

（9）NBER Working Paper：这是美国国家经济研究局（National Bureau of Economic Research）的研究报告文摘。

（10）Documents & Reports of the WorldBank Group：世界银行组织的文件与报告库，可以免费看全文。

复习思考题

1. 中国国家知识产权局专利检索数据库有多少种检索方法？
2. 中国知网专利检索全文是否能免费获得？
3. ISO、IEC 颁布的标准有什么不同？
4. 学位论文和会议论文有什么不同？
5. 美国政府四大报告指的是什么？
6. 检索国外主要学位论文主要用哪个数据库？

第七章 信息资源的利用

在科学研究中,文献信息的利用是一项基础性工作,而文献信息利用的前提是通过检索等手段收集文献信息,然后将收集到的文献信息经过整理和分析,为科研课题有效利用。

第一节 文献信息的收集、整理和分析

一、文献信息的收集

文献信息的收集是每个科技人员从事教学、科研、生产与管理必不可少的基础性工作。任何科研课题,从选题直至课题结束时的成果水平鉴定,每一个环节都要求系统地收集与课题相关的文献信息。因此,全面、准确、高效地收集文献信息对科研课题的顺利完成是十分重要的。

1. 科研课题完成的四个阶段

一般说来,科研课题的完成过程可以划分为前期阶段、初始阶段、中间阶段和总结阶段四个阶段。

1)前期阶段

科研课题的前期阶段主要是选题和课题论证阶段。选题要考虑到科学性、先进性、应用性、市场发展前景及前人研究成果的调研信息等,同时需要有足够的科学依据对科研课题进行可行性的有关论证。因此,需要查阅和收集大量国内外相关文献信息。

2)初始阶段

科研课题的初始阶段主要是制订科研课题研究计划和选择科研课题研究方法的阶段。科研课题研究计划的制订必须遵循事物发展的客观规律,有组织、有计划、有步骤地按时完成科研课题的研究工作;科研课题的研究方法关系到科研课题研究的成败,为使科研课题能按计划顺利完成,必须设计和选择适合科研课题的研究方法和技术方案。而这些研究方法和技术方案的形成同样要依赖有关的文献信息。

3)中间阶段

科研课题的中间阶段主要是科研课题的研究计划和科研课题的研究方法实施的过程。在整理、总结和综合分析科研课题进展情况的基础上,应参考和借鉴前人的经验,及时调整科研课题的研究方法和技术方案,以保证科研课题研究的创新和水平。因此,深入收集文献信息就变得更加重要。

4)总结阶段

科研课题的总结阶段主要是科研课题研究成果的总结、鉴定和科研课题论文的撰写阶段。科研课题研究成果是科研课题中间阶段的产物,对其要进行结果的讨论与分析,在前人研究的基础上提出独到见解、结论及存在问题,并接受有关主管部门的鉴定与验收;科研课题论文的撰写实际上就是对科研课题研究成果的总结归纳,按照科技论文的撰写方法,撰写出科研课题的研究论文。只有参考大量的文献信息,才能完成深入的总结、比较与评价。

总而言之,科研课题的每一个研究环节都离不开文献信息的查阅、收集和利用。因此,文

献信息是一种永不枯竭的资源,科技工作者应充分利用这种资源,不断地收集、积累和利用本专业各种最新的文献信息,随时掌握本专业国内外研究现状和发展趋势,避免科研的重复,以减少人力、物力和财力的浪费。有利于选择新的科研起点和科研方向,站在本专业发展的最前沿,实现科技创新。

2. 文献信息的收集途径

科技工作者收集文献信息主要途径有以下三个方面:

(1)定期浏览有关专业核心期刊和其他类型的专业期刊,以便从中获得大量重要的专业文献信息。

(2)参与各种学术报告会议,包括参加国内外专题讨论会、学术交流会、访华学者报告会、技术座谈会等学术活动。也可以到同行单位进行实地调研或参观学习,收集到第一手文献信息,同时与国内外同行保持信函或 E-mail 联系。

(3)利用各种国内外检索工具,系统、全面地收集相关文献信息。一般应根据科研课题的内容、性质及要求,采取不同的收集方法。

3. 文献信息的收集方法

1)常规的收集方法

常规的文献信息收集方法首先是以明确科研课题要求、汇集查找线索为目的,即通过三次文献,例如百科全书、年鉴、有关数据手册、设计手册、学术机构指南、名人录等来收集与科研课题相关的文献信息。其次是获取与科研课题相关的核心期刊的文献资料,即通过国内外各种手工检索工具和计算机检索系统检索与科研课题相关的文献信息。也可以图书馆、情报信息所等有关文献信息收藏单位为依托,随时索取与科研课题相关的文献信息。为达到补充检索工具的已得文献、获取最新文献信息的目的,可直接通过查找与科研课题相关的各种类型的原始文献,如专业核心期刊、科技报告、专利文献、学位论文、会议文献、标准、图书、报纸等收集与科研课题相关的文献信息。此外,定向跟踪科技发达国家的有关研究机构和同行著名学者,也可以收集到与科研课题相关的文献情报。

2)其他收集方法

除常规的收集方法以外,还可以根据科研课题的性质和要求,采取更有针对性的收集方法。

(1)带技术攻关性质的课题。

文献信息收集的重点通常是国内外的科技报告、专利、会议文献和期刊论文等。收集步骤一般分成两步:

①使用相应的专门检索工具、数据库或 Internet 查找一批相关文献信息;

②根据所查到的文献信息,找出核心的分类号、主题词、作者姓名以及主要相关期刊或会议等信息,通过这些线索再使用数据库、Internet 或专业期刊、会议录等复查,以找全主要的参考文献信息。

(2)带仿制性质的课题。

文献信息收集的重点通常是同类的产品说明书、专利说明书和标准资料、科技报告、科技期刊等。收集的步骤一般也分两步:

①通过各种手册、指南了解有关单位的名称和情况,进而利用检索工具、数据库或 Internet 普查相关的专利和标准,掌握专利占有和标准公布情况,摸清主要的相关单位有哪些;

②通过各种途径向这些有关单位索取产品样本、产品说明书等。

(3) 带综述性质的课题。

文献信息收集的重点通常是近期发表的各种一次和三次文献,包括以期刊论文、会议文献、专著丛书、年鉴手册和科技报告等形式出版的综述、述评、进展报告、现状动态、专题论文等。收集的方法以使用数据库或 Internet 为主,辅以直接查阅有关期刊、图书和手册等工具书。另外还要注意最新发表的一次文献,以补充已有三次文献的不足。

(4) 带成果水平鉴定性质的课题。

文献收集的重点通常是专利文献,也包括相关的科技成果公报类期刊、专业期刊和会议文献等。收集的步骤一般分手工检索和计算机检索两部分。手工检索部分用以摸清基本情况,计算机检索部分利用手工检索所得线索予以扩展和完善,以增加可靠性。这类课题对相关文献的查全率和查准率都有较高的要求,收集时应特别注意检索策略的优化和原文的获取与分析比较。

此外,文献信息的收集还要注意以下三点:

①根据课题的时间范围和地域范围确定收集文献信息的时间上、下限以及地区范围;

②在文种选择上,一般先查阅中文文献检索工具和中文专业期刊,这样不仅可以了解和掌握国内相关文献信息,还可以了解到国外相关文献信息。此后再查阅外文检索工具、外文期刊或 Internet,以提高相关文献信息的查全率和查准率。

③对于已收集到的文献信息,不仅要阅读理解文献的内容,而且还要注意文章后的参考文献,以便从中补充课题所需的有关文献信息。

二、文献信息的整理

在文献信息收集的基础上,还应对所收集到的文献信息先进行整理,然后再加以应用。文献信息整理的方法主要包括文献信息的阅读与理解、文献信息的鉴别与剔除、文献信息的笔录与卡片和文献信息的分类与排序等。

1. 文献信息的阅读与理解

阅读和理解文献信息的一般顺序为:

(1) 对于主题相同的中外文文献信息,先阅读中文文献信息,后阅读外文文献信息,这样既有助于理解文献信息的内容,又能加快文献信息的阅读速度;

(2) 对于同一篇文献既有文摘又有原文,则应先阅读文摘后阅读原文,根据文摘提供的信息,决定是否索取原文,以节省精力和时间;

(3) 对于同一类文献,当既有综述性文献,又有专题性文献时,则应先阅读综述性文献,后阅读专题性文献,这样有助于在全面了解课题的基础上对专题性文献作出选择;

(4) 对于同一主题文献在发表时间上有先后的,则先阅读近期发表的文献,后阅读早期发表的文献,这样有助于了解和掌握最新水平和发展前景。

阅读和理解文献信息的一般步骤为:先粗读或通读,后精读。粗读用以初步确定文献信息的取舍。粗读时,短文可全读,长文可只读摘要、引言和结论,以求其梗概;通读用以掌握课题的概貌,因此,可以选择综述和述评文章,对重要论点、核心数据随时作下笔记;精读用以理解重点文献信息,通常精读的文献信息是与课题密切相关的文章。精读的笔记内容除了文章著者的观点、结果以外,甚至可以有自己的评论,以作分析比较。精读的文章,如果是外文文献信息,则须摘译或全译,以求准确理解。例如:如果是一本书,应先阅读内容提要、前言,再浏览目次表。若发现其中确有需要仔细阅读的章节,再进一步精读;如果是一篇论文,应先读标题、目录、文摘、前言和总结,浏览图表。若发现有价值的章节,再仔细阅读。

2. 文献信息的鉴别与剔除

1) 来源鉴别

对所收集的文献信息,应作来源国、学术机构、研究机构的对比鉴定。看是否出自发达国家的著名学术机构或研究机构;是否刊登在同领域的著名核心期刊上;文献被引用频次多寡,来源是否准确,是公开发表还是内部交流。对那些故弄玄虚、东拼西凑、伪造数据和无实际价值的文献信息,应注意予以剔除。

2) 著者鉴别

对所收集的文献信息的著者应作必要的考证,看著者是否是本领域具有真才实学的学者。

3) 事实和数据性信息的鉴别

主要是指论文中提出的假设、论据和结论的鉴别。应首先审定假定的依据、论据的可信程度;结论是否是推理的必然结果;实验数据、调查数据是否真实、可靠。对那些立论荒谬、依据虚构、逻辑混乱、错误频出的资料应予以剔除。

3. 文献信息的笔录与卡片

在收集文献信息的过程中,必须及时用卡片一篇一卡地做好记录,以备后用。一般卡片记录形式有以下几种:

(1) 题录式卡片。指在卡片上著录文献篇名、著者、文献出处、日期、卷期号码,用于一般文献的笔录。

(2) 文摘式卡片。凡通过检索工具查得的文摘,可照抄到卡片上。如果为原文做文摘,则应通读原文,分析出文章内容的要点,在文摘卡片上著录文献篇名、著者、著者单位、书刊名称、卷期页码,出版时间以及内容提要。

(3) 提纲式卡片。在卡片上记录文献的篇名和章节标题,用以了解著者的逻辑思维和文章的基本内容。

(4) 摘录原文语句式卡片。适用于原文中精华的、意义重大的语句或段落。

(5) 全文复制或抄录。适用于特别重要的文献。

现在由于有 Excel 等工具,如果把文献信息做成 Excel 形式,那么文献信息的整理和再次利用,将是十分方便的。

4. 文献信息的分类与排序

当所有的文献信息编写完毕,则可按类或主题为标识排序,以方便利用。对于从事多项课题的研究人员,应按课题建档、排序,对理出类别的卡片再进行筛选,剔除淘汰重复或参考价值较小的部分,然后根据课题的需要复印或借阅有关原文。

三、文献信息的分析

文献信息的分析是指对获取的文献信息进行分析与综合的过程。它是根据特定的需要,对文献信息进行定向选择和科学抽象的一种活动。文献信息分析的目的是从相关的文献信息中提取共性的、方向性的或特征性的内容,为进一步的研究或决策提供佐证和依据。经过文献信息分析,由检索、收集和整理而得的文献信息变成了某一个专题的信息精华,因此,文献信息的分析过程是一个由粗到精、由低级到高级的信息提炼过程。

文献信息分析一般包括以下六个步骤:(1)选择课题;(2)收集与课题相关的文献信息;(3)鉴别和筛选所得文献信息的可靠性、先进性和适用性,并剔除不可靠或不需要的文献信息;(4)分类整理,对筛选后的文献信息进行形式和内容上的整理;(5)利用各种信息分析研究方法进行全面的分析与综合研究;(6)成果表达,即根据课题要求和研究深度,撰写综述、述评报告等。

文献信息分析的方法很多,归纳起来主要有定性和定量方法两类。

1. 文献信息的定性分析方法

文献信息的定性分析方法是指运用分析与综合、相关与比较、归纳与演绎等逻辑学手段进行文献信息研究的方法。常用的文献信息分析方法有比较法、相关关系法、综合法。

1) 比较法

比较法可以分为纵向和横向两种方法。

纵向比较法是通过对同一事物在不同时期的状况,如数量、质量、性能、参数、速度、效益等特征,进行对比,认识事物的过去和现在,从而分析其发展趋势。由于这是同一事物在时间上的对比,所以又称为动态对比。

横向比较法是对不同区域,如不同国家、地区或部门的同类事物进行对比,又称静态对比,属于同类事物在空间上的对比。横向对比可以提出区域间、部门间或同类事物间的差距,判明优劣。通过比较方法获得的文献信息分析结果可以使用数字、表格、图形或文字予以表达。

2) 相关关系法

事物之间或者事物内部各个组成部分之间经常存在某种关系,例如现象与本质、原因与结果、目标与途经、事物与条件等关系,这些关系可以称为相关关系。通过分析这些关系,可以从一种或几种已知的事物来判断或推知未知的事物,这就是相关关系法。

3) 综合法

综合法把与研究对象有关的情况、数据、素材进行归纳与综合,把事物的各个部分、各个方面和各种因素联系起来考虑,从错综复杂的现象中,探索它们之间的相互关系,以达到从整体的角度通观事物发展的全貌和全过程,以获得新的认识、新的理论的目的。例如,把某一个课题当前的发展情况包括理论、方法、技术及优缺点集中起来,加以归纳整理,就构成了一份不同学派、不同技术的综合材料。

下面是运用文献信息的定性分析方法分析文献信息的几个实例。

[例1] 运用对比法分析弹性轴承和普通轴承的技术经济性能。

经收集和整理有关文献信息并归纳后认为:弹性轴承(一种用橡胶和金属交替垒组成的部件)与普通轴承相比,有如下优点:

(1) 降低维修成本:弹性轴承无需润滑,维修时不用拆卸,只需检查既可,故维修成本低廉;

(2) 防止突然失效:轴承具有弹性,不会使装置突然失灵;

(3) 消除摩擦凹痕:弹性轴承由于没有滑动和滚动运动,因而不会产生凹痕;

(4) 有利于保护环境:弹性轴承的弹性具有润滑作用,故无需磨料,也不会产生臭氧,此外弹性轴承减少了振动、撞击和噪声,这些都有利于保护环境;

(5) 减少了零件数量:由于不需要润滑,因而无需复杂的密封设备或护圈,简化了结构;

(6) 延长了使用寿命:弹性轴承的使用寿命是普通轴承的 5~10 倍。

通过以上利用文献信息定性分析的对比法,对弹性轴承与普通轴承技术经济性能的比较可见,弹性轴承的优点远远超过普通轴承。因此,为文献信息用户的决策提供了佐证和依据。

[例2] 运用相关关系法分析专利文献发表数量,预测技术的发展阶段。

在各类文献中,专利文献是显示科学技术发展的最敏感的指标。如果对有关某项技术的专利文献进行全面的调查统计,并按照时间顺序画出专利文献的变化曲线,这条曲线一般能够相当准确地反映出该项技术的兴起、发展、全盛和衰落,而且曲线的变化比实际的变化在时间上要早 8~10 年。

[例3] 运用综合法分析红外技术的应用现状。

红外技术可以应用于矿山、电力、化工厂的安全控制;铸件内部的缺陷与集成电路焊接的无损检测;半导体部件的焊接;矿山、油田的勘探;农业的土壤调查、作物估产、病虫害和林火的探测;癌症的诊断以及大量民用电器的遥控等各个不同的领域。全面收集红外技术在各个领域应用现状、特点、前景、有待改进的问题,并加以归纳整理,就可以形成一份关于红外技术应用的全面、完整的综合情报。

2. 文献信息的定量分析方法

文献信息的定量分析方法是指运用数学方法对研究对象的本质、特征进行量化描述与分析的方法。因为量化描述主要是通过数学模型来实现,所以定量分析也可以说是利用数学模型进行文献信息分析的方法。

定量分析的核心技术是数学模型的建立与求解以及模型解的评价判定。数学模型的建立过程包括明确建模目标、确定模型变量、建立数学模型的近似理论公式、确定参数和模型求解、最后是评价模型的性能。

概率统计法是一种常用的文献信息定量分析方法。概率统计方法也称拟合模型法。这种方法的实质是利用已有的数据情报拟合推演出数学模型。其关键是采集加工出的数据情报要能够反映出研究对象的特性和运动的机制数据分析要准确,拟合方法要合理。这种方法适用于非突变性随机问题。

下面是运用定量分析方法分析文献信息的两个实例。

[例1] 利用线性相关定量分析方法研究美国电子计算机各类设备的发展趋势。

收集文献信息,绘出如图 7-1 所示的美国电子计算机各类设备产值占总产值比重的线性相关图。由图 7-1(a) 可看出:总产值和外围设备产值比重的变化关系呈正相关关系;由图 7-1(b) 可看出,总产值和主机产值比重的变化呈负相关关系。

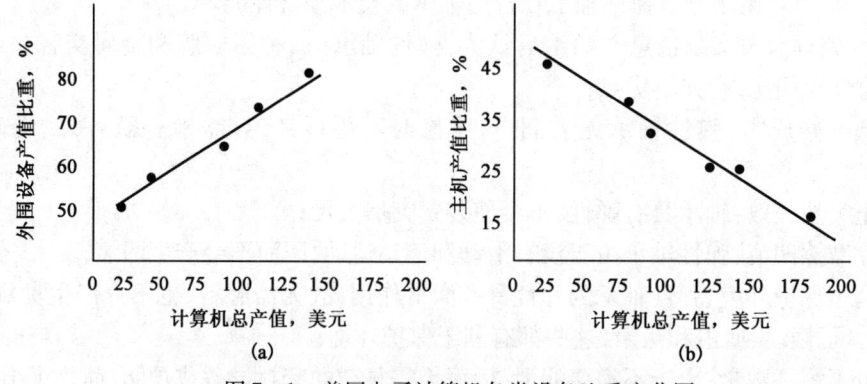

图 7-1 美国电子计算机各类设备比重变化图

根据图 7-1 中给出的这种相关性可以推断:随着计算机产业总产值的上升,主机产值的比重会下降,而外围设备在计算机中的地位将日益重要。这对我国规划计算机工业的发展有重要指导意义。目前,在我国计算机的外围设备比重较小、水平较为落后的情况下,应投入较多的力量和资金,重视外围设备的研制和生产。

[例2] 利用最小二乘法分析我国激光文献的发表数量。

收集文献信息,统计1976—1981年间我国激光文献的数量,将数据填入表7-1。根据表7-1,用最小二乘法可求得:$K=115.5$,$C=-134.0$,则$Y=115.5\sim134.0$,由此可预测1982—1985年的激光文献数分别为:675、790、906、1021、比1981年分别增长12.1%、31.2%、50.5%、69.6%。这表明我国的激光科技事业将有较大发展。

表7-1 1976—1981年我国激光文献统计表

年 代	1976	1977	1978	1979	1980	1981
编号 X	1	2	3	4	5	6
文献数 Y	47	56	156	345	416	602

第二节 科 技 查 新

一、科技查新概述

1. 科技查新工作的历史沿革

在科技查新工作没实施以前,人们对科研立项和科研成果的评审主要采取同行专家评议和实践检验两种方法。科技查新工作是在我国科技体制改革进程中萌生、发展起来的。我国的科技查新咨询工作始于四川,在这之前,对科技成果的评价主要采取同行专家评议和实践检验两种方法,这两种方法基本上都属于"经验评价"的范畴。由于这种"经验评价"的结果,造成我国科研的低水平重复(重复率为40%～60%)和科研成果鉴定失准,浪费了大量人力、财力和物力,影响了我国科技发展的速度和水平。所以,在这种情况下,就提出了把"情报评价"引入成果管理程序的要求,以便为专家评议提供全面、准确的"鉴证性客观依据",与专家评议相辅相成。

2. 查新的定义

在不同的历史时期,人们赋予查新不同的定义。

1992年8月,《科技查新咨询工作管理办法》(征求意见稿)第二条定义:"科技情报查新工作是指通过检索手段,运用综合分析和对比等方法,为科研立项、成果、专利、发明等评价提供科学依据的一种情报咨询服务形式。"

1993年3月,《科技查新咨询工作管理办法》(试行稿)第二条定义:"查新工作是指通过手工检索和计算机检索等手段,运用综合分析和对比方法,为评价科研立项、成果、专利、发明等的新颖性、先进性和实用性提供文献依据的一种信息咨询服务形式。"

2001年1月1日实施的《科技查新规范》对查新作出了规范的定义:"查新是科技查新的简称,是指查新机构根据查新委托人提供的需要查证其新颖性的科学技术内容,按照本规范操作,并作出结论。"

这里所说的查新机构是指具有查新业务资质,根据查新委托人提供需要查证其新颖性的科学技术内容,按照科技查新规范操作,有偿提供科技查新服务的信息咨询机构;查新委托人是指提出查新需求的自然人、法人或者其他组织;新颖性是指在查新委托日以前查新项目的科学技术内容部分或者全部没有在国内外出版物上公开发表过。

3. 查新的类型

1）科研立项查新

科研立项是科学研究的基础,只有把握好立项研究,对研究项目的先进性、新颖性、实用性等特征进行科学的评估,才能保证科学研究的质量和水平。科研立项查新的目的是为主管科研立题的专家和领导提供客观的文献信息依据,能真实地反映这些科研项目在国内外的研究现状和进展情况,以避免科研项目的重复,避免人力资源和物力资源的浪费,从而将有限的科研经费用到急需研究的项目上。同时,也为科研人员在开题之前比较全面的研究文献信息,达到优化科研项目的总体设计、缩短科研周期、少走弯路以及快出成果的目的。科研立项查新要求科研人员提供科研立项申请书,包括全面、充分的科研背景材料,明确的研究目标和具体的研究内容等。

2）科技成果查新

科技成果查新是指申请科技成果鉴定之前,需要查证科技成果的创新性,为成果评审专家提供该成果相关的事实依据。目的在于帮助专家客观公正地评价研究成果,减少评审失误,保证成果的质量,增强科学的严肃性,实事求是地反映科研水平。科技成果查新是申报科技成果奖励的必备条件,是成果鉴定和评审的重要依据和基础。成果查新需要对成果进行全面系统的文献检索,证实其具有"新颖性"。检索的文献范围广,文献类型多,要求查找出与申报成果最密切相关的对比文献,并以此证明所申报的成果名符其实。因此,要求科技成果查新的委托人提供科技成果申报书的各项内容,包括本项成果的主要研究内容、关键技术方法、主要技术指标、主要特点和技术创新等。还需要提供已经在国内外发表论著,专利证书、科研合作单位及其知识产权关系的证明材料等。科技成果查新一般同时要求提供论著被引用的证明。

3）专利申报查新

专利申报查新与成果查新是有差异的,我国专利的新颖性是混合性的,要求国内外未公知、国内未公用,检索时间限制是申请月或优先权日之前15~20年。而成果查新可以有国外新颖性、国内新颖性、地区或行业内新颖性等特征和区分。成果查新的文献检索时间限制也因课题、学科差异而有所不同,科技部规定要求检索文献的时间是至少15年。按照世界专利合作条约的规定,专利查新最低文献量均为英国、美国、法国、德国、日本、俄罗斯、意大利七国及PCT、EPT两组织的专利说明书和数百种核心期刊。而科技成果查新的文献检索范围应当包括图书、期刊、研究报告、专利、产品样本、会议资料、标本等。专利分为发明专利、实用新型专利和外观设计专利三种,其侧重点是不同的。发明专利是指对产品、方法或其改进提出的新的技术方案。实用新型专利是指对产品的形状、构造提出的适于实用的技术方案。外观设计专利是指对产品的形状、图案或其色彩作出新的设计方案。因此,要求专利查新委托人提供具体类型的专利申请的全部资料,查新机构根据专利类型进行相关内容和相应范围的检索并出具查新证明。

4. 查新的性质和作用

1）查新的性质

查新是对科技项目进行文献鉴证,对其新颖性作出肯定的或否定的结论。查新有别于文献检索,也有别于专家评审。

（1）查新是对项目的新颖性作出结论。

《科技查新规范》将科技查新界定为对查新项目的"新颖性"作出结论,与授予专利权的条件或专利审查原则(具有新颖性、创造性和实用性)有所不同。需要指出的是不同的时期查新有不同界定：如1993年是要求为科技项目的新颖性、先进性和实用性提供文献依据,1994年是要求为科技项目的新颖性和先进性提供事实依据;而现在只需对"新颖性"作出结论。

(2)查新有别于文献检索。

文献检索是针对具体课题的需要,仅提供文献线索和文献,对课题不进行分析和评价,侧重于对相关文献的查全率。查新是文献检索和情报调研相结合的一种情报研究工作,它以文献为基础,以文献检索和情报调研为手段,以检出结果为依据,通过综合分析、对比分析等方法,对查新项目的新颖性进行情报学审查,写出有依据、有分析、有对比、有结论的查新报告。因此,查新有较严格的年限、范围和程序规定,在查全、查准率上有着严格的要求,要求给出明确的结论,查新结论具有鉴证性。这些都是单纯的文献检索所不具备的。

(3)查新有别于专家评审。

查新是以通过检出文献的客观事实来对项目的新颖性作出结论。专家评审主要是依据专家本人的专业知识、实践经验以及所了解的专业信息,对被评对象的创造性、先进性、新颖性、实用性等作出评价。由此可见,查新和专家评审所依据的基础不同,评价的内容也是有差异的。同时两者各有优缺点,评审专家丰富的专业理论知识、实践经验以及对事物的综合分析能力,是一般科技情报人员难以具备和无法代替的;反之,信息机构所具有的丰富的文献信息资源和现代化检索系统,情报专业人员所具有的一定学术水平、较宽的知识面和丰富的文献情报工作经验等优势,也是评审专家难以取代查新机构的原因。有必要指出,查新机构提供的查新报告对项目的查新结论只是文献检索、情报调研等方面的结论,只是较系统、较准确的客观依据和情报学评价,而不是全面的成果评审结论。查新为科研立项提供客观依据;为科技成果的鉴定、评估、验收、转化、奖励等提供客观依据;为科技人员进行研究开发提供可靠而丰富的信息。

2)查新的作用

查新的作用表现在科技研究开发、科研管理和国民经济建设中。具体有以下几个方面：

(1)为科研立项提供客观依据。

科研项目在论点、研究开发目标、技术路线、技术内容、技术指标、技术水平等方面是否具有新颖性,在正式立项前,首先的工作是全面、准确地掌握国内外的有关情报,查清该项目在国内外是否已有人研究开发过。通过查新可以了解国内外有关科学技术的发展水平、研究开发方向,是否已有人研究开发或正在研究开发,研究开发的深度及广度,已解决和尚未解决的问题等,对所选项目是否具有新颖性的判断提供客观依据。这样可防止重复研究开发而造成人力、财力、物力的浪费和损失。

(2)为科技成果的鉴定、评估、验收、转化、奖励等提供客观依据。

查新可以为科技成果的鉴定、评估、验收、转化、奖励等提供客观的文献依据。查新还保证科技成果鉴定、评估、验收、转化、奖励等的科学性和可靠性。在这些工作中,若无查新部门提供的可靠的查新报告作为文献依据,只凭专家小组的专业知识和经验,难免会有不公正之处,可能会得不出确切的结论。这样既不利于调动科技人员的积极性,又妨碍成果的推广应用。高质量的查新,结合专家丰富的专业知识,便可防止上述现象的发生,从而保证鉴定、评估、验收、转化、奖励等的权威性和科学性。

(3)为科技人员进行研究开发提供可靠而丰富的信息。

随着科学技术的不断发展,学科分类越来越细,信息源于不同的载体已成为普遍现象,这给获取信息带来了一定的难度。有关研究表明,技术人员查阅文献所花的时间,约占其工作量的50%,若通过专业查新人员查新,则可以大量节省科研人员查阅文献的时间。查新机构一般具有丰富的信息资源和完善的计算机检索系统,能提供从一次文献到二次文献的全面服务,内容涉及各种学术会议和期刊的论文、技术报告、专利、标准和规范、通告等,收藏的数据最早可追溯到19世纪,最新可查到几分钟前公布的信息。据有关资料统计,这些系统包含了世界上98%以上的机读文献,基本能满足科研工作的信息需要。

5．新时期科技查新的特点

1）由咨询服务发展为鉴证服务

在不同的历史时期,人们从不同角度和基于不同的认识,给予了查新不同的定义。与以前相比,针对查新工作的监督管理越来越严格,查新行为规则逐步建立健全,查新工作承担和体现了更大的法律义务和责任,其公正性、准确性和独立性也得到了更大的保证。

2）由公益型向市场型过渡

一直以来,查新机构是享受行政拨款的事业单位,但随着市场经济的发展和科技体制改革的深入,各级情报单位逐步向企业化管理过渡,查新工作也要作为信息产业按市场机制运行,其业务由供求关系决定,查新资格也要通过市场需求和竞争淘汰取得。各查新单位已陆续实行成本核算机制,并将查新效益与员工的个人收益挂钩。

3）以馆藏文献为基础转向以"虚拟图书馆"为基础

20世纪90年代初的查新服务主要以馆藏文献为基础,利用目录、索引、文摘、参考工具书、光盘数据库等进行查新。21世纪的查新将会以全球"虚拟图书馆"为基础,这对于查新人员来说,意味着他们的检索空间以及信息资源扩大了无数倍。

4）应用更为广泛

以前的查新主要服务于大专院校、科研单位的科研立项及科技成果的鉴定、评估、转化的活动。随着人们对查新了解的加深,其功能逐渐为社会各方面所重视和接受。人们从应付科研主管部门的硬性规定而被动地履行查新,发展到自发自愿地应用查新。现在除了政府部门、科研系统外,民间的科研开发、技术交易、入股等活动,也自觉应用查新来保障自己的利益。甚至有的杂志出版社为了确保所录用的科技论文的质量,也要求论文作者出示证明其论文科技内容新颖性的科技查新报告书。由此可见,新时期的查新与周围环境更为广泛、更大程度地保持联系,各查新机构应敞开大门接纳用户、延伸用户所需的服务领域,使服务对象扩大到社会各层面。

5）趋向于专业分化

过去,有关部门在授权查新机构时并没有对其查新的专业范围进行限制,而查新机构在承接查新项目时往往也是不论专业,多多益善。但随着查新实践的深入开展,人们发现信息资源馆藏特点和查新人员的知识结构对查新工作的影响很大。信息资源是查新的物质基础,是影响查新质量的重要因素;而每一个查新人员的知识面都是有限的,不可能面面俱到,如果查新课题的专业比较陌生,则很难把握其内容实质和技术要点。因此,根据查新单位的馆藏专业特点和查新人员的专业知识背景进行查新专业的授权和限制是一种必然趋势。目前,已有不少查新机构也在长期的查新实践中发挥了自己的专业特长,打响了在特定专业领域的查新名牌,得到了社会各方的认同。

6）科技查新手段的现代化。

电子出版物的大量涌现,各种商业数据库的联机检索以及Internet网上资源的开发等,预示着查新服务的周围环境以及服务本身已经或正在发生着变化。

(1)电子出版物。

随着信息技术的发展,查新工作在检索方式上趋于简单、快捷、准确,查新服务的主要参考工具书也由印刷版扩大到电子版。现代科技查新工作中使用量最多的是只读光盘 CD-ROM。它利用计算机高速顺序扫描的功能,从文献的多种索引项目入手,便于读者随机检索,不必顺序浏览,快速而准确,使查新工作向现代化迈进一步。

(2)各类型数据库。

以数据库为核心的现代信息检索正逐步取代传统的手工检索,数据库根据其所含文献的不同,可分为以下几种:

①书目数据库:利用计算机查询的二次文献,如专题文献索引、馆藏目录等。

②具有事实性与数据性的数据库:包括各行业企业名录、人物简介、各学科领域的测量数据、统计数据等。

③全文数据库:可提供原始情报的全文,也可根据要求检索全文中的段节等内容。

④各类型数据库的广泛应用,增强了查新工作的时效,拓展了查新服务的深度和广度,保证了查全率、查准率,使查新质量得到了提高。

(3)Internet 网上资源。

以 Internet 为主的"电子图书馆"为查新提供了便利的信息获取与传输的渠道和工具,是信息资源查询和共享的最大的信息市场。Internet 网上资源的开发和利用,不但为查新工作提供了海量的网络信息资源,还改变了查新的工作方式,查新人员可以通过电子方式完成咨询答复或实现"资源共享",还可以借助它的电子信箱、电子讨论组、电子公告板等功能进行直接快速的信息交流与传递。

二、科技查新工作流程

查新工作流程大致如下:

委托人提出查新委托→查新受理→订立合同→检索准备→选择检索工具→确定检索方法和途径→查找→完成查新检索→草拟查新报告→审查查新报告→形成正式的查新报告→提交查新报告(或文件归档或登录到国家查新工作库)。

1.查新委托

要进行查新工作,首先要进行查新委托和查新受理。

1)查新委托人的权利

(1)有权选择具有查新资质证书的单位委托查新。

(2)对查新站选择咨询专家有建议权。

(3)按时接收查新报告。

(4)查新站完成查新报告后,有权要求退还全部资料。

(5)有权拒绝支付查新合同上商定费用以外的其他一切费用。

(6)对查新站的违规行为,有权依法请求处理,要求赔偿。

2)查新委托人的义务

根据查新要求提供真实、完整地资料。所提交的资料应当真实可靠,用词准确,能够满足查新的需要,主要包括以下几方面:

(1)查新项目相关的技术资料。

（2）提供与课题密切相关的国内外参考文献，以供查新员在检索时参考。

（3）有责任向查新员介绍查新课题内容，明确查新目的、查新范围及查新点。

（4）列出课题的参考检索词，包括中英文对照的查新关键词、分类号、专利号、化学物质登记号等。

（5）与查新机构订立查新合同。

（6）查新委托人应按合同向查新站支付报酬。

（7）为提高质量，请填写反馈意见表。

（8）不得干涉查新活动。

（9）不得弄虚作假，不得侵犯他人知识产权。

查新委托人按要求填写完"查新委托单"，并和查新机构签订合同后，查新机构就要实施查新检索了。

2. 查新检索

在正式检索前，查新员必须做好以下几项工作：

（1）查新员必须仔细阅读分析查新项目的资料包括课题的特点、涉及的学科范围、主要技术指标及查新委托人提出的科学技术要点和查新要求。

（2）确定检索文献的类型和检索的专业范围和时间范围。检索时限的补充与回溯。

（3）制订科学准确的具有操作性的检索策略。检索用词不应受委托方的局限或误导；检索策略应反复调整、试验。

（4）选择检索工具，包括手工检索和计算机检索工具。注意检索工具的补充和回溯。

（5）确定检索途径和检索方法。

（6）实施检索。在检索时，应以机检为主，手检为辅。

3. 撰写查新报告

查新报告各部分的著述要求：

查新报告的内容必须符合查新合同的要求，一般包括如下几个方面：

1）查新目的

查新目的的表述一般有科技立项（申报各级、各类科技计划）、科技成果鉴定、申报科技成果奖励、申报专利、新产品、其他。

2）查新项目的技术要点

应充分反映出查新项目的概貌，简述项目的背景技术、要解决的技术问题、解决技术问题所采用的方案、主要技术特征、技术参数或指标、应用范围等相关技术内容。删除空泛叙述以及修饰性、广告性用语；适当精简篇幅；补充具体技术内容；复核技术数据；核查标准变更动态；注意计量单位的换算；注意文字与术语规范；注意纠正科学技术要点中的某些技术性缺陷。

对各种目的的查新，在写法上要有所侧重。

（1）立项查新报告应概述项目的国内外背景，拟研究的主要科学技术内容，要研究解决哪些问题，达到的具体目标（指标）和水平。

（2）项目鉴定类查新简略说明项目的研究背景，介绍项目的主要科学技术特征，已完成项目与现有同类研究、技术、工艺相比所具有的新颖性所在，主要创新点，体现项目科学技术水平的数据和量化指标。

（3）科学研究类项目应简要地说明项目所在领域的背景、发展趋势，阐明研究的意义、学术水平、主要创新和优点。

（4）专利申报项目应阐明项目的主要技术特征或权项范围，与现有（专利）技术的比较，突出项目的创新内容。

（5）开发类项目如产品、技术等，应简述其用途、功能，介绍能反映其技术水平的主要工艺、成分、性能指标等数据，与国内外同类产品的参数对比，项目已达到的规模及效益。

（6）申报科技成果奖励项目应说明项目的国内外背景、基本原理和技术指标、与同类研究相比项目达到的水平、产生的经济效益和社会效益、推广应用前景。

3）查新点与查新要求

查新点的表述。查新点是体现查新项目新颖性的技术创新点，应逐条列出。查新点一般从技术要点中提取，或者是技术要点中技术关键的全部，但注意不要把查新项目中的一般性技术特征列为查新点。

查新点是查新员拟定检索词和制定检索策略以至对比分析和判断新颖性的依据，写法上要精练明确，条理清楚。对委托人有多个新颖性查证要求的项目，要以1、2、3来标记查新点，逐条列出，以便在查新结论中，分别针对每一个查新点作新颖性结论。

查新要求的表述如下：

（1）对本查新项目的新颖性作出判断。

（2）查找国内外是否有与本项目相同或类似的研究或技术。

（3）查找国内外有关本项目的科技文献和专利报道，并根据检索结果作出对比性结论。

4）文献检索范围及检索策略

检索范围是指根据查新项目所属专业涉及面选定的检索工具。检索范围应当符合具体要求，做到大小合适。在该项中要列出查新员在对查新课题进行分析后所确定和选择的检索工具的名称、年限、列出实际使用的检索词和检索策略、列出从各检索工具中检出的文献数。

5）检索结果

对检出文献按与项目查新点的相关程度归类，一般可分为密切相关文献和一般相关文献。检索结果这部分应当反映出通过对所检数据库和工具书名中的相关文献情况及对相关文献的主要论点进行对比分析的客观情况，并包括下列内容：

（1）对所检数据库和工具书名中的相关文献情况进行简单描述。

（2）依据检出文献的相关程度分国内、国外两种情况分别依次列出。

（3）对所列主要相关文献逐篇进行简要描述（一般可用原文中的摘要或利用原文中的摘要进行提抽），对于密切相关文献，可节录部分原文并提供原文的复印件作为附录。

6）查新结论

查新结论应当包括下列内容：

（1）相关文献检出情况。

（2）检索结果与查新项目的科学技术要点的比较分析。

（3）对查新项目新颖性的判断结论。

查新结论在体例上应是一篇相对独立的具有鉴证性的短文，将检索结果与课题查新点进行对比分析，以综述的形式形成查新结论。应特别注意撰写的完整性、逻辑性和客观性，为专家评审和科研管理部门提供科学的真实的依据。

第三节　科技综述与科技述评的写作方法

阅读和撰写科技信息研究成果类文体的文章是每个从事科技、教学及情报信息工作者的经常性工作。如根据研究成果编发科技动态、快报和科技信息；查阅大量的资料撰写综述、述评和专题报告；编纂手册、年鉴等，既为科技工作者提供科技资料，又加速了科技情报信息的交流。因此，掌握科技文献和科技研究成果等各种文体的写作对每个科技工作者来说都具有十分重要的意义。

一、科技综述的写作方法

1. 综述的概念

综述是对某一时期内有关学科、专业、技术或产品所取得的研究成果、所达到的研究水平以及发展趋势进行的综合叙述。综述有许多类型，按编写目的可分为某一时期内有关学科或专业的综述和解决某一具体任务的综述；按编写周期可分为定期的综述和一次性综述；按发表方式可分为公开发表的综述和内部使用的综述；按用户的需求可分为供科技人员参考的综述和介绍一般知识的科普性综述。

2. 综述的特点

综述的特点就是综合叙述。综述能全面地介绍国内外某一学科或某一专业在某一时期的综合情况，以汇集文献资料为主，辅以注释，它与一般科技论文的最大区别是内容上没有首创性，但它指出了某一学科某一时刻的发展演变规律和趋势。

综述在纵的方向上，能全面系统地反映研究成果对象的历史、现状和发展趋势；在横的方向上，能全面系统地反映国家、主要科研机构或主要科学家、生产单位现阶段的实际研究水平。所以，它首先具有情报学的特点，并具有研究成果和服务二重性。它是一种"述而不评"的报告，只对原始文献、数据、观点作客观分析，不参入自己的观点，不作评论，更不作预测和建议。所以，它是一种独立的写作体裁，具有一定的文体特点。当然，并不能否认综述中包括有作者观点的倾向。所以，综述是具有潜在的倾向，是作者的一种研究成果，不是资料的简单罗列，而是一种再创造。

3. 综述的作用

综述浓缩了大量的原始文献的同类知识内容，既广泛又集中、系统，还包括各种争论的或未成熟的问题，从而可供科技工作者直接检索使用。

综述是科研的前期工作，所有科技人员、科研部门的领导可以从中了解该综述研究领域里的科技发展水平、存在问题、发展趋势和应用价值等，从而对选题定向、预测决策都有参考作用。

编年史式的综述可以提供大量史料素材，且对某一专题的文献收集较全面、完整，所附参考文献目录有时多达数百篇，为科技工作者追溯查找某一领域的专题文献提供了较丰富的文献源。因而，综述是进一步研究信息成果的基础。

4. 综述的写作格式

各种综述因学科、写作目的和服务对象不同，写作也有一定的差异，文无定式，没有一成不变的模式。但各种综述的写作格式及要素基本是相同的，它一般包括题目、文摘、前言、正文、结语和附录六大部分。这里主要讨论前言和正文部分的写作方法。

1）前言的写法

前言应简要说明写作综述的原因、目的、意义、使用对象、写作原则和过程、参与单位、收集资料范围以及介绍综述正文的基本内容。除此之外，还要根据科技综述的内容而定，如果综述是从横向对科学技术现状进行分析对比，说明存在问题等，那么在前言中还需解释这项技术的概念。例如一篇介绍"新材料有机硅应用前景"的综述，可从有机硅在纺织、轻工、医药、仪器仪表、军工等各领域的应用，来解释有机硅的基本概念；如果综述的内容是从纵向写科技发展的现状及发展趋势，那么前言必须对这一课题的发展历史作概述，并对不同阶段的不同特点加以说明。例如一篇介绍"无土栽培技术"的综述，该技术从1929年美国加利福尼亚大学教授格里克（Gehrig）第一次用营养液种出西红柿，到第二次世界大战时英美空军基地用无土技术栽培蔬菜供应士兵，一直到20世纪70年代后期美国农业部统计已有51％的家庭用水栽法自己种植蔬菜。这样，整个历史就勾画出来了。

2）正文的写法

正文是科技综述主要内容的叙述部分，包括以往状况，尤其是对现状和发展趋势作重点的、详细具体的叙述。它的编写方法应由浅入深，广泛而系统地叙述课题所涉及的各种问题。如纵向写法，应按时间顺序简要地说明各阶段的发展状况和重点，尤其要说明各个创造发明产生的历史背景和结果；要说明哪些问题已解决，哪些问题还没有解决。对历史发展的追溯，目的在于探求历史发展变化的规律。若是横向写法，就要包括各国情况、各种观点、各种方法等的对比，要客观地评价其利弊，特别要说明奇特点，并需要对有关这一课题的论点和成就作细致描述，明确叙述迄今为止尚存在的主要问题。在正文里，还应尽可能地将各家对问题的不同看法和评论意见写进去，以便读者全面、深入地了解情况和进行分析研究。

除以上两种方法外，还有纵横交错法，把以上两种写法特点综合即可；也有用步步逼近法的。如写一篇"农村能源"的综述，可先摆出现在农村能源十分紧缺的现状，然后分别阐述发达国家和发展中国家解决农村能源的一些做法，接着分析我们应当采取哪些措施和方法等；资料较少的情况下，可以用汇水成河法。例如见到几篇有关特种玻璃的文章，将它加工后，可按"随光变化光色玻璃"、"轻质高强度微晶玻璃"、"保温吸声泡沫玻璃"和"特殊用途微孔玻璃"4个小标题分述之，然后加上"新型特种玻璃"这样的总题目，就可以写成一篇综述。

二、科技述评的写作方法

1. 科技述评的概念

科技述评，也称为科技评述、科技评论。科技述评是针对某一特定课题，全面收集国内外有关科技文献、科技信息和科技成果，经过加工、整理、鉴别、分析、综合，然后根据国家科技政策和科学理论，进行描述和评论的一种信息研究成果的文体写作。

科技述评的类型主要有：对反映某一学科领域或综合性领域里整个学科的技术状况、发展水平加以评论的称为"综合性科技述评"；针对学科中的某一专题研究和技术设计应用过程中的具体科学技术问题进行归纳概述和评论的称为"专题性科技述评"。

2. 科技述评的特点

科技述评的特点是有述、有评。即除了具有科技综述的性质和特点外，还要根据某一技术成就或研究成果的现实水平和动态、存在的问题等进行分析对比，提出自己的见解和观点，作出评价，指出发展方向，作出预测，提出有分析、有根据的建议来。科技述评的撰写要求比较高，具有权威性，往往对所讨论的专题或学科的进一步发展起到引导作用。所以有人称科技述评是指导和评价科研的科研。

3. 科技述评的作用

科技述评可以供领导部门在决定科学技术发展方向、制订规划、决定方针政策时作为决策参考;可以帮助科技研究人员选题定向;可以为工程技术人员选择技术路线和技术设计时提供参考等。

总之,科技述评不仅起到检索作用,还具有参谋作用。

4. 科技述评的写作格式

科技述评的写作内容主要包括:前言、历史概况、现状分析、预测、建议、结束语和附录等部分。

(1)前言的写作。前言阐明科技述评对象的基本情况,说明被选课题的目的和意义、收集资料范围以及编写的原则;简要介绍本文的内容、性质及适用范围等。

(2)历史概况的写作。历史概况是对历史状况及当前状况尽量全面叙述,特别要指出重大进展阶段的条件、特点和意义。对这一课题的看法、论点、成就和国内的发展状况以及尚未解决的主要问题等都要同时介绍。

(3)现状分析与预测的写作。现状分析着重写清楚国内外的成就、现有水平、发展特点、国家在这方面的政策、需要解决的问题以及作者的评价。

预测是根据历史发展概况、国内外现状分析以及其他专业可能给予本专业的影响,指出发展的几种可能性,对国民经济发展可能起的作用、影响以及可能出现的问题等。

(4)建议的写作。建议是根据以上的分析、评论和预测,提出应采取的技术路线、发展步骤、新的研究方向以及有关建议等。这一部分主要把希望别人重视的理由写清楚,说明采用新技术、新措施的重要性和在我国采用的可能性。

(5)结束语的写作。结束语要概括地说明正文的任务、工作方法、所得出的结论、意义、作用、技术经济评价和今后发展前景的展望,根据当前国内发展的状况,指出应注意的若干事项等。如果正文中已经有了明确详细的论述,结束语也可以省略。

(6)附录的内容同于综述。这里还要强调一点,撰写述评的作者最好是本专业的专家,这样写出的述评内容更加深入和具有针对性,也更加中肯和更具有参考价值。

第四节　开题报告与结题报告的写作方法

一、开题报告的写作方法

1. 开题报告的含义与作用

开题报告,就是当课题方向确定之后,课题负责人在调查研究的基础上撰写的报请上级批准的选题计划。它主要阐述这个课题的研究价值,已具备的研究条件以及研究方案与技术路线等问题,也可以说是对课题的论证和设计。开题报告是提高选题质量和水平的重要环节。

开题报告中应包括整个课题研究的工作计划,它初步规划了课题研究各方面的具体内容和步骤。它对整个研究工作的顺利开展起着关键的作用,保证整个研究工作能够有条不紊地进行。

2. 撰写开题报告的基础

撰写开题报告,首先要熟悉该领域的研究情况,只有这样,才能避免重复劳动,才有可能从事更高层次、更有价值的研究;其次要掌握与该研究课题相关的基础理论知识,否则,课题就很难深入研究下去。总之,进行课题研究时,一定要全面地收集资料,准确运用理论知识,这样撰写的开题报告,才能更加具有科学性、实用性、适用性,才能更加准确地突出研究的创新点与特色。

3. 开题报告主要内容的撰写

开题报告主要包括以下8方面内容:课题名称;课题研究的目的和意义;国内外研究现状及发展趋势;课题研究的主要内容、方法;课题研究的步骤;课题参加人员的组成及其专长;研究基础;研究经费预算。有的立项课题的申请部分分为两部分,课题申请表部分和课题论证活页部分。课题申请表包括以上全部内容,而课题论证活页部分则包括:课题研究的目的和意义;国内外研究现状及趋势;课题主要研究的内容、方法;研究技术路线;研究的创新点与特色,研究的难点,参考文献等。

1)课题名称

课题名称要准确、科学、简洁地表达课题要研究的内容。所谓准确,就是在课题名称中明确课题研究的问题,研究的对象。例如,课题名称"天津市理工科大学生信息素质教育方案研究",它准确表达了课题研究的问题是信息素质教育方案,研究对象是天津市理工科大学生。有的课题名称还标明研究的方法,例如,课题名称"中日韩戏剧文化比较研究",它准确表达了课题研究的问题是戏剧文化,研究的对象是中国、日本、韩国三国,研究的方法是比较研究。如果课题名称不准确,那么,它就不能很好地概括课题研究的问题和对象。例如,课题名称"信息素质教育的研究",它就没有准确地说明课题研究的问题、对象。所谓科学,就是指用词科学、句型规范。不应采用似是而非的词语、口号式的语句、结论式的句型。例如,课题名称"培养学生主动检索能力,提高文献教学质量",这个课题名称不好,"提高文献教学质量"就属于口号式的语句、结论式的表达方式。所谓简洁,就是指课题名称不能太长,一般不要超过20个字。

2)课题研究的目的和意义

研究的目的和意义也就是指研究的作用及价值。一般从现实需要方面展开论述,指出目前存在的问题,阐述研究的实际作用,说明本课题的理论意义和学术价值。总之应该言之有物,不要泛泛而谈。

3)国内外研究现状及发展趋势

国内外研究现状及发展趋势就是指本课题过去他人是否有所涉及,现在同行研究的状况、今后研究发展的趋势等。这样,一方面说明课题研究人员对课题研究所涉及的领域有充分的了解,另一方面可以论证课题研究的地位和价值。具体的内容应包括以下三个方面:

(1)国外的研究现状:指国外在该研究方面领先的国家、单位、个人,他们的研究已达到的水平(如有技术指标,最好用数据说明),他们的研究中存在的问题(或不适用的范围)。这些问题将是本课题研究的内容和创新点。

(2)国内的研究现状:指国内在该研究方面领先的单位、个人,他们的研究已达到的水平,目前和国外的存在的差距,这些差距主要是哪些理论不完备和哪些技术不过关造成的。从而为撰写研究目标及要解决的关键问题做好铺垫。

(3)研究发展趋势:指该课题的科学意义和应用前景。具体内容包括可预见的经济效益、社会效益,同时说明对相关学科研究的促进作用。若是地方项目,要着重写对地方发展的意义。

4）课题研究的主要内容和方法

课题研究的内容要和前面提到的国内外研究中存在的问题及研究的重点相呼应,切忌把研究的目的、意义当作研究内容。课题研究的方法很多,包括调查研究法、比较研究法等。一项课题可以运用一种方法也可以运用多种方法进行研究。应用各种方法时,一定要与研究内容和需要解决的关键技术问题相对应,一定要严格按照研究方法的要求,不能仅凭经验、常识。例如,在运用调查研究法时,调查表的设计、分析都要科学,而不能只重形式,表格设计随意,数字统计牵强。

5）课题研究的步骤

课题研究的步骤,也就是课题研究在时间和顺序上的安排。研究的步骤要充分考虑研究内容的相互关联和难易程度,一般情况下,都是从基础问题开始,分阶段进行,每个阶段都要有详细的时间流程表。

6）课题参加人员的组成及其专长

课题组的组成反映了课题组研究人员的整体学术素质与研究水平,尤其反映了课题负责人的研究水平,组织能力。如果参加人员和负责人既没有理论基础又没有实践经验,这个课题就无法批准立项。在开题报告中,要写明课题组长、副组长、课题组成员的名单及其分工。课题组组长即本课题的负责人。课题组的分工必须要明确、合理。当然,也要注意全体人员的合作,群策群力解决研究过程中的问题,最终圆满完全研究任务。

7）研究基础

研究基础主要是指现有的人员基础和物质基础。人员基础主要写明课题组负责人、课题组成员与该项目有关的研究成果、获奖项目、论文、专利等。物质基础主要写明仪器设备。仪器设备要对应研究方法中提到的主要仪器设备,如本单位没有该设备,可填写一个单位合作者（必需盖该单位的章）,填上该单位所属的该项目所需的主要设备。

8）经费预算

经费预算就是课题经费支出细目、预算金额、经费来源、经费管理单位、开户行、账号及户名等。

课题研究的成果形式包括报告、论文、专著、软件、课件等多种形式。课题不同,研究成果的形式也不一样。但不管采用何种形式,课题研究必须有明确成果形式,否则就不能结题。

二、结题报告的写作方法

1. 结题报告的含义与作用

对于一个科研课题来说,撰写结题报告是课题研究的最后一道程序。结题报告是整个课题研究的工作总结,是对研究成果的鉴定,是一项科研课题结题时必备的材料。

结题报告的内容既要具有可操作性和可测量性,又要具有创新性或可行性（基础理论研究要有创新性,应用性研究要有可行性）。研究课题的选题要能解决目前存在的问题,具有现实意义和学术价值。研究课题的研究方案与技术思路要完善、周密。研究中搜集的材料要充分、完整,数据的统计和分析要准确。一份成功的结题报告的撰写,首先,课题组成员应具备科学态度、科学方法及科研能力。在研究过程中,可能会得到一些与课题假设不相符的事实或者数据,应该实事求是地加以分析和陈述,保证研究结果的真实性。其次,课题组成员应具备较强的思维能力,对研究过程中取得的资料和数据能由表及里,由浅入深,由此及彼地推理、论证,得出科学的结论。最后,课题组成员应具备较强的文字表达能力,这样撰写的结题报告条理清楚、层次分明、语言生动明快、内容真实准确。

2. 结题报告内容的撰写

课题研究方法各有不同,结题报告的撰写各有特色,但是,就其撰写的基本格式而言,它们还是有章可循的。结题报告的一般结构如下:

1) 结题报告的题目

结题报告的题目就是课题研究报告的名称。一般在题目下面应该写明课题研究组或课题研究报告撰写人姓名。

2) 研究问题的提出

问题的提出实际上就是研究报告的开头部分,具有引言的功能。这部分主要内容是写清楚这一课题的研究目的、研究背景、价值和意义,以及这一课题目前在国内外研究的主要成果、现状,研究这一课题预计所要解决的问题以及研究的理论框架。此外应提出明确的研究假设,假设用语要准确、具有可检验性,对课题假设要进行充分地论证,可以参考课题立项申请报告中的相关内容。

3) 课题研究的方法

在这一部分主要写明进行这一课题研究所选用的方法。

(1) 根据课题的特点,选用何种研究方法。

(2) 研究对象的取样方法、数量、条件(即研究前所具备的水平)。取样方法要科学,数量要合适,且具有代表性。

(3) 根据所选用的研究方法确定研究方案。

(4) 明确操作定义,对课题研究中所涉及的相关概念给出明确的定义或解释,使研究工作具有可操作性。

(5) 对研究的变量提出明确、具体的测量方法和统计检验方法。

(6) 对课题研究的无关变量提出控制方法。

(7) 课题的具体实施程序,研究时间和步骤。

4) 研究的结果

课题研究的结果是研究报告的主要部分。这一部分要求客观、真实地对研究的材料和数据进行分析,既要有定性分析,也要有定量分析。定性分析,实际上就是对搜集到的资料进行归纳分析和逻辑分析,因此,在定性分析时要避免研究者主观判断,以陈述研究所取得事实为主。对定性分析的信度检验可以用有关公式计算。在定量分析过程中,应该把研究所取得的有关数据经过统计、分析、检验后的结果列出来,尽可能地用图表的形式表示,并且图表要清晰,使读者一目了然。定量分析的内容主要包括:

(1) 计算数据的平均数、中数和众数,判断数据的集中趋势程度;

(2) 计算方差、标准差和变异系数,以判断数据的离散程度;

(3) 计算标准分数以判断研究对象在群体中所处的相对位置;

(4) 计算相关系数用以判断两个变量之间的相关关系程度;

(5) 运用统计检验,解析和鉴别研究的结果。

5) 讨论部分

这一部分就是对有关数据的统计结果进行说明;并分析和评价研究的结果和意义。

6) 结论部分

结论部分就是对所研究的问题或课题的假设给出一个论证结果,要求简明扼要。在这一部分中也可以对研究中有待于进一步解决的问题给予指出。

7）参考资料和附录

这一部分，可以对研究报告中所引用的或者是提到的资料注明其出处，以备读者利用。参考资料的著录格式一般是：

（1）期刊：注明作者姓名、文章标题、刊名、刊号。

（2）图书：注明作者姓名、书名、出版社名、出版时间、页码等。

第五节　毕业论文的写作方法

对于高等院校各学科专业的毕业生，在毕业前要求作毕业设计和毕业论文。其目的在于总结学生在校期间的学习成果，培养学生具有综合运用所学知识解决问题的能力，并使他们受到科学研究的基本训练。要求学生综合运用有关课程的理论和技术，通过计算、绘图、实验等技能，解决一般的工程技术问题，以巩固、深化和熟练所学知识及技能；同时，要求学生通过毕业设计学会对技术课题进行调查研究及使用有关技术资料和工具书，了解有关的技术方针、政策等环境信息，掌握一般的设计程序及方法，学会编制技术资料；此外，还要求学生通过毕业设计树立正确的设计思想，培养实事求是、严肃认真、扎扎实实的工作作风及严谨的科学态度。

一、撰写毕业论文的必要性

毕业论文是高等院校学生在毕业前必须完成的独立作业，是大学阶段全部学习成果的总结性的论说文。毕业论文的写作是高等院校教学过程的重要环节之一，它体现出一个大学生的学识水平、思维能力、创新能力、科学方法的使用以及文字表达能力等的总体素质。毕业论文与其他学位论文一样，都是在有经验的教师指导下进行选题和写作。根据所学专业的要求独立撰写的习作性的学术论文，它不是一般性的学习总结。

（1）毕业论文是高等院校在校生最后一次知识和能力的全面考核。

只有掌握了所学专业全部知识，才能写出较好的毕业论文，而一般说来，毕业论文的选题应在专业课的内容范围内，围绕专业课知识的某一问题或某一侧面做认真的分析和探讨，写毕业论文本身就是考核学生掌握专业知识的情况。

（2）撰写毕业论文是大学生在校期间学习成果的总结。

因为各门课程的学习情况是单独的、片面的，唯有毕业论文可以称作大学生在校期间学习成果的总结，它是在一定程度上表明了一个人的能力与才华。撰写毕业论文的过程能激发起大学生对科学研究的追求，从而激发起对学术探索的热情。

（3）撰写毕业论文是对大学生学科研究能力的初步训练。

撰写毕业论文的过程就是培养和训练大学生独立地进行学科研究的过程。在撰写的过程中，大学生将学会怎样选题、怎样列提纲、怎样利用图书馆搜集文献信息并进行归纳整理、怎样构思和修改论文等，为毕业后独立工作时运用专业知识解决实际问题、充分发挥自己的聪明才智、从事创造性劳动奠定初步基础。

二、毕业论文选题的原则

1. 创新原则

创新是论文选题的基本要求。大学的学习，不仅应是知识的输入过程，而且应是创新输出的过程。经过一段时间的知识能量的积蓄，最终达到对人类和社会有意义的创新性输出，是学习的目的所在,也是衡量毕业生素质高低的最重要标志。毕业论文是学生对社会有意义的一种输出形式,毕业论文选题是这种形的起步阶段,其本身就必须反映学生的创新意识和创新能力。这种创新,既要表现在创新意识、思维能力等素质的养成上,又要表现在学生围绕实际及理论问题运用知识和信息,从感悟、怀疑到论证、检验、推广等解决问题的创新活动上。如果在选题上没有创新,那么整个论文的后续写作可能就是重复前人的劳动,或是简单的知识和信息堆砌,论文的实际价值就会大打折扣。

论文选题的创新,要求在前人的基础上有所突破,有独立见解。例如:选择前人没有探索过的新领域、前人没有做过的新题目;对旧主题独辟蹊径,选择新角度探索新问题;在前人成果的基础上作进一步研究,做出自己新的观点或发现等。

2. 综合能力可驾驭原则

毕业论文选题要体现自己的综合能力。学生在整个大学学习期间,通过各门课程的学习和一定的实践锻炼,接受和储备了大量的专业知识,具备了一定的逻辑思维、信息综合、问题思考和解剖、方案设计和论证等诸多方面的能力。

在毕业论文写作这个综合性工程中,选题要定在自己综合能力可驾驭的水平上。综合能力受自己的知识储备、理论水平、实践经验、信息资料搜集处理能力等多方面因素的影响。知识储备不足、实践认识缺乏、信息搜集能力有限的选题,会极大地影响写作过程及论文的质量。另一方面,选题也需要较好地发挥综合能力。在确定论文题目前,同学们可能要面对大量的信息资料,要与指导教师、相关专家、政府行政管理人员、实践工作者交流意见,善于运用自己的综合能力是至关重要的。只有这样,才能敏锐地捕捉到问题,从而确定有价值的论文选题。毕业论文的选题具有先决性,在选题上量力而行、尽力而行,多思考,选准方向,找准关键问题,为论文的成功奠定良好的基础。

3. 专业优势原则

大学生多年积累的知识和形成的能力带有较强的专业倾向性。在大学学习期间,经过多年耳濡目染,直接和间接地获得了大量的专业知识;在学科领域里,积累了相当多的专业语言。专业知识和专业语言是正确选题和写好论文的重要前提条件,也是学生自己多年积累的优势所在。抛开自己的专业优势,选择与自己所学专业没有关系、跨度很大的其他领域的问题来研究,虽然也有可能写出好的论文,但对论文写作时间有限的学生来讲困难是相当大的同时,毕业论文的专业性也表现在论文选题的要求上。相对来讲,有关自然科学类专业毕业论文选题及内容,要遵循自然规律,符合事物的内在运动规律;而社会科学论文选题及内容,必须符合人类社会活动的客观规律要求,反映人类生产力和生产关系的特殊要求,无疑其政策性也比较强。尤其是经济类论文,其选题出发点要和党的方针政策的精神相一致。

4. 立足实践和科学探讨的原则

大学生毕业论文,其价值就在于通过科学探讨,推进人类对自然和社会发展规律的认识,正确指导人类的实践活动。我国正在加快改革开放的步伐,建设前所未有的社会主义市场经济。总结经验,大胆探索,充分论证,对指导实践少走弯路具有重要的现实意义。改革开放中的许多理论和实践问题可以说是大有文章可作。科学技术活动和国家经济建设的实践是毕业论文的选题基础,科学探讨是毕业论文选题的精神要求。有些学生论文选题的指导思想是,哪个资料最多就选哪个,哪个最容易写就写哪个。这样的选题以及最后写就的论文就可能是拾人牙慧,充其量只能是一个"文献集"。

三、毕业论文选题的方法

1. 浏览捕捉选题法

这种方法就是通过对占有的文献资料快速地、大量地阅读,在比较中来确定题目的方法。浏览,一般是在资料占有达到一定数量时集中一段时间进行,这样便于对资料作集中的比较和鉴别。浏览的目的是在咀嚼消化已有资料的过程中,提出问题,寻找自己的研究课题。这就需要对收集到的材料作一全面的阅读研究,主要的、次要的、不同角度的、不同观点的都应了解,不能看了一些资料,有了一点看法,就到此为止,急于动笔。也不能"先入为主",以自己头脑中原有的观点或看了第一篇资料后得到的看法去决定取舍。而应冷静地、客观地对所有资料作认真的分析思考。在浩如烟海、内容丰富的资料中吸取营养,反复思考琢磨之后,必然会有所发现,这是搞科学研究的人时常会碰到的情形。浏览捕捉法一般可按以下步骤进行:

(1) 广泛地浏览资料。在浏览中要注意勤作笔录,随时记下资料的纲目,记下资料中对自己影响最深刻的观点、论据、论证方法等,记下脑海中涌现的点滴体会。当然,手抄笔录并不等于有言必录,有文必录,而是要做细心的选择,有目的、有重点地摘录,当详则详,当略则略,一些相同的或类似的观点和材料则不必重复摘录,只需记下资料来源及页码就行,以避免浪费时间和精力。

(2) 将阅读所得到的方方面面的内容,进行分类、排列、组合,从中寻找问题、发现问题。材料可按纲目分类,如分成:系统介绍有关问题研究发展概况的资料;对某一个问题研究情况的资料;对同一问题几种不同观点的资料;对某一问题研究最新的资料和成果等。

(3) 将自己在研究中的体会与资料分别加以比较。找出哪些体会在资料中没有或部分没有;哪些体会虽然资料已有,但自己对此有不同看法;哪些体会和资料是基本一致的;哪些体会是在资料基础上的深化和发挥,等等。经过几番深思熟虑的思考过程,就容易萌生自己的想法。把这种想法及时捕捉住,再作进一步的思考,选题的目标也就会渐渐明确起来。

2. 追溯验证选题法

它是一种先有某种拟想,而后再阅读相关资料加以验证来确定论文选题的方法。这种选题方法必须先有一定的想法,即根据自己平时的积累;初步确定准备研究的方向、题目或选题范围。但这种想法是否真正可行,心中没有太大的把握,故还需按照拟想的研究方向,跟踪追溯。追溯可从以下几方面考虑:

(1) 看自己的"拟想"是否对别人的观点有补充作用,自己的"拟想"别人是否没有论及或者论及得较少。如果得到肯定的答复,再具体分析一下主客观条件,只要通过努力,能够对这一题目作出比较圆满的回答,则可以把"拟想"确定下来作为毕业论文的题目。

(2) 如果自己的"拟想"虽然别人还没有谈到,但自己尚缺乏足够的理论依据来加以论证,那就应该中止,再作重新构思。

(3) 看"拟想"是否与别人重复。如果自己的想法与别人完全一样,就应马上改变"拟想",再作考虑;如果自己的想法只是部分的与别人的研究成果重复,就应再缩小范围,在非重复方面深入研究。

(4) 要善于捕捉一闪之念,抓住不放,深入研究。在阅读文献资料或调查研究中,有时会突然产生一些思想火花,尽管这种想法很简单、很朦胧,也未成型,但千万不可轻易放弃。因为这种思想火花往往是在对某一问题做了大量研究之后的理性升华,如果能及时捕捉,并顺势追溯下去,最终形成自己的观点,这是很有价值的。追溯验证的选题方法,是以主观的"拟想"为出发点,沿着一定方向对已有研究成果步步紧跟,一追到底,从中获得"一己之见"的方法。但这种主观的"拟想"绝不是"凭空想象",必须以客观事实、客观需要等作为依据。

3. 教学启发选题法

学生一般要学习许多基础课和专业课,要听许多的专题报告。教师在授课和报告中,往往会提出许多问题,有些就是实践亟待解决的问题。这些问题就是学生论文可以选题的重要焦点。这种选题法的优点是:问题明确,与之相关的理论和实践有了老师的阐述,运用起来也比较准确到位、流畅、充分,对推动学科发展和指导实践有一定的参考价值。教学启发选题法应用的关键是,同学们在学习过程中要做有心人。关心教师就某一问题进行的论证、提出的观点、采用的依据、运用的方法等。将课堂所关心的问题与课外阅读结合起来,开拓思路,由此及彼,提炼出自己论文的选题。

四、撰写毕业论文的步骤及格式

1. 基本步骤

撰写毕业论文不是一挥而就的,它的完成需要以下几个步骤才能完成。选定题目;限定论点;检索、收集资料;研究、评价资料;整理资料;列出提纲;起草初稿;反复修改初稿;最后定稿。

2. 基本格式

人们在长期的写作实践过程中,对某些文体文章的写作逐步形成了一些特定规范基本格式。主要包括以下几方面的内容:

(1)目录,即论文的篇章名目。因为毕业论文的篇幅比较长,为了帮助了解其大致轮廓和主要内容,前面一般应该有目录。

(2)标题。毕业论文的标题要贴切、简洁,要新颖、醒目、明确、具体,它的作用主要是提示主题或事物的实质,表明作者的观点、立场。其标题类型有以下几种:

①直截了当地点明论文的主题;

②用比喻和象征性的词句来提示主题;

③点明论文所说明的问题是什么;

④有副标题和小标题。副标题是用来对标题加以补充,一般说明论文写作的原因、内容和范围等口论文的小标题用在篇幅较长、内容较丰富的论文中。

(3)绪论。毕业论文的绪论应包括下列内容:

①说明研究这一课题的理由、意义。这一部分要写得简洁,一定要避免像作文那样,用很长的篇幅写自己的心情与感受,不厌其烦地讲选定这个课题的思考过程。

②提出问题。这是绪论的核心部分,问题的提出要明确、具体。有时,要写一点历史的回顾,关于这个课题,谁做了哪些研究,作者本人将有哪些补充、纠正或发展。

③说明作者论证这一问题将要使用的方法。

④如果是一篇较长的论文,在绪论中还有必要对本论部分加以简明、概括地介绍,或提示论述问题的结论,这便于读者阅读、理解本论。总之,绪论只能简要地交代上述各项内容,序论可长可短,因题而异,其篇幅的分量在整篇论文中所占的比例要小。

(4)本论。这是展开论题,表达作者个人研究成果的部分,它是毕业论文的主体部分,必须下工夫把它写充分、写好。有些毕业论文,绪论部分中提出的问题很新颖、有见解,但是本论部分写得很单薄,论证不够充分,勉强引出的结论也难以站住脚。这样的毕业论文是缺乏科学价值的,所以一定要全力把本论部分写好。

议论文的本论安排,一般有所谓直线推论和并列分论。直线推论又称为递进式结构即提出一个论点之后,一步步深入,一层层展开论述。论点,由一点到另一点,循着一个逻辑线索直线移动并列分论又称为并列式结构,即把从属于基本论点的下几个依论点并列起来,一个一个分别加以论述。两者结合起来运用称为混合型。

由于毕业论文论述的是比较复杂的理论问题,一般篇幅又较长,所以常常使用直线推论与并列分论两者相结合的方法。而且往往是直线推论中包含有并列分论,而并列分论下又有直线推论,有时下面还有更下位的并列分论。毕业论文中的直线推论与并列分论是多重结合的,其他一些篇幅较长、论述问题比较复杂的论文也多采用这种方式。

(5)结论。结论是论文的收束部分,毕业论文的结论应包括下述内容:

①写论证得到的结果。这一部分要对本论分析、论证的问题加以综合概括,引出基本论点,这是课题解决的答案。这部分要写得简要具体,使读者能明确了解作者独到见解之所在。提醒学生应注意的是:结论必须是绪论中提出的、本论中论证的、自然得出的结果。毕业论文最忌论证不充分而妄下结论,要首尾贯一,形成一个严谨的、完善的逻辑体系。

②对课题研究的展望。个人的精力是有限的,尤其是作为学生对某项课题的研究所能取得的成果也只能达到一定程度,而不可能是顶点。所以,在结论中最好能提出本课题研究工作中的遗留问题,或者还需要进一步探讨的问题,以及可能解决的途径等。

③最后,对在整个研究过程中给予自己帮助的老师、同学表示谢意。上面所说的是毕业论文结构的基本型,这个基本型是一般常用到的,但不是一成不变的死板公式,作者可以根据表达的研究内容加以灵活地变通处理。

(6)附录。一般写出毕业论文的参考文献,也是论文的必要组成形式之一,放在正文之后,是毕业论文的最后部分。

五、毕业论文的结构形式

前面所讲的绪论、本论、结论是毕业论文结构的基本型,就毕业论文全文的具体结构安排,常见的有如下几种结构形式:

1. 总提分述

就是先提出中心论点,然后分别从几个方面去论证,阐明中心论点。这种形式也称为"首括式"(演绎法)。

2. 先分论后总论

就是从几个方面比较分析,然后归纳起来得出结论。这种结构形式也称为"尾括式"(归纳法)。

3. 总提、分述、总论

总提、分述、总论三者兼而有之,也称为"双括式"。

4. 推进式

就是一步一步深入,是由浅入深的论证方法,也称为"退步式"。

5. 综合式

把以上几种方式结合起来安排层次结构,就可以形成综合式结构。一篇论文往往要论及许多事物,牵涉到许多方面。而每一事件又都是复杂的,都有很多方面。因此,论文往往难以用单一结构来说明问题。这就有必要采用综合式的结构。

6. 散述式

就是边分析边作结论,没有总提也没有总结,是松散的叙述,在毕业论文中很少采用这种结构方式,一般用于一些议论文中:第一层次、第二层次、第三层次、第四层次等。

六、毕业论文的修改

人们常说好的文章是改出来的,特别是像毕业论文这样具有一定学术性的文章,对初写论文的大学生来说,具有一定的难度,因此要以严谨的治学态度,不厌其烦地反复修改,才能保证毕业论文的质量。在修改时要按照以下步骤进行:

1. 推敲论文题目

毕业论文的标题,具有重要的作用大,宜窄不宜宽,所涵盖的范畴应明确,文字应具有相当的概括力,如果有副标题,应对正标题起到某种特定限制的作用。

2. 检验材料的真伪

论文中的材料是作论据用的,修改论文,要看用的材料是否典型、是否确凿有力、是否都有出处、是否都能相互配合说明论点、是否能发挥论证的力量、是否符合逻辑;是否具有足够的说服力,此外,还要考虑所取材料的先后使用顺序。

3. 审视逻辑的层次

毕业论文的逻辑性强,这就需要验证推理的顺序,审定文章的结构。因为要求学生要理顺思路、突出中心论点,充分论证每一个分论点,看层与层之间是否清晰、严谨,转接过渡是否自然等。

4. 斟酌语言的修饰

修改语言要做到以下几点:一是务求通顺;二是推敲表达的效果,删繁就简;三是要在合乎文体的基础上,变换表达手段,润饰情感,增加文章的文采;四是检查行文格式、文字书写乃至标点的使用。

复习思考题

1. 文献信息的收集途径有哪些?
2. 文献信息的分析方法有哪几种?
3. 科技综述有什么写作特点?
4. 什么是科技述评?科技述评有什么作用?
5. 什么是科技查新?科技查新的类型有哪些?
6. 开题报告的撰写一般包括哪几部分内容?
7. 结题报告撰写的一般结构是什么?
8. 毕业论文写作有哪些结构形式?

参　考　文　献

[1] 肖珑,等.数字信息资源的检索与利用.北京:北京大学出版社,2013.
[2] 邓发云,等.信息检索与利用.北京:科学出版社,2013.
[3] 金秋颖,等.信息资源检索与利用.北京:石油工业出版社,2010.
[4] 朱静芳,等.现代信息检索使用教程.北京:清华大学出版社,2013.
[5] 王园春.科技信息检索与利用.北京:石油工业出版社,2006.
[6] 安邦建.计算机网络信息检索.北京:北京师范大学出版社,2002.
[7] 金秋颖,等.数字信息检索技术.北京:石油工业出版社,2006.
[8] 沈固朝.信息检索(多媒体)教程.北京:高等教育出版社,2002.
[9] 郭太敏.信息资源检索与利用.徐州:中国矿业大学出版社,2002.
[10] CNKI 系统.[2013-12-20].http://acad3.cnki.net/help/AssistDocument/KDN/html/main.htm.
[11] 维普期刊资源整合服务平台.[2013-12-20].http://lib.cqvip.com/help/helps.shtml.
[12] 万方数据知识服务平台.[2013-12-20].http://www.wanfangdata.com.cn/NewGuide?helpitem=searchpaper.
[13] 读秀学术搜索.[2013-12-20].http://www.duxiu.com/.
[14] CALIS 系统.[2013-12-20].http://www.calis.edu.cn/.
[15] 高校财经数据库.[2014-3-20].http://www.bjinfobank.com/about/InbankAboutService.jsp.
[16] 复印报刊资料数据库.[2013-12-20].http://ipub.zlzx.org/.
[17] 百链.[2013-12-20].http://www.blyun.com/.
[18] 全国报刊索引.[2013-12-20].http://www.cnbksy.com/.
[19] EI 数据库.[2013-12-20].http://www.engineeringvillage.com/search/.
[20] Elsevier ScienceDirect 数据库.[2013-12-20].http://www.sciencedirect.com/science/search.
[21] SPE 检索帮助.[2014-4-6].https://www.onepetro.org/static-pages/help.
[22] Petroleum Abstracts 数据库.[2013-12-20].http://www.pa.utulsa.edu/about_pa.mhtml.
[23] Springer Link 系统.[2013-12-20].http://link.springer.com/.
[24] EBSCO 系统帮助.[2013-12-25].http://support.ebsco.com/help/.
[25] CASHL 系统.[2013-12-20].http://www.cashl.edu.cn/portal/index.jsp.
[26] CALIS 外文期刊网.[2013-12-20].http://ccc.calis.edu.cn/.
[27] FARS 系统.[2013-12-20].http://fars.gytec.net/Help.aspx.
[28] SIPO 系统.[2013-12-20].http://www.sipo.gov.cn.
[29] ISO 系统.[2013-12-20].http://www.iso.ch.
[30] PQDT 数据库.[2013-12-20].http://search.proquest.com/.
[31] FDTS 系统.[2013-12-20].http://fdts.ideahome.com.cn/.
[32] NAST 系统.[2013-12-20].http://www.tech110.net.